本书出版获中国社会科学院创新工程出版资助项目经费支持

文庫

中国社会科学院大学文库

傅漢思中國古詩英譯研究

管宇 著

中國社會科學出版社

24

图书在版编目(CIP)数据

傅汉思中国古诗英译研究/管宇著.—北京：中国社会科学出版社，2023.3
(中国社会科学院大学文库)
ISBN 978-7-5227-1754-8

Ⅰ.①傅… Ⅱ.①管… Ⅲ.①古典诗歌—中国—英语—翻译—研究
Ⅳ.①H315.9

中国国家版本馆 CIP 数据核字（2023）第 067351 号

出 版 人 赵剑英
责任编辑 郭曼曼
责任校对 闫 萃
责任印制 王 超

出 版 中国社会科学出版社
社 址 北京鼓楼西大街甲 158 号
邮 编 100720
网 址 http://www.csspw.cn
发 行 部 010-84083685
门 市 部 010-84029450
经 销 新华书店及其他书店

印 刷 北京明恒达印务有限公司
装 订 廊坊市广阳区广增装订厂
版 次 2023 年 3 月第 1 版
印 次 2023 年 3 月第 1 次印刷

开 本 710×1000 1/16
印 张 17.75
字 数 301 千字
定 价 98.00 元

总　序

恩格斯说："一个民族要想站在科学的最高峰，就一刻也不能没有理论思维。"人类社会每一次重大跃进，人类文明每一次重大发展，都离不开哲学社会科学的知识变革和思想先导。中国特色社会主义进入新时代，党中央提出"加快构建中国特色哲学社会科学学科体系、学术体系、话语体系"的重大论断与战略任务。可以说，新时代对哲学社会科学知识和优秀人才的需要比以往任何时候都更为迫切，建设中国特色社会主义一流文科大学的愿望也比以往任何时候都更为强烈。身处这样一个伟大时代，因应这样一种战略机遇，2017 年 5 月，中国社会科学院大学以中国社会科学院研究生院为基础正式创建。学校依托中国社会科学院建设发展，基础雄厚、实力斐然。中国社会科学院是党中央直接领导、国务院直属的中国哲学社会科学研究的最高学术机构和综合研究中心，新时期党中央对其定位是马克思主义的坚强阵地、党中央国务院重要的思想库和智囊团、中国哲学社会科学研究的最高殿堂。使命召唤担当，方向引领未来。建校以来，中国社会科学院大学聚焦"为党育人、为国育才"这一党之大计、国之大计，坚持党对高校的全面领导，坚持社会主义办学方向，坚持扎根中国大地办大学，依托社科院强大的学科优势和学术队伍优势，以大院制改革为抓手，实施研究所全面支持大学建设发展的融合战略，优进优出、一池活水，优势互补、使命共担，形成中国社会科学院办学优势与特色。学校始终把立德树人作为立身之本，把思想政治工作摆在突出位置，坚持科教融合、强化内涵发展，在人才培养、科学研究、社会服务、文化传承创新、国际交流合作等方面不断开拓创新，为争创“双一流”大学打下坚实基础，积淀了先进的发展经验，呈现出蓬勃的发展态势，成就了今天享誉国内的“社科大”品牌。“中国社会科学院大学文库”就是学校倾力打造的学术品牌，如果将学校之前的学术研究、学术出版比作一道道清澈的溪流，“中国社会科学院大学文库”的推出可谓厚积薄发、百川归海，恰逢其时、意义深远。为其作序，我深感荣幸和骄傲。

高校处于科技第一生产力、人才第一资源、创新第一动力的结合点，是新时代繁荣发展哲学社会科学，建设中国特色哲学社会科学创新体系的重要组成部分。我校建校基础中国社会科学院研究生院是我国第一所人文社会科学研究生院，是我国最高层次的哲学社会科学人才培养基地。周扬、温济泽、胡绳、江流、浦山、方克立、李铁映等一大批曾经在研究生院任职任教的名家大师，坚持运用马克思主义开展哲学社会科学的教学与研究，产出了一大批对文化积累和学科建设具有重大意义、在国内外产生重大影响、能够代表国家水准的重大研究成果，培养了一大批政治可靠、作风过硬、理论深厚、学术精湛的哲学社会科学高端人才，为我国哲学社会科学发展进行了开拓性努力。秉承这一传统，依托中国社会科学院哲学社会科学人才资源丰富、学科门类齐全、基础研究优势明显、国际学术交流活跃的优势，我校把积极推进哲学社会科学基础理论研究和创新，努力建设既体现时代精神又具有鲜明中国特色的哲学社会科学学科体系、学术体系、话语体系作为矢志不渝的追求和义不容辞的责任。以“双一流”和“新文科”建设为抓手，启动实施重大学术创新平台支持计划、创新研究项目支持计划、教育管理科学研究支持计划、科研奖励支持计划等一系列教学科研战略支持计划，全力抓好“大平台、大团队、大项目、大成果”等“四大”建设，坚持正确的政治方向、学术导向和价值取向，把政治要求、意识形态纪律作为首要标准，贯穿选题设计、科研立项、项目研究、成果运用全过程，以高度的文化自觉和坚定的文化自信，围绕重大理论和实践问题展开深入研究，不断推进知识创新、理论创新、方法创新，不断推出有思想含量、理论分量和话语质量的学术、教材和思政研究成果。“中国社会科学院大学文库”正是对这种历史底蕴和学术精神的传承与发展，更是新时代我校“双一流”建设、科学研究、教育教学改革和思政工作创新发展的集中展示与推介，是学校打造学术精品，彰显中国气派的生动实践。

“中国社会科学院大学文库”按照成果性质分为“学术研究系列”“教材系列”和“思政研究系列”三大系列，并在此分类下根据学科建设和人才培养的需求建立相应的引导主题。“学术研究系列”旨在以理论研究创新为基础，在学术命题、学术思想、学术观点、学术话语上聚焦聚力，注重高原上起高峰，推出集大成的引领性、时代性和原创性的高层次成果。“教材系列”旨在服务国家教材建设重大战略，推出适应中国特色社会主义发展要求，立足学术和教学前沿，体现社科院和社科大优势与特色，辐射本硕博各个层次，涵盖纸质和数字化等多种载体的系列课程教材。“思政研究系列”旨在聚焦重大理论问题、工作探索、实践经验等领域，推出一批思想政治教育领域具有影响力的理论和实践研究成果。文库将借助与中国社会科学出版社的战略合作，加大高层次成果的产出与传播。既突出学术研究的理论性、学术性和创新性，推出新时代哲学社会科学研究、教材编写和思政研究的最新理论成果；又注重引导围绕国家重大战略需求开展前瞻性、针对性、储备性政策研究，推出既通“天线”、又接“地气”，能有效发挥思想库、智囊团作用的智库研究成果。文库坚持“方向性、开放式、高水平”的建设理念，以马克思主义为领航，严把学术出版的政治方向关、价值取向关与学术安全关、学术质量关。入选文库的作者，既有德高望重的学部委员、著名学者，又有成果丰硕、担当中坚的学术带头人，更有崭露头角的“青椒”新秀；既以我校专职教师为主体，也包括受聘学校特聘教授、岗位教师的社科院研究人员。我们力争通过文库的分批、分类持续推出，打通全方位、全领域、全要素的高水平哲学社会科学创新成果的转化与输出渠道，集中展示、持续推广、广泛传播学校科学研究、教材建设和思政工作创新发展的最新成果与精品力作，力争高原之上起高峰，以高水平的科研成果支撑高质量人才培养，服务新时代中国特色哲学社会科学“三大体系”建设。

历史表明，社会大变革的时代，一定是哲学社会科学大发展的时代。当代中国正经历着我国历史上最为广泛而深刻的社会变革，也正在进行着人类历史上最为宏大而独特的实践创新。这种前无古人的伟大实践，必将给理论创造、学术繁荣提供强大动力和广阔空间。我们深知，科学研究是永无止境的事业，学科建设与发展、理论探索和创新、人才培养及教育绝非朝夕之事，需要在接续奋斗中担当新作为、创造新辉煌。未来已来，将至已至。我校将以“中国社会科学院大学文库”建设为契机，充分发挥中国特色社会主义教育的育人优势，实施以育人育才为中心的哲学社会科学教学与研究整体发展战略，传承中国社会科学院深厚的哲学社会科学研究底蕴和40多年的研究生高端人才培养经验，秉承“笃学慎思明辨尚行”的校训精神，积极推动社科大教育与社科院科研深度融合，坚持以马克思主义为指导，坚持把论文写在大地上，坚持不忘本来、吸收外来、面向未来，深入研究和回答新时代面临的重大理论问题、重大现实问题和重大实践问题，立志做大学问、做真学问，以清醒的理论自觉、坚定的学术自信、科学的思维方法，积极为党和人民述学立论、育人育才，致力于产出高显示度、集大成的引领性、标志性原创成果，倾心于培养又红又专、德才兼备、全面发展的哲学社会科学高精尖人才，自觉担负起历史赋予的光荣使命，为推进新时代哲学社会科学教学与研究，创新中国特色、中国风骨、中国气派的哲学社会科学学科体系、学术体系、话语体系贡献社科大的一份力量。

（张政文　中国社会科学院大学党委常务副书记、校长、
中国社会科学院研究生院副院长、教授、博士生导师）

序

最早知道傅汉思（Hans H. Frankel）是十多年前，偶然翻阅《抒情之声的生命力：东汉到唐代的诗歌》（*Vitality of the Lyric Voice*：*Shih Poetry from the Late Han to the T'ang*），发现这本重要的论文集被献给了他，作为编者之一的宇文所安（Stephen Owen）乃是他以前在耶鲁大学的门徒。和在中国学界如日中天的学生相比，老师的声名显得相当暗淡，这激发了我的研究兴趣。正好不久生活·读书·新知三联书店推出了傅汉思代表作《梅花与宫闱佳丽：中国诗选译随谈》（*The Flowering Plum and the Palace Lady*：*Interpretations of Chinese Poetry*）的中译本，细读之后我写了一篇书评，发表于《读书》2012 年第 2 期。本想趁热打铁，接着研究下去，但因为手头的其他工作，研究不得不中止了。

2018 年管宇入学后，我们多次讨论博士学位论文选题，但一直没有确定下来。2019 年他申请去耶鲁大学访学的计划成功获批，我着实为他高兴，同时开始考虑如何充分利用这一宝贵机会。傅汉思再次出现在我的脑海，他 1961 年入职耶鲁大学后一直在东亚语言与文学系任教（1987 年荣休），那里有他往日的同事和学生，更关键的是图书馆收藏了他的所有著作和全部档案，后者是其他地方根本无法获取的。去耶鲁大学研究傅汉思，不是一个再好不过的课题吗？我很快把这个想法告诉了管宇，虽然他当时对傅汉思几乎一无所知，但斟酌一番后便愉快地接受了。

傅汉思成本的著作不多，主要是《梅花与宫闱佳丽》，其他大部分是单篇论文和译文，有些国内不易见到，所以近年来对他的研究尽管有所进展，但空白点依然很多，特别是他作为中国古诗词翻译大家的成就一直无人论及。管宇全面细致的文本分析填补了这方面的空白。傅汉思翻译的重点是梅花诗、曹植诗和乐府诗，这固然有个人喜好的成分，但更重要的还是他的学术判断。以曹植为例，作为建安之杰一直被视为中国大诗人，但在西方却备受冷落。1964 年，傅汉思发表《曹植诗 15 首》（Fifteen Poems by Ts'ao Chih），成为有史以来最集中的英译，此后他又陆续翻译了 11 首，比较全面地展示了曹植的丰富想象和华茂词采，以及以诗抒情、以乐府虚构的写作特色。傅汉思是学者型翻译家，精通多种语言、饱览中外文学。为了揭示他的复杂性，管宇充分运用比较文学和跨文化研究的方法，深入分析了文字转换背后的深层动机，言之成理、令人信服。傅汉思的翻译工作还有一个得天独厚的助手——妻子张充和。一般人只知道他们琴瑟和谐，管宇则深入考察了夫妻学术合作的诸多细节，同时对傅汉思生平经历做了迄今为止最为准确翔实的描述，这当然都得益于他在耶鲁大学一年的资料查询和档案阅读。

管宇出身于北京外国语大学高级翻译学院，当初报考时，我非常看好他出色的外语水平，以及对学术的饱满热情和锲而不舍的劲头。四年以来，管宇拓宽了研究视野、细读了大量文献、提升了写作技巧，一步步走向成熟。虽然博士学位论文难免稚嫩，但无疑为以后的发展奠定了良好的基础，更多佳绩是完全可以期待的。

顾　钧

北京外国语大学国际中国文化研究院教授，博士生导师

2022 年 9 月 12 日

目　　录

绪　论 …………………………………………………………………………（1）

一　研究对象与选题缘起 ……………………………………………………（1）

二　文献综述 …………………………………………………………………（4）

三　研究资料与研究方法 ……………………………………………………（14）

四　研究价值与创新之处 ……………………………………………………（16）

第一章　傅汉思中国古诗英译的准备 ………………………………………（18）

第一节　翻译生涯的缘起与嬗变 …………………………………………（18）

一　西方语言文学基础 ……………………………………………………（18）

二　汉语学习与汉学启蒙 …………………………………………………（22）

三　中古史翻译的铺垫 ……………………………………………………（28）

四　翻译的贤内助——张充和 ……………………………………………（32）

第二节　翻译的诗学源泉 …………………………………………………（38）

一　中国诗学 ………………………………………………………………（38）

二　比较诗学 ………………………………………………………………（41）

三　诗学发现 ………………………………………………………………（45）

小　结 …………………………………………………………………………（49）

第二章　傅汉思中国古诗英译的选材 ………………………………………（52）

第一节　“梅花诗” ………………………………………………………（56）

一　译介概况 ………………………………………………………………（56）

二　译介缘起 ………………………………………………………………（57）

三　选诗原则 ………………………………………………………………（62）

第二节　曹植诗 ……………………………………………………………（65）

一　译介概况 …………………………………………………………（65）
二　译介缘起 …………………………………………………………（67）
第三节　乐府诗 ………………………………………………………（71）
一　译介概况 …………………………………………………………（71）
二　译介缘起 …………………………………………………………（74）
小　结 …………………………………………………………………（77）

第三章　傅汉思中国古诗英译的特色 ………………………………（81）
第一节　再现原诗的诗性 ……………………………………………（83）
一　再现核心诗学要素 ………………………………………………（83）
二　再现原诗文体特色 ………………………………………………（121）
三　傅译两版“梅花诗”比较研究 ……………………………………（155）
第二节　兼顾译诗的诗性 ……………………………………………（169）
一　再现和创造韵律 …………………………………………………（169）
二　善用诗化语汇 ……………………………………………………（171）
三　顺应英诗句法 ……………………………………………………（175）
第三节　注重传播效果的编排方式 …………………………………（178）
小　结 …………………………………………………………………（183）

第四章　傅汉思中国古诗英译的影响和地位 ………………………（185）
第一节　翻译活动的影响 ……………………………………………（185）
一　译诗的接受与传播 ………………………………………………（185）
二　译诗理念的影响 …………………………………………………（190）
第二节　翻译活动的历史地位 ………………………………………（197）
一　在美国古诗英译史中的地位 ……………………………………（197）
二　在美国汉学史上的地位 …………………………………………（203）
小　结 …………………………………………………………………（209）

结　语 …………………………………………………………………（211）
一　傅汉思中国古诗英译的成就与贡献 ……………………………（211）
二　傅汉思对当下中国文学外译的启示 ……………………………（215）
三　研究不足与展望 …………………………………………………（218）

附 录 …………………………………………………………………（220）
一 耶鲁大学藏傅汉思原始档案 …………………………………（220）
二 加州大学伯克利分校藏傅汉思原始文献 ………………………（225）
三 纽约“海外昆曲社”前社长陈安娜藏傅汉思相关原始文献 ……………………………………………………………（226）
四 华盛顿大学荣休教授康达维藏傅汉思相关原始文献 ……………………………………………………………（239）

参考文献 ………………………………………………………………（241）

后 记 …………………………………………………………………（269）

绪　　论

一　研究对象与选题缘起

本书的研究对象是美国汉学家傅汉思（Hans Hermann Frankel，1916—2003）的中国古诗英译。这里的“古诗”泛指“中国古代诗歌类型的作品”，包括诗、词、曲以及带有诗歌色彩的辞赋。这也是傅汉思本人的用法，他的代表作《梅花与宫闱佳丽：中国诗选译随谈》（*The Flowering Plum and the Palace Lady*：*Interpretations of Chinese Poetry*，1976）就用“Chinese Poetry”概念涵盖了中国古代的100余篇诗词歌赋。

中国古诗英译历经300多年的历史，第一阶段以《诗经》为主，第二阶段集中于唐诗，第三阶段延展到更多的诗歌。[①] 以译者主体看，则先后经过了业余汉学家（以传教士为主）和专业汉学家两个阶段。傅汉思是美国专业汉学时期古诗英译的先锋，对中国古诗译介与传播做出了重要贡献。

傅汉思，德裔美国汉学家，民国才女张充和之夫，生前长期担任美国耶鲁大学东亚语言与文学系教授。傅汉思中文名原为“傅汉斯”，由陈世骧所起，张充和将其改为“汉朝的汉，思想的思”[②]。傅汉思集中国古诗研究专家、中国古典文学翻译家和中美文化交流先行者三重身份于一身，为中国文学和文化走向世界做出了卓越贡献。他的代表作包括专著《梅花与宫闱佳丽：中国诗选译随谈》，三篇论文——《中国诗歌中的梅树》（The Plum Tree in Chinese Poetry）、《曹植诗15首：一种新方法的尝试》（Fifteen

---

① 参见 Roy E. Teele, *Through A Glass Darkly*: *A Study of English Translations of Chinese Poetry*, Ann Arbor, 1949。

② 参见《“民国最后才女”张充和：书法是立体的中国文化》，2008年11月12日，中国新闻网，http：//www. chinanews. com. cn/cul/news/2008/11-12/1446952. shtml。

Poems by Ts'ao Chih：An Attempt at a New Approach)、《乐府诗》(Yueh-fu Poetry)。他一生共完成译作 9 种，著作 2 本，论文 30 篇，书评 22 篇，散文和杂文 5 篇，序言 2 篇，词条 2 项。

经笔者初步调查，《中国诗选译随谈》至今仍是耶鲁大学东亚语言与文学系多门课程的参考用书，被孙康宜誉为中国文学领域的"正典"①。《中国诗歌中的梅树》是国外对中国文学中"梅"之母题和意象最为系统的研究，使得傅汉思成为中国诗歌意象研究的先锋。② 傅汉思在《曹植诗 15 首》中借助文本细读和结构批评的方法对曹植诗展开全新的解读，使其成为西方汉学界首位运用新批评理念阐释中国文学的学者。③《乐府诗》是汉学界对中国乐府文类最为系统的专题研究，其创新之处在于将乐府置于世界民谣的视野中并引用口头程式化理论。傅汉思是"首位对中国文学做纯文学研究的西方学者"④"美国中国文学研究领域的先驱"⑤，他"代表了一个逝去的时代"⑥。

傅汉思的中国文学英译自 20 世纪 50 年代初一直延续到 20 世纪 90 年代末，译作总数近 300 篇，以古诗为主，其他文学体裁为辅。傅译古诗主要见于《中国诗选译随谈》、《玉骨冰魂》(*Bones of jade*，*soul of ice*：*the flowering plum in Chinese art*，1984) 和各种学术论文中，其中占比最大的是乐府诗，包括乐府双璧《孔雀东南飞》和《木兰辞》。其他译作包括与张充和合译的《书谱》(Treatise on Calligraphy) 和《续书谱》(Sequel to the "Treatise on Calligraphy")、传记《孟浩然传》(*Biographies of Meng Hao-jan*) 和《梅妃传》(Biography of the Flowering-Plum Consort) 节选、昆曲唱词《思凡》《游园》《扫花》、书信《诫兄子严敦书》等。《中国诗选译随

---

① Kang-I Sun Chang，"Chinese Literature Scholar and Translator Hans Frankel Dies"，*Yale Bulletin & Calendar*，Vol. 32，No. 2，2003，pp. 9，12.

② David R. Knechtges：《Knechtges 教授在傅汉思追思仪式上的悼词》，《水》复刊第 24 期——张元和、傅汉思纪念特刊，2004 年 7 月 15 日，第 31—32 页。

③ David R. Knechtges：《Knechtges 教授在傅汉思追思仪式上的悼词》，《水》复刊第 24 期——张元和、傅汉思纪念特刊，2004 年 7 月 15 日，第 32 页。

④ David R. Knechtges：《Knechtges 教授在傅汉思追思仪式上的悼词》，《水》复刊第 24 期——张元和、傅汉思纪念特刊，2004 年 7 月 15 日，第 31 页。

⑤ Stephen Owen：《Owen 教授在傅汉思追思仪式上的悼词》，《水》复刊第 24 期——张元和、傅汉思纪念特刊，2004 年 7 月 15 日。

⑥ Stephen Owen：《Owen 教授在傅汉思追思仪式上的悼词》，《水》复刊第 24 期——张元和、傅汉思纪念特刊，2004 年 7 月 15 日。

谈》是傅汉思古诗英译的代表作，其中 42 首是首次英译。他的翻译得到了学界和大众读者的认可，具体体现为：①代表译作《木兰辞》被用作 1998 年迪士尼动画电影《花木兰》的官方翻译；②《陌上桑》《战城南》《野田黄雀行》《吁嗟篇》译文入选截至当时“最为完整、最好的中国诗歌西方语言翻译文本”① ——《葵晔集：历代诗词曲选集》（*Sunflower Splendor: Three Thousand Years of Chinese Poetry*, 1975）；③登载傅汉思 19 首梅花题材古诗译文的展览读物《玉骨冰魂》荣获 1995 年“美国博物馆协会最佳会刊和图书奖”[American Association of Museums Award of Distinction (Catalogs and Books)]②；④《诫兄子严敦书》译文被收入中国文学英译旗舰刊物《译丛》（*Renditions*）1994 年春秋号上，与他同期的供稿人有中国翻译名家杨宪益、刘殿爵以及美国中国文学翻译名家华兹生（Burton Waston，1925—2017 年）、海陶玮（James R. Hightower，1915—2006 年）、白芝（Cyril Birch，1925—　）、宇文所安（Stephen Owen，1946—　）等。除翻译实践外，傅汉思也涉猎翻译批评。《自 20 世纪 50 年代以来的古诗英译：问题与成就》（English Translations of Classical Chinese Poetry since the 1950's—Problems and Achievements）列举了 20 世纪 50—80 年代英美中国古诗英译家对诸多诗学元素的不同处理方式，是一个时代古诗英译史的缩影。傅汉思培养和影响了宇文所安、康达维（David Knechtges，1942—　）、史景迁（Jonathan Spence，1936—2021 年）、毕嘉珍（Maggie Bickford）、白丽儿（Anne Birrell）等汉学名家，是 20 世纪美国古诗英译领域的领袖。

虽然傅汉思的古诗英译取得了高度成就，但是国内外学界尚未对其展开基础性、专题性的梳理和多维度、系统性的研究。傅汉思的中国古诗英译是美国中国文学研究的重要成果，对他的翻译生涯、译介情况、翻译特色以及译介效果展开个案研究，将大大丰富我们对中国古诗英译和中国文学对外传播中成败得失的认识。

综上，笔者将“傅汉思中国古诗英译研究”作为选题。本书将基于大量原始档案和文献，对傅汉思的古诗英译展开系统深入的研究。本书将重点解决翻译准备、翻译什么、如何翻译、翻译影响四个问题，涉及中西诗

① David Lattimore, "Sunflower Splendor", *The New York Times*, December 21, 1975, https://www.nytimes.com/1975/12/21/archives/sunflower-splendor.html.

② Maggie Bickford, "Curriculum Vitae", Brown University, December 2011, https://vivo.brown.edu/docs/drrb/1132173516.pdf.

学、译介学、海外汉学三个维度。需要解决的具体问题包括：在成为古诗英译家之前，傅汉思在语言、文学、翻译、研究等方面做了哪些准备？傅汉思译介选材的特点和焦点是什么，这种特点是否是其独有的，这些焦点是如何形成的？傅汉思翻译古诗的理念是什么，这种理念的成因是什么？傅汉思是如何落实其翻译理念的，又采取了何种具体的翻译策略？这种翻译观是否产生过变化？翻译的目的之一是传播，傅汉思是否兼顾了译本的传播？傅汉思的古诗英译得到了怎样的评价，产生了何种影响，他在美国古诗英译史乃至美国汉学史上处于怎样的地位？通过解决这些问题，本书将全面细致地揭示傅汉思古诗英译的特点、成就与贡献。

二 文献综述

（一）古诗英译研究现状

21 世纪以来，随着学界典籍英译研究的升温，古诗英译研究的成果不断涌现，且呈现出成熟化的趋势，有多部学术专著问世。研究视角多样：有侧重译史梳理的，如江岚的《唐诗西传史论——以唐诗在英美的传播为中心》[①]；有聚焦翻译理念和策略的，如程玉梅的《中诗英译：理论与实践》[②]、张智中的《汉诗英译美学研究》[③]、张保红的《诗歌翻译探索》[④]和魏家海的《汉诗英译的比较诗学研究》[⑤]，研究理论多元，包括接受美学、翻译诗学、图里翻译规范理论、功能对等理论等；也有考察个别译者或译者流派的，如朱徽的《中国诗歌在英语世界——英美译家汉诗翻译研究》[⑥]、吴伏生的《汉诗英译研究：理雅各、翟里斯、韦利、庞德》[⑦]和张保红的《古诗英译中西翻译流派比较研究》[⑧]。译者研究中，许渊冲是国内学界最为热门的研究对象，目前硕博论文总数多达 344 篇。诗人译者中，有关庞德（Ezra Pound，1885—1972）的研究最多，当代最为多产的欣顿

① 江岚：《唐诗西传史论——以唐诗在英美的传播为中心》，学苑出版社 2009 年版。
② 程玉梅：《中诗英译：理论与实践》，博士学位论文，中国社会科学院研究生院，2002 年。
③ 张智中：《汉诗英译美学研究》，商务出版社 2015 年版。
④ 张保红：《诗歌翻译探索》，清华大学出版社 2016 年版。
⑤ 魏家海：《汉诗英译的比较诗学研究》，中国社会科学出版社 2017 年版。
⑥ 朱徽：《中国诗歌在英语世界——英美译家汉诗翻译研究》，上海外语教育出版社 2009 年版。
⑦ 吴伏生：《汉诗英译研究：理雅各、翟里斯、韦利、庞德》，学苑出版社 2012 年版。
⑧ 张保红：《古诗英译中西翻译流派比较研究》，人民出版社 2018 年版。

（David Hinton）在陈琳的《欣顿与山水诗的生态话语性》[①]中得到了专题研究，该研究的亮点是对翻译文本书学和文化语境的考察。相比之下，以海外汉学家为个案研究对象的研究要少很多，其中关注20世纪下半叶汉学家译者及其实践的研究则更少，如王慧的《美国汉学家康达维的辞赋翻译与研究》[②]、魏家海的《宇文所安唐诗翻译研究》[③]和林嘉新的《华兹生英译汉诗的世界文学特性研究》[④]。

（二）傅汉思研究述评

1. 国内研究

国内对傅汉思及其作品处于初步介绍与研究的阶段，目前尚无专著出现。由于缺乏第一手文献的运用，对其汉学生涯的研究较为粗略。对其翻译的研究集中于书论英译，而对其古诗英译的关注相对较少，且多局限于个别作品，缺乏大量而深入的文本分析和比较研究。直到最近几年，才有零星的傅汉思专题研究出现。

目前，国内有3篇论文聚焦于傅汉思汉学研究。其中，宋燕鹏、王立[⑤]将傅汉思的学术生涯分为50—60年代、70年代、80年代三个时期，梳理了各时期的研究重点和代表作，并总结了其古诗研究方面中西兼通、旁征博引、引入量化分析、强调艺术性等特点。廖忠扬[⑥]梳理了世界汉学研究中心从欧洲转向美国的历程，追踪了傅汉思汉学研究的脉络，并以其《中国诗选译随谈》为例，探讨了他对美国的中国古典文学研究做出的重要贡献，突出了其时代符号意义。两篇论文对傅汉思主体身份、汉学生涯、研究特点和汉学贡献的考察有一定意义，但是由于掌握文献不足，二者忽略了傅汉思研究生涯前后的联系，对其研究特点的论述不够精准。朱怡雯[⑦]介绍了傅汉思乐府诗翻译的概况，并总结了其乐府研究的特点：重视原本、重视口头性、中西比较、分类新颖，但该文对翻译概况的梳理过于简洁，对于翻译与研究之间的关系也未加探索。此外，陈友冰强调了

① 陈琳：《欣顿与山水诗的生态话语性》，浙江大学出版社2020年版。
② 王慧 ：《美国汉学家康达维的辞赋翻译与研究》，博士学位论文，湖北大学，2016年。
③ 魏家海：《宇文所安唐诗翻译研究》，武汉大学出版社2019年版。
④ 林嘉新：《华兹生英译汉诗的世界文学特性研究》，科学出版社2022年版。
⑤ 宋燕鹏、王立：《美国汉学家傅汉思先生的古诗研究》，《中国韵文学刊》2013年第3期。
⑥ 廖忠扬：《傅汉思：一个时代的符号》，《华文文学评论》（第四辑），2016年。
⑦ 朱怡雯：《论汉学家傅汉思乐府诗研究的特色及贡献》，《乐府学》2020年第21辑。

《中国诗选译随谈》中的原型批评和主题批评方法，突出其对加强中欧传统对话方面的意义。

以上3篇论文都简要介绍了傅汉思的生平。管宇（2020）的研究亦聚焦于傅汉思的主体身份，梳理了他的三重角色——中国古诗研究专家、中国古典文学翻译家和中美文化交流先行者。此外，傅汉思的个人经历还散见于有关其妻张充和的著述中，特别是王道的三部著作：《似水华年：〈水〉与一个家族的精神传奇》[①]《一生充和》[②]《笙歌扶梦：张充和散记》[③]。

傅汉思的6种作品被翻译成中文，其中学术作品3种：1988年程健翻译的《汉代无名氏歌谣》[④]、2007年黄虹翻译的《中国和西方有关诗画转换的观点》[⑤]、2010年王蓓翻译的《梅花与宫闱佳丽：中国诗选译随谈》[⑥]；另有非学术作品3种：1980年张充和翻译的《我和沈从文初次相识》[⑦]、1988年张充和翻译的《沈从文在美国的演讲与文化活动》[⑧]、2014年张允和翻译的《张充和在北美大学里演唱昆曲（1953—1979）》[⑨]。

傅汉思的《续书谱》和《书谱》译本受到学界的关注。其中对《续书谱》译本的研究有2篇论文：顾毅等[⑩]探讨了书论中人体隐喻的翻译，发现傅译对其中外在形体的隐喻使用了语境铺垫，对精神层面的隐喻使用了文化补偿。张昊宇[⑪]的研究基于关联理论的视角，认为傅译经历了语内翻译和语际翻译两个阶段。《书谱》译本有更多研究成果，研究视角较为多样，包括文化翻译观、深度翻译、译者主体性、目的论和功能学派、翻

---

① 王道编：《似水华年：〈水〉与一个家族的精神传奇》，新星出版社2016年版。

② 王道：《一生充和》，生活·读书·新知三联书店2017年版。

③ 王道：《笙歌扶梦：张充和散记》，浙江大学出版社2020年版。

④ 傅汉思撰、程健译：《汉代无名氏歌谣》，周发祥编：《中外比较文学译文集》，中国文联出版公司1988年版，第13—33页。该文是傅汉思论文"Yue-fu Poetry"的节译。

⑤ 傅汉思撰：《中国和西方有关诗画转换的观点》，麦静虹、黄虹译，范景中、曹意强编《美术史与观念史》，南京师范大学出版社2007年版，第69—88页。

⑥ 傅汉思：《梅花与宫闱佳丽：中国诗选译随谈》，王蓓译，生活·新知·读书三联书店2010年版。

⑦ 傅汉思：《我和沈从文初次相识》，张充和译，《海内外》1980年第28期。

⑧ 傅汉思：《沈从文在美国的演讲与文化活动》，张充和译，巴金、黄永玉等编《长河不尽流：怀念沈从文先生》，湖南文艺出版社1989年版，第441—449页。

⑨ 傅汉思：《张充和在北美大学里演唱昆曲（1953—1979）》，张允和译，王道《一生充和》，生活·新知·读书三联书店2017年版，第336—342页。

⑩ 顾毅、张昊宇：《书论典籍中人体隐喻的翻译——以〈续书谱〉英译本为例》，《中国科技翻译》2019年第4期。

⑪ 张昊宇：《关联理论视角下〈续书谱〉的英译研究》，硕士学位论文，天津科技大学，2020年。

译模因论等。10 余篇论文中有 7 篇为硕士学位论文。李梦琪[①]和杨晓波[②]探讨了傅汉思、张充和译本中“译释结合”的深度翻译策略。以上研究视角和研究结论为针对傅汉思古诗英译的研究提供了启示。

国内有关傅汉思古诗英译的研究总体较为匮乏，且局限于《中国诗选译随谈》或其中个别译诗。其中专题论文仅有 2 篇：顾钧[③]以《中国诗选译随谈》中选入的《诗经·召南·野有死麕》和《诗经·郑风·野有蔓草》为例，对比了傅汉思与理雅各、韦利（Arthur Waley，1889—1966）、庞德的译本，并援引钱锺书、闻一多、朱熹的注疏，呈现了傅汉思对中国古诗的独到理解。周忠浩[④]将傅汉思的古诗英译特色总结为：“厚重翻译”的整体翻译策略、“细读”的文本理解方法和“折中翻译”的译文表达方法。此结论存在高度的合理性，但缺乏透彻的学理思考。该文虽意在讨论翻译，但不少地方都是对特色的空谈，没有足量的译本分析作为支撑。此外，《中国诗选译随谈》中的个别译诗成为国内古诗英译比较研究的对象，特别是《木兰辞》和《虞美人》。周兰[⑤]运用认知语言学中的“图形—背景”理论分析了《木兰辞》中经典意象的翻译，发现傅汉思在翻译中注重凸显后景对图形的修饰。杨运[⑥]结合语言和文化两个维度，运用解构主义翻译观考察了包括傅译在内的四个《木兰辞》译本。他认为，傅汉思译本的异化策略基于中国五四运动前后直译风潮的背景，源于其对中国文化的热爱，受到其中国友人的影响。虽然笔者对部分结论存疑，但其文化学视角依然对本书有所启发。梁艺维[⑦]以译者行为批评模式对比了《木兰辞》的傅汉思译本和汪榕培英译本，发现在修辞手法的翻译上傅汉思更注重对原文的“求真”。此外，张丽[⑧]从接受美学视角出发，对比了傅汉思和许渊

---

① 李梦琪：《张充和与傅汉思〈书谱〉英译本中深度翻译的应用》，《现代语文》2016 年第 11 期。

② 杨晓波：《论书法笔法术语的英译——以张充和、傅汉斯〈续书谱〉英译本为例》，《中国科技翻译》2018 年第 2 期。

③ 顾钧：《野外的死鹿、蔓草和爱情》，《读书》2012 年第 2 期。

④ 周忠浩：《汉学家傅汉思的汉诗英译方法研究》，《华文文学》2021 年第 2 期。

⑤ 周兰：《图形—背景理论与〈木兰辞〉经典意象翻译——〈木兰辞〉两英译文对比赏析》，《重庆教育学院学报》2012 年第 1 期。

⑥ 杨运：《解构主义视域下〈木兰辞〉英译本研究》，硕士学位论文，贵州大学，2019 年。

⑦ 梁艺维：《乐府诗〈木兰辞〉修辞英译的译者行为批评》，《名作欣赏》2021 年第 5 期。

⑧ 张丽：《接受美学视角下译者主体性阐释——以傅汉思和许渊冲的〈虞美人〉译本为例》，《洛阳师范学院学报》2017 年第 6 期。

冲的《虞美人》译本，认为傅译在与原作者和读者的“视域融合”上不及许译。徐志啸[①]指出，《中国诗选译随谈》以个人化的选诗原则取得了很好的译介效果，引发了关于译诗经典化的思考。

2. 国外研究

国外研究主要分为对傅汉思汉学研究的总体评价和对其汉学作品的单独评论两类。但无论是总体评价还是作品评论基本均针对其研究工作，对于傅汉思的翻译作品也主要关注其学术价值和传播价值，对翻译本身基本上流于只言片语的感性认知。

汉学研究方面，宇文所安[②]回顾了20世纪60年代海外“中国文学”研究的处境，指出傅汉思为之带来了比较文学的视角，创造了融合语文学和批判性反思的阅读方法，引入了母题和口头程式化概念，并运用了人格面具理论，从而改变了中国文学研究在美国的状况。康达维[③]指出，傅汉思的研究特色在于其中国历史和西方语文学研究背景。刘皓明[④]以《中国诗选译随谈》为例，剖析了傅汉思汉学研究中的德国语文学传统。作为傅汉思逝世后耶鲁大学官方悼文的主笔，孙康宜[⑤]也高度肯定了他的汉学成就和贡献。

傅汉思生平事业除见于以上4篇文章外，还散见于金安平、孙康宜和苏炜关于张充和的著作中，分别为《合肥四姐妹》[⑥]《古色今香：张充和题字选集》[⑦]《天涯晚笛：听张充和讲故事》[⑧]。

针对傅汉思作品的评论，《中国诗选译随谈》是研究重点，共有9篇书评：英语7篇，法语1篇，西班牙语1篇。《中国王朝史译文目录（曹魏至五代）》（*Catalogue of Translations from the Chinese Dynastic Histories for the Period 220 - 960*，1957）有8篇书评，均为英文。《孟浩然传》有6篇书评：英语5篇，德语1篇。《书谱两种》（*Two Chinese Treatises on Calligraphy*，

---

① 徐志啸：《关于汉学研究的思考》，《国际汉学》2020年第2期。

② Stephen Owen, "Hans Frankel, the Gentle Revolutionary", *Tang Studies*, Vol. 13, 1995, pp. 7 - 8.

③ David R. Knechtges, "Hans H. Frankel, Teacher and Scholar", *Tang Studies*, No. 13, 1996, pp. 1 - 5.

④ 刘皓明：《从夕土到旦邦——纪念傅汉思教授》，《读书》2004年第9期。

⑤ Kang-i Sun Chang, "Chinese Literature Scholar and Translator Hans Frankel Dies", *Yale Bulletin & Calendar*, Vol. 32, No. 2, 2003, pp. 9, 12.

⑥ 金安平：《合肥四姐妹》，郑至慧译，台湾：时报文化出版社2005年版。

⑦ 张充和书，孙康宜编注：《古色今香：张充和题字选集》，广西师范大学出版社2010年版。

⑧ 苏炜：《天涯晚笛：听张充和讲故事》，广西师范大学出版社2013年版。

1995）有 5 篇书评：英语 4 篇，法语 1 篇。除此之外，《唐代文人：一部综合传记》（T'ang Literati：A Composite Biography）、《曹植诗 15 首：一种新方法的尝试》、《中国民歌〈孔雀东南飞〉中的程式化语言》（The Formulaic Language of the Chinese Ballad "Southeast Fly the Peacocks"）、《山阴孔氏》（The K'ung Family of Shan-yin）、《中国诗歌中的"我"》（The "I" in Chinese Lyric Poetry）和《中国官方历史中的客观性与偏向性》（Objektivitat und Parteilichkeit in der offiziellen chinesischen Geschichtschreibung vom 3. bis 11. Jahrhundert）各有 1 篇书评。

《中国诗选译随谈》得到了英语世界汉学名家的广泛关注，包括美国加州大学伯克利分校的薛爱华（Edward H. Schafer，1913—1991）①、哈佛大学的伊维德（Wilt L. Idema，1944—　）②、乔治·华盛顿大学的齐皎翰（Jonathan Chaves，1943—　）③、亚利桑那大学的缪文杰（Ronald Miao）④、哥伦比亚大学的魏玛莎（Marsha L. Wagner）⑤、英国剑桥大学的刘陶陶（Tao Tao Liu Sanders）⑥ 以及澳大利亚悉尼大学的戴维斯（A. R. Davis，1924—1983 年）⑦，另有一篇法语和一篇德语书评。

该著作获得总体好评。魏玛莎、缪文杰和齐皎翰视其为经典。刘陶陶称赞傅汉思在诠释汉诗时娓娓道来，读者就像"欣赏一幅徐徐展开的画卷"。伊维德称该书为快速发展的西方中国古诗研究做出了"极为重大的贡献"。缪文杰和魏玛莎从研究方法、研究特色、研究发现、研究贡献等

---

① Edward H. Schafer, "Review of *The Flowering Plum and the Palace Lady: Interpretations of Chinese Poetry* by Hans H. Frankel", *Journal of the American Oriental Society*, Vol. 98, No. 2 (Apr. -Jun., 1978), p. 172.

② Wilt L. Idema, "Review of *The Flowering Plum and the Palace Lady: Interpretations of Chinese Poetry* by Hans H. Frankel", *T'oung Pao*, Second Series, Vol. 66, Livr. 4/5 (1980), pp. 274 – 277.

③ Jonathan Chaves, "Review of *The Flowering Plum and the Palace Lady: Interpretations of Chinese Poetry* by Hans H. Frankel", *Modern Asian Studies*, Vol. 12, No. 1, 1978, pp. 172 – 174.

④ Ronald Miao, "Review of *The Flowering Plum and the Palace Lady: Interpretations of Chinese Poetry* by Hans H. Frankel", *The Journal of Asian Studies*, Vol. 37, No. 4, 1978, pp. 736 – 738.

⑤ Marsha L. Wagner, *Chinese Literature: Essays, Articles, Reviews (CLEAR)*, Vol. 1, 1979, pp. 117 – 120.

⑥ Tao Tao Liu Sanders, "Review of *The Flowering Plum and the Palace Lady: Interpretations of Chinese Poetry*by Hans H. Frankel", *Bulletin of the School of Oriental and African Studies*, Vol. 40, No. 3, 1977, p. 674.

⑦ A. R. Davis, "Review of *The Flowering Plum and the Palace Lady: Interpretations of Chinese Poetry*by Hans H. Frankel", *Harvard Journal of Asiatic Studies*, Vol. 37, No. 1 (Jun., 1977), pp. 203 – 207.

角度对傅汉思的古诗研究展开详尽评析，给予高度好评。缪文杰指出，该书无可争议的优势在于“细腻的文本精读和对诗歌架构极为敏锐的把握”，他高度肯定了傅汉思对汉诗互文修辞和诗歌主题的洞见。魏玛莎指出，该书关注了彼时在西方学界常被忽视的两个文类——民歌和赋；重点考察汉诗的意象、原型和平行结构，这对于理解源于口头传统的诗歌至关重要。齐皎翰肯定了傅汉思在该书中对世界民谣文学和不同国家诗人诗歌的引用。翻译方面，齐皎翰、缪文杰、魏玛莎和戴维斯都肯定了该书对很多诗作的首译之功。魏玛莎注意到傅译古诗的“异化”原则，并认为这种字面的忠实旨在服务译文之后详尽的评析。

针对该书中的翻译和研究亦有指摘的声音。薛爱华批驳了傅汉思在专有名词翻译时的做法。他认为不能近似翻译，必须准确无误，下语文学的苦功夫，辨清词的所指和差别，否则会影响意象的传达以及与其他意象综合作用产生的效果。缪文杰指出，傅汉思的译文不及其评论的诠释效果好。齐皎翰指出了傅译中的两个具体错误以及该书的两个缺陷：一是定位或目标受众模糊；二是部分显而易见的地方讨论过于细致。伊维德则表示，该书对各国诗歌的引用有时不是十分必要，且缺乏以诗歌文体为中心的探讨。他还批驳了傅汉思的新批评方法，认为文学研究很难脱离历史时代，将中国古诗视为语料库、从中任意抽取表达来阐释诗歌特点和技法的研究路径是值得商榷的。

《中国王朝史译文目录（曹魏至五代）》收录了三国至五代16个朝代共2000多个正史篇章的英语、法语和德语译文出处，得到了国际汉学界的普遍好评，其中包括美国的恒慕义（Arthur W. Hummel, Sr.，1884—1975年）①、侯思孟（Donald Holzman，1952— ）②、美国前驻韩大使理查德·沃克（Richard L. Walker，1902—2003年）③、德国汉学家傅海波（Herbert Franke，1914—2011年）④、匈牙利研究中国历史的专家希尔达·

① Arthur W. Hummel, "Review of *Catalogue of Translations from the Chinese Dynastic Histories for the Period 220 - 960*", *Artibus Asiae*, Vol. 21, No. 1, 1958, p. 91.

② Donald Holzman, "Review of *Catalogue of Translations from the Chinese Dynastic Histories for the Period 220 - 960*", *Revue Biliographique de Sinologie*, Vol. 3, 1957, pp. 34 - 35.

③ Richard L. Walker, "Review of *Catalogue of Translations from the Chinese Dynastic Histories for the Period 220 - 960*", *The Historian*, Vol. 20, No. 3, 1958, p. 374.

④ Herbert Franke, "Review of *Catalogue of Translations from the Chinese Dynastic Histories for the Period 220 - 960*", *The Journal of Asian Studies*, Vol. 18, No. 1, 1958, pp. 119 - 120.

艾克西迪（Hilda Ecsedy，1938—2004）①、意大利汉学家兰乔蒂（Lionello Lanciotti，1925— ）②。英国汉学家鲁惟一（Michael Loewe，1922— ）③为该书写有两篇书评。这些书评充实了笔者对傅汉思汉学研究的认识。

恒慕义称该目录为后代的翻译家提供了有益的指南。沃克称，该书十分注重细节，充实了西方有关“中国历史”的书目，揭示出当时西方关于中国朝代史研究的匮乏以及翻译的巨大空间。傅海波对该书的设计和编排给予高度好评，他认为该书将成为汉学家和历史学家广泛使用的工具书，并认为它充分反映了过去百年汉学的发展趋势。艾克西迪指出，该书集合了或长或短的论文中收录的史书译文，对于研究中国历史的学者而言是不可或缺的辅助。作为研究少数民族“葛逻禄”民族的专家，她发现该书中大多数译文涉及汉族以外的少数民族。此外，她认为该书的缺陷之一在于未囊括有关中国史的俄语译文，该书的影响在于在此之后，有关中国朝代史的选译和再译相继发表。兰乔蒂也认为该书的遗憾在于未能收录俄语、日语以及其他欧洲语言翻译的中国朝代史。鲁惟一在他的两篇书评中指出了该书的不足之处。他认为该书的缺陷包括未包含《史记》《汉书》《后汉书》以及沙畹（Édouard Chavannes，1965—1918 年）和德效骞（Homer Hasenpflug Dubs，1892—1969 年）的翻译和研究，没有引用法国传教士冯秉正（Joseph-Francois-Marie-Anne de Moyriac de Mailla，1669—1748 年）的经典著作《中国通史》（*Histoire gienrale de la Chine*，1777），偏离朝代史主题而过度关注中国文化和中国与邻国关系等。

傅汉思的《孟浩然传》是对《旧唐书》和《新唐书》中《孟浩然传》的翻译和注释，在国外得到了耶鲁大学金守拙（George A. Kennedy，1928— ）④、澳大利亚国立大学斯普伦克尔（Otto B. Van der Sprenkel，

① Hilda Ecsedy，“Review of *Catalogue of Translations from the Chinese Dynastic Histories for the Period 220 - 960*”，*Acta Orientalia Academiae Scientiarum Hungaricae*，Vol. 13，No. 3，1961，pp. 335 - 337.

② Lionello Lanciotti，“Review of *Catalogue of Translations from the Chinese Dynastic Histories for the Period 220 - 960*”，*East and West*，Vol. 9，No. 1/2，1958，p. 112.

③ Michael Loewe，“Review of *Catalogue of Translations from the Chinese Dynastic Histories for the Period 220 - 960*”，*Bulletin of the School of Oriental and African Studies*，Vol. 22，No. 1/3，1959，pp. 378 - 379；Michael Loewe，“Review of *Catalogue of Translations from the Chinese Dynastic Histories for the Period 220 - 960*”，*The English Historical Review*，Vol. 74，No. 292，1959，pp. 516 - 517.

④ George A. Kennedy，“Review of *Biographies of Meng Hao-jan*”，*The Far Eastern Quarterly*，Vol. 12，No. 3，1953，pp. 345 - 347.

1906—1978 年)[①]、威尼斯东方大学的兰乔蒂[②]、日本上智大学威廉·希弗(Wilhelm Schiffer, 1914—1972 年)[③]、德国莱比锡大学何可思（Eduard Erkes, 1891—1958 年)[④] 和慕尼黑大学傅海波的关注。这些评价丰富了笔者对傅汉思早期翻译以及史学翻译的认识。

其中，金守拙十分肯定傅汉思翻译中极为细致的注释，此外他指出对原文不同的阐释会造成不同的译文。与傅汉思的解读不同，他提出孟浩然始终不求仕的观点，并以此为基础就《旧唐书·孟浩然传》中“不达而卒”提供了自己的译文。希弗评价称《孟浩然传》所属的“中国王朝史翻译项目”是中国多卷的历史记录首次以批判性的、注释翔实的英译形式问世，并称赞傅汉思竭力在注释中指出了第二版作者的取材来源。何可思称，两版《孟浩然传》的翻译细致且尽量直译，注释尤为全面，不太明晰的词汇、语法现象或风格上的模棱两可都得到了彻底的分析，每个引文或典故都得到了查证，每个人物和地点都得到溯源。他认为这展现了傅汉思的语文学素养。兰乔蒂称赞该书注解充分，参考文献众多，编辑一丝不苟，认为他和陈世骧翻译的《顾恺之传》作为“中国王朝史翻译”项目的首批作品，是项目品质的很好证明。斯普伦克尔认为，傅汉思在官职的翻译上采取的是法国汉学家戴何都（Robert des Rotours, 1891—1980 年）的直译方法，但是与法译所取得的成功相比，英译却显得笨拙。他指出方志浵（Achilles Fang, 1910—1995 年）与傅汉思就译文产生的争议，但总体上认为该书是对中国传记英译的贡献。

《书谱两种》是傅汉思和张充和合作完成的中国传统书论《书谱》（孙过庭）和《续书谱》（姜夔）的英译本，曾获得加州大学圣巴巴拉分校石慢（Peter C. Sturman)[⑤]、堪萨斯大学倪雅梅（Amy McNair)[⑥]、西密歇

① Otto B. van Der Sprenkel, “Review of *Biographies of Meng Hao-jan*”, *Bulletin of the School of Oriental and African Studies*, *University of London*, Vol. 17, No. 1, 1955, p. 190.

② Lionello Lanciotti, “Review of *Biographies of Meng Hao-jan*”, *East and West*, Vol. 4, No. 3, 1953, pp. 206 – 207.

③ Wilhelm Schiffer, “Review of *Biographies of Meng Hao-jan*”, *Monumenta Nipponica*, Vol. 9, No. 1/2, 1953, p. 370.

④ Eduard Erkes, “Review of *Biographies of Meng Hao-jan*”, *Artibus Asiae*, Vol. 16, No. 3, 1953, p. 245.

⑤ Peter C. Sturman, “Review of *Two Chinese Treatises on Calligraphy*”, *Ars Orientalis*, Vol. 26, 1996, pp. 110 – 111.

⑥ Amy McNair, “Review of *Two Chinese Treatises on Calligraphy*”, *The Journal of Asian Studies*, Vol. 58, No. 3, 1999, pp. 793 – 795.

根大学白谦慎[1]、法国高等社会科学院幽兰（Yolaine Escande）[2]、台湾大学史嘉琳（Karen Steffen Chung）[3] 等学者的高度评价。这些书评丰富了笔者对傅汉思晚年翻译以及书论翻译与传播的认识。

石慢认为，《书谱》晦涩、多比喻、多用典故以及骈俪文的语言特色为翻译带来了多重困难，为此傅汉思、张充和的部分译文舍弃节奏和美感，而将原文译为清晰的英文。他对傅张的合译模式颇为称道，认为译文融合了“一位训练有素的汉学家的学术关怀和一位深谙书法微妙之处的艺术家的深刻见解”，并指出他们与德国罗杰·戈珀（Roger Goepper，1925—2011 年）和日本西林昭一的诠释存在诸多不同。倪雅梅认为该书的部分译注有待进一步充实，她同样认为将深奥的中文《书谱》译为简明的英文是一项艰巨的挑战。白谦慎指出中国书法是西方最为忽视的艺术形式并分析了原因，认为《书谱两种》及时地填补了西方有关中国书法研究的空白。他将傅张的《书谱》译本与先前的英语译本和德语译本对比，认为该译本更加严谨细致，诠释了晦涩的表达，且作为英译本受众更广，此外他指出该译本的优势在于信息丰富的评注。他认为《书谱两种》英译本的价值超越了书法本身，是对传统中国美学研究的重要贡献。史嘉琳认为傅张的译本在理解的准确和表达的通达上都令人钦佩，然而由于古汉语与现代英语之间存在的鸿沟，译文略显僵硬，但瑕不掩瑜。

综上，国内外对于傅汉思的研究尚处于起步阶段。从研究趋势上看，随着 21 世纪以来国内海外汉学研究的繁荣，傅汉思在过去十年开始得到国内学界的关注，但著述总体较少。在国外，傅汉思的多部作品在发表之后很快引起西方汉学界的热议，但对他的持续关注却不多。从研究内容上看，其汉学研究得到的关注远超其翻译，而就其翻译而言，书论受到的瞩目程度又大大超出其古诗翻译。总之，国内外对傅汉思古诗英译的研究存在诸多明显的问题：首先，对于傅汉思的生平流于支离破碎的介绍，缺乏

---

① Qianshen Bai, “Review of *Two Chinese Treatises on Calligraphy*”, *China Review International*, Vol. 4, No. 2, 1997, pp. 353 – 356.

② Yolaine Escande, “Review of *Two Chinese Treatises on Calligraphy*”, *Revue Bibliographique de Sinologie*, NOUVELLE SÉRIE, Vol. 14 (1996), pp. 199 – 200.

③ Karen Steffen Chung, “Review of *Two Chinese Treatises on Calligraphy*”, *Language*, Vol. 73, No. 2, 1997, pp. 437 – 438.

对其主体身份与翻译活动关联性的探索；其次，对其古诗英译的译本研究多为主观笼统的评论，缺少客观细致的文本分析；再次，对其译本的分析基本局限于个别诗作，缺乏对其不同时期、不同体裁译本的综合考察，缺乏与不同译者、不同译本的比较研究；最后，目前学界尚未出现对傅汉思古诗英译译介影响的专题研究。而以上不足的原因之一在于原始文献的缺失。本书旨在于前人研究基础上，力图弥补以上不足，利用大量第一手资料，对傅汉思的古诗英译展开主体身份研究、选材研究、译本研究和译介效果研究，全面系统地呈现他的“古诗翻译家”形象。

三 研究资料与研究方法

（一）研究资料

笔者在研究期间获得国家留基委青年骨干教师出国研修项目资助，在傅汉思执教的美国耶鲁大学做为期一年的访问学者，期间搜集和整理到大量傅汉思的档案资料以及与本书相关的文献，主要包括：

1. 耶鲁大学藏傅汉思原始档案

1965 年、1967 年、1980 年和 1982 年四版傅汉思简历及著作年表，《耶鲁公告牌和行事历》（*Yale Bulletin and Calendar*）发布的傅汉思讣告，讣告主笔者孙康宜与傅汉思亲友沟通讣告内容的邮件，傅汉思晋升正教授的文件，傅汉思荣休时在耶鲁《周报和行事历》（*Weekly Bulletin and Calendar*）以及《纽黑文日报》（*New Haven Registe*r）上的新闻，傅汉思 1 张任副教授时存档的证件照和 1 张荣休时存档的照片，包含傅汉思《木兰辞》英译在内的 1998 年迪士尼动画电影《木兰》相关资料。

2. 加州大学伯克利分校藏傅汉思原始文献

博士学位论文：《克维多严肃诗歌中的喻像语言：对概念主义研究的贡献》（Figurative Language in the Serious Poetry of Quevedo：A Contribution to the Study of Conceptismo）。

书信：与罗曼语语源学家雅科夫·马尔基（Yakov Malkiel，1914—1998）；与东亚历史学家宾板桥（Woodbridge Bingham，1901—1986）。

3. 纽约“海外昆曲社”前社长陈安娜藏傅汉思相关原始文献

傅汉思昆曲译介：《思凡》、《游园》、《扫花》唱词、《中国古典舞》讲稿。

傅汉思纪念悼文：康达维、史景迁、宇文所安、傅以元（刊于张充和家族刊物《水》复刊第 24 期——张元和、傅汉思纪念特刊，2004 年 7 月 15 日）。

张充和简历；张充和历年昆曲表演清单：1953—1986 年。

4. 华盛顿大学荣休教授康达维藏傅汉思相关原始文献

纪念悼文：侯思孟为傅汉思撰写的悼文、纪念傅汉思父亲的悼文。

康达维作品：未发表的有关古诗英译理念、美国中国文学研究、西方赋学研究的著述等。

此外，笔者与康达维教授数百封往来邮件中的相关内容也构成了本书的研究资料。

5. 傅汉思全部作品（详见参考文献）

6. 关于傅汉思作品的所有评论、傅汉思对他人作品的所有评论（详见参考文献）

7. 傅汉思相关人物的核心资料

张充和、沈从文、宇文所安、康达维、孙康宜、毕嘉珍、白丽儿、周文龙、斯科特、陈世骧、金介甫等。

8. 数百种英美汉学家中国古诗英译选集和中国古诗英译理念著述

根据傅汉思著述之参考文献以及中央研究院助理研究员雷之波（Zeb Raft）的《中国诗歌翻译与研究参考书目》（Working Bibliography-Translations and Studies of Chinese Poetry）搜集整理。

9. 耶鲁大学东亚语言与文学系教授孙康宜中国古诗课程资料

《中国诗歌形式》（Chinese Poetic Form，1490—1990）、《词》（Readings in Classical Chinese Poetry）。

10. 其他国内外研究综述中提及的研究资料

（二）研究方法

本书在比较文学与跨文化研究的学科视域下，综合运用以下研究方法。

1. 访问调查法

通过到耶鲁大学访学搜集傅汉思的原始档案和全部作品，通过邮件形式向陈安娜、康达维、金介甫、周文龙等傅汉思亲友获取他的研究资料，通过向傅汉思同事孙康宜请教并听课以获取傅汉思研究的相关信息，将以上途径获得的第一手文献作为研究的基础。

2. 历史文献法

梳理傅汉思全部档案和作品，形成其个人研究专史，全面系统地考察其主体身份。利用各类资料，梳理傅汉思译介重点——曹植诗和乐府诗的英译史、美国中国古诗英译史、美国中国文学研究史，在翻译史和汉学史中评价傅汉思古诗英译的特点、贡献、影响和地位。

3. 对比分析法

将傅汉思的译介选材特点与同期专业汉学家对比，将他的古诗译本与其他不同时期的不同译者对比，将他的“梅花诗”先后两版译文进行对比，将他的译诗理念和形式与其他派别的译者对比，在大量多维度的对比中凸显傅汉思古诗英译的特色。

四 研究价值与创新之处

（一）研究价值

学术价值方面：第一，本书考察傅汉思的汉学生涯，特别是其移民身份和中外交往，这有助于弥补 20 世纪美国汉学史研究的不足。目前国内学界对美国汉学的研究焦点主要集中在第二次世界大战之后的美国当代“中国学”，对美国传统汉学的关注不够。其中很多代表性的汉学家尚未得到应有的关注，傅汉思就是其中之一。

第二，本书梳理傅汉思重点选材的译介史，并将傅汉思与不同时期、不同派别的译者对比，有助于管窥 20 世纪尤其是下半叶美国古诗英译的全貌，充实美国中国古诗英译史乃至海外古诗外译史研究的内容。

应用价值方面：第一，本书聚焦于傅汉思古诗英译的选材、理念和策略，对于傅汉思成功经验的总结和不足之处的反思有助于指导当下古诗外译的实践，为古诗外译理论体系的构建添砖加瓦。第二，本书审视傅汉思古诗英译的传播方式和传播效果，有助于丰富我们对于中国文学对外传播的认知，促进国家“中国文学‘走出去’”政策的制定与完善，对于我们“讲好中国故事”、对于让世界了解真实立体的中国都具有积极的现实意义。

（二）创新之处

第一，研究内容方面。本书是国内外首次对傅汉思古诗英译的全面研究。其中对傅汉思翻译基础、重点选材之缘起、译诗理念之成因、译介影响的探讨都是学界的首次尝试。本书是对美国乃至西方汉学史研究的一个补正，也将丰富古诗英译史的史料和古诗英译理论。

第二，文献资料方面。本书首次全面利用了耶鲁大学、加州大学伯克利分校、纽约“海外昆曲社”所藏傅汉思原始档案。此外还充分利用了笔者在耶鲁大学访学时走访傅汉思生前好友所获取的资料，特别是康达维教授个人所藏傅汉思文献。笔者获取了傅汉思的所有著作并对其展开了综合利用，在对傅汉思和他人译本进行比较研究时，对某些译本的利用也是史上首次，特别是《木兰诗》的首个英译本——理查德·斯托达德（Richard Henry Stoddard，1825—1903 年）的译本。大量一手文献的利用弥补了此前研究的资料短板。

第三，研究视角方面。本书从中西诗学、译介学和海外汉学三个维度全面细致地探讨傅汉思古诗英译的内容和特色。在选材和译本特色的探讨上，笔者跳出了此前傅汉思古诗英译研究的狭窄视域，不仅强调对其特色的重新发现，还尝试挖掘其特色的成因、变化和影响等“前因后果”。

第四，学术观点方面。本书将在扎实文献和深入研究的基础上，审慎地提出一些原创性的个人观点。例如，傅汉思古诗歌英译的最大题材是“梅”，最大特点是在兼顾译诗诗性前提下对原诗诗性的再现，傅汉思开启了西方对乐府诗的专题译介，傅汉思影响了宇文所安、康达维、傅恩、毕嘉珍、白丽儿等汉学名家的翻译与研究。

第一章 傅汉思中国古诗英译的准备

第二次世界大战前夕，大批欧洲学者移民美国，傅汉思就是其中之一。1935 年，他随父亲从德国柏林举家迁往美国加州伯克利。[①] 和其他专业汉学家有所不同的是，傅汉思是“半路出家”走上汉学道路的。其大学本科至博士期间的教育背景均是西方语言文学，且长期从事西方诗学研究。然而，虽然不是真正意义的学院派出身，但他却比学院派有着天然的优势，尤其是比较文学的视野。傅汉思在中国学人的启蒙下走上汉学之路，在妻子张充和的鼎力支持下完成中国文学的学习，以史学翻译和翻译整理为铺垫，继而走上古诗英译之路。其史学英译已经开始展现出其古诗英译中细致查证和翔实注释的特点。傅汉思的古诗研究和比较视野促进了他的古诗英译，影响了他的选材和翻译理念。

第一节 翻译生涯的缘起与嬗变

傅汉思的西方语言文学基础为其古诗英译生涯提供了巨大的助益，其古诗英译生涯缘起于其中国经历和与中国学人的互动，嬗变自中古史翻译与翻译整理工作，离不开与妻子张充和的合作。

一 西方语言文学基础

傅汉思在西学的家庭环境中成长，并以西学为学术起点。他的西方语言天赋和西方语文学、文学和诗学功底极大地促进了他后期的古诗英译。

---

① Cirriculum Vitae of Hans Hermann Frankel (1982), Box: 1, Folder: 37, Biographical Information on Yale University Affiliated Individuals (RU 237), Manuscripts and Archives, Yale University Library.

傅汉思出身于德国犹太裔西方古典学和语文学世家。包括他在内，家族中四人都是西方古典学和语文学大师。他的祖父马克斯·弗兰克尔（Max Fränkel，1846—1903 年）是柏林大学名誉教授，古典学家、语文学家、人类学家、碑铭研究家和洪堡大学老皇家图书馆（Alte Königliche Bibliothek）馆长，主要研究古希腊语，专长是希腊碑文。他的舅舅爱德华·弗兰克尔（Eduard Fränkel，1888—1970 年）是剑桥大学教授，20 世纪享誉盛名的古典语文学家，以研究希腊和拉丁诗人著称。他的父亲赫尔曼·费迪南德·弗兰克尔（Hermann Ferdinand Fränkel，1888—1977 年）是斯坦福大学古典学教授，在早期希腊诗歌和哲学研究领域建树颇丰，代表作为《希腊文明早期的诗与哲学》（1951），被尊为 20 世纪希腊文学研究的杰出学者。[①] 实际上，弗兰克尔家族是 18 世纪末到 20 世纪上半期德语文化圈古典和罗曼语文学蓬勃发展的缩影。彼时，德国古典及罗曼语学家世家众多，且有不少犹太裔学者，弗兰克尔家族就是其中之一。[②] 傅汉思继承家学，分别于 1937 年、1938 年和 1942 年取得斯坦福大学古典学学士、加州大学伯克利分校西班牙语硕士和伯克利罗曼语文学博士学位。[③]

家世的熏陶和大学的学习，使得傅汉思精通多门西方语言，包括英语、德语、西班牙语、意大利语、法语和拉丁语。另据张充和整理的《傅汉思简历》显示，他还通晓希腊语和葡萄牙语。[④] 得天独厚的语言优势使得他能够在译介前熟练运用各国的参考文献，吸收传统汉学强国的研究成果。傅汉思自如地参考大量德语、法语和英语古诗英译集和海外汉学研究论文，辅助对原文的理解。法德是欧洲传统的汉学强国，“英美不如德、德不如法”[⑤] 是第二次世界大战前欧美汉学的格局，彼时法国是世界汉学的中心，且尤为擅长古代中国研究。以《中国诗选译随谈》为例，傅汉思

① 整理自康达维教授提供的资料 Lionel Pearson：Memorial Resolution：Hermann Ferdinand Fränkel，1977。

② 参见刘皓明《从夕土到旦邦——纪念傅汉思教授》，《读书》2004 年第 9 期。

③ Cirriculum Vitae of Hans Hermann Frankel（1982），Box：1，Folder：37，Biographical Information on Yale University Affiliated Individuals（RU 237），Manuscripts and Archives，Yale University Library.

④ 张充和整理：《傅汉思简历》，《水》复刊第 24 期——张元和、傅汉思纪念特刊，2004 年 7 月 15 日，第 22 页。简历末尾处显示：“充和注：汉思退休以后，尽义务为盲人录音多年。读希腊、拉丁、西班牙、葡萄牙、意大利、法、德等语言文学书，直至有病翻书不便才停，但亦常在电话中回答有关语言文学问题。”

⑤ 李思纯：《与友论新诗书》，《学衡》1923 年第 19 期。

参考的法语文献出自法国的戴密微（Paul Demiéville，1894—1979 年）、桀溺（Jean-Pierre Diény，1927—2014 年）和马古礼（Georges Margouliès，1902—1972 年），德语文献出自德国的威廉·贡德尔特（Wilhelm Gundert，1880—1971 年）、尤金·法菲尔（Eugen P. Feifel，1902—1999 年）和阿尔弗雷德·霍夫曼（Alfred Hoffmann）、奥地利的欧文·查赫（Erwin von Zach，1872—1942 年）以及瑞士的安布罗斯·拉斯特（Ambros Rust）等。英语方面，傅汉思参考的古诗英译集更是数量众多，种类广泛，有专注某一时期、某一诗体或某个诗人的，有某部汉诗诗集的英译，也有汉诗选集、中国文学选集乃至中国诗论，足见其文献功夫之深。

语文学是文本批评、文学批评、历史学、语言学的交叉学科，涉及文本的研究、文本真伪性的判定、文本意义的确定，是基于文本细读上的批判性反思。源于欧洲的语文学与后期美国兴起的新批评异曲同工，都主张对文本的细读。傅汉思深厚的语文学功底使他后期能够熟练地运用以文本细读和结构分析为主的新批评理念解读诗歌，洞察原文中对凸显旨趣至关重要的细节，进而在译文中很好地再现出来，力图使英文读者与原文读者的接受效果趋同。例如，他发现曹植《送应氏》第二部分（自“不见旧耆老”起）十行诗中出现了七次否定词，集中程度之高相当罕见，“强调了对基本的人类努力和希望的否定”①。相应地，他在译文中以“no”“not”“without”再现出高密度的否定形态，且“not”处一律不与助动词缩写：不见旧耆老（I see no elders，friends of old）、侧足无行径（My steps are unsure，there are no paths）、荒畴不复田（The barren fields are tilled no more）、游子久不归（The wanderer has not been back for long）、不识陌与阡（He does not know the crisscross roads）、千里无人烟（A thousand miles without the smoke of men）、气结不能言（I choke and cannot speak）。此外，“侧足无行径”一处，傅汉思没有译“侧”足的动作，而是一箭双雕，强调根本原因，强化否定意味——杂草丛生，脚下无所适从（unsure）。又如，他洞察到《孤儿行》中通过多次使用“下”字表达孤儿悲观绝望的心境，② 从而用相同语义的介词或动词完整地将其翻译出来以强化诗学效果：行取殿下

① Hans H. Frankel, *The Flowering Plum and the Palace Lady*: *Interpretations of Chinese Poetry*, New Haven and London: Yale University Press, 1976, p. 47.

② Hans H. Frankel, *The Flowering Plum and the Palace Lady*: *Interpretations of Chinese Poetry*, New Haven and London: Yale University Press, 1976, p. 66.

堂（And runs to the room below）、孤儿泪下如雨（The orphan's tears fall like rain）、泪下渫渫（Tears come down，flowing，flowing）、下从地下黄泉（To join them down below the earth at the Yellow Spring）、将与地下父母（To Father and Mother below the earth）。这种基于文本细读后的妙译在傅汉思笔下比比皆是。

傅汉思扎实的西方文学背景赋予他比较文学的宏大视野。在古诗译文的脚注部分和译后的阐释部分，他常就题材、体裁、修辞、母题、意象等展开中西对比，或唤起英语读者的共鸣，或揭示中西文化的差异，从而加深他们对原诗的理解。例如，他在译介《诗经·召南·野有死麕》一诗时，为了廓清原诗"杀鹿"和"诱女"两个并置主题的含义，他在译后诠释部分引入了英国民谣《三只乌鸦》（*The Three Ravens*）和德国民谣《夜猎者》，从世界文学视角和母题概念出发提出了"劫掠被视为打猎，失去贞洁则等同于死亡"的合理诠释。[①] 母题是指具有象征意义的主题元素，该概念源于美国40年代的民间文学、民俗学研究，后被西方文学批评广为使用，直至七八十年代才进入本土中国文学批评的视域。再如，在译介"梅花诗"时，他从汉语的"有花堪折直须折"说开去，对照了四个国家宗教和文学作品中的类似表达：[②] 希腊语的犹太教作品《所罗门的智慧》中有"Let us crown ourselves with rosebuds before they be withered"（希腊语英译）。傅汉思认为西方落花母题源于4世纪的一首匿名拉丁语诗，该诗结尾为"Collige，virgo，rosas，dum flos novus et nova pubes，et memor esto aevum sic properare tuum"（少女啊，当玫瑰盛放、青春热烈之时，请采摘玫瑰，记住你的时间在飞逝），英国诗人罗伯特·赫里克的名句"Gather ye rose-buds while ye may"即出自于此。据傅汉思介绍，西班牙语中的类似表达可参见论文《西方古代文学的延续》（Perduración de Is litcratura antigua en Occidente），古罗马诗人贺拉斯的表达 Carpe diem 使用类似的动词表达传递了同样的概念。

傅汉思的学术起点是西班牙语诗歌研究，他的西方诗学研究对翻译观产生了重要影响。他的博士学位论文为《克维多严肃诗歌中的喻像语言：

---

① Hans H. Frankel，*The Flowering Plum and the Palace Lady*：*Interpretations of Chinese Poetry*，New Haven and London：Yale University Press，1976，p. 9.

② 参见 Hans H. Frankel，"The Plum Tree in Chinese Poetry"，*Asiatische Studien*，Vol. 6，1952，p. 95。

对概念主义研究的贡献》（Figurative Language in the Serious Poetry of Quevedo：A Contribution to the Study of Conceptismo），此后在向中国文学研究转型期间又发表《克维多的迭句短诗“你唱的花，你飞的花”……》（*Quevedo's Letrilla*，“*Flor que cantas*，*flor que vuelas*”...）。克维多是巴洛克时期西班牙文学中“概念主义”（conceptismo）运动的代表诗人，作为研究对象受到傅汉思的大力推崇。“概念主义”诗歌擅用喻像语言和文字游戏传达深刻的思想，风格上节奏明快，不曲不绕，用词朴素。而傅汉思的古诗英译风格亦是“明晰易懂，赏心悦目”①。且正如上文《送应氏》一例中所示，他总能运用细致的文本分析发现原文的细节要害，从而完美地再现出来。傅汉思研究发现，克维多概念主义的特点之一是概念主义的一致性，即不断出现的理念、形式和模式；特点之二（本质和魅力）在于内容和形式的相互作用，二者恰到好处地相互适应使它们成为和谐的美的综合体（synthesis）。② 由此可见傅汉思对于诗歌形式的关注，这也体现在他对中国古诗的翻译当中。傅汉思总是试图在译诗中再现原诗的分行分节、词语顺序、平行对偶、复沓结构以及意象，保留原诗的形式结构和非形式结构，从而真实而完整地还原原诗的全貌。

二　汉语学习与汉学启蒙

一流的译者必定同时精通源语和译入语，傅汉思也不例外。相比之下，不懂中文的庞德和不懂英文的林纾，虽然也能实现传播异域文化的目的，但他们的译文或多或少都是以本国文化为中心过度归化的产物。

傅汉思在学习汉语前已经精通多门西方语言，这种极高的语言天赋也促进了他的汉语学习。第二次世界大战期间，他正式开启了汉语学习，为其后期的翻译打下了语言基础。1941 年珍珠港事件爆发后，美国对日宣战，正式加入第二次世界大战。1942—1945 年，傅汉思暂停了在加州伯克利大学的西班牙语助教工作，辗转旧金山、纽约和华盛顿，凭借其杰出的多语言优势，先后从事无线电监听员兼翻译、海岸警卫队后备队成员、作

① Hans H. Frankel，*The Flowering Plum and the Palace Lady*：*Interpretations of Chinese Poetry*，New Haven and London：Yale University Press，1976，p. ix.

② 详见 Hans H. Frankel，*Figurative Language in the Serious Poetry of Quevedo*，University of California，1942，pp. 172 – 175。

战新闻处外地代表以及战略服务处传记分析员等工作[①]。第二次世界大战中，为了抗击共同的法西斯敌对势力，中美成为战友，美国人学习中文、了解中国的需要也与日俱增。美军军官看中傅汉思的语言天赋，鼓励他学习汉语，[②] 而他当时学习汉语的机构是美军主要的语言培训中心——国防语言学院外国语言中心（The Defense Language Institute Foreign Language Center）。[③] 从此，傅汉思与中国以及中国文学结下了一生的不解之缘。回到伯克利后，1945—1947 年，傅汉思在兴趣的驱动下完成了中国语言、文学和历史方向的博士后研究工作。[④]

1947 年，傅汉思受胡适之邀前往北京大学西语系担任副教授，讲授拉丁语、德语和西方文学。凭借得天独厚的语言环境，他开始深入学习中文，并讲汉语。他的中文老师之一是彼时在北大西语系的同事夏济安，课余时间夏教他中文，他教夏拉丁文。[⑤]

傅汉思有自己的一套口语学习理念。他认为孩子是最好的口语老师，因为他们话语纯粹且不懂英文，比成年人讲话自然；而成年人与外国人讲话时，往往考虑适应他们的特点和习惯，反而讲得不自然。在北平任教期间，他常与袁家骅的两个女儿和沈从文的两个儿子沈龙朱、沈虎雏对话。傅汉思的中文水平进步飞快，不久便能理解中文断句的不同带来的幽默效果。据他回忆，当时沈虎雏见傅汉思和沈从文小姨张充和要好，便称呼“四姨傅伯伯”，并故意断句模糊，让他分不清是“四姨，傅伯伯”还是“四姨夫，伯伯”[⑥]。据夏济安回忆，在他 1959 年于加州大学伯克利分校任教时，傅汉思已经“讲得一口好北平话”[⑦]，可见傅汉思语言天赋之高。

---

① Cirriculum Vitae of Hans Hermann Frankel（1982），Box：1，Folder：37，Biographical Information on Yale University Affiliated Individuals（RU 237），Manuscripts and Archives，Yale University Library.

② 参见 David R. Knechtges，“Hans H. Frankel，Teacher and Scholar”，*T'ang Studies*，Vol. 13，1995，p. 1。

③ 引自金介甫（Jefferey C. Kinkley）教授与笔者来往的电子邮件。

④ Cirriculum Vitae of Hans Hermann Frankel（Sept.，1980），Box：1，Folder：37，Biographical Information on Yale University Affiliated Individuals（RU 237），Manuscripts and Archives，Yale University Library.

⑤ 参见季进编注《夏志清夏济安书信集（卷三：1955—1959）》（简体字版），香港中文大学出版社 2016 年版，第 12 页。

⑥ 傅汉思：《我和沈从文初次相识》，张充和译，《海内外》1980 年第 28 期。

⑦ 季进编注：《夏志清夏济安书信集（卷三：1955—1959）》（简体字版），香港中文大学出版社 2016 年版，第 415 页。

扎实的古汉语功底是理解古诗进而做好古诗英译的基础。傅汉思在学习古汉语方面也颇有心得。他在《古汉语中的虚词：注释和案例》（*Classical Chinese：Notes and Examples*，1992）一书中列出了56个古汉语虚词和相关义项，并从《古文观止》和王际真的《古汉语阅读》中举出大量例句，为学习古汉语的学生提供参考。

傅汉思的汉学启蒙也始于北平期间。北大活跃的学术环境和北平浓厚的文化氛围对傅汉思产生了潜移默化的陶染，在其心中埋下了汉学的萌芽。彼时，他与沈从文、张充和、周有光、季羡林、杨振声、袁家骅、金隄、冯至、胡适、夏志清、夏济安等学者交往甚笃，其中对其走上汉学道路影响最深的当属沈从文。

沈从文是傅汉思汉学生涯的启蒙老师。1948 年 3 月，经时任北大英语系助教、沈从文邻居金隄①的介绍，傅汉思初识北大中文系教授沈从文。彼时，沈从文的工作重心已由文学创作转移到杂文物研究。傅汉思在与沈从文的谈话中了解中国历史、艺术和建筑，由他的小说开始接触中国文学和文化的各个方面，并在他的撮合下牵手其中国文学翻译和研究生涯的终身伴侣张充和。傅汉思在《我和沈从文初次相识》一文中详细记录了这段经历。

1948 年 3 月在致斯坦福父母的信中，傅汉思表达了初见沈从文时的仰慕之情。他将沈从文称为“可爱的人……目前北京的一位最知名的作家和教授……仪表、谈吐、举止非常温文尔雅”②。此后，他常常出入沈宅。每次到访，沈从文都找时间与他聊天。傅汉思虽只能听懂他的部分湘西土音，却很喜欢听他谈话，不懂的地方，沈从文之妻张兆和有时会用普通话复述一遍。沈家当时位于北平中老胡同的北大宿舍，许多北大教授居住在此，沈从文常常款待来访的教授、作家、学生等，傅汉思也常参与其中。在致父母的信中，傅汉思表示“对沈从文的文化修养知识很钦佩”③。据当时借住沈家的张充和回忆，沈从文彼时爱好谈论文物考古，他“谈吐生动

① 据傅汉思在《我和沈从文初次相识》中回忆，介绍他与沈从文认识的人是“西语系的一个青年同事”（金隄）；而据张充和在苏炜所编《天涯晚笛：听张充和讲故事》中回忆，“把汉思介绍给沈从文的是季羡林”。综合判断，介绍人应当是金隄。因为从来源上看，傅汉思本人在 82 岁时的回忆比旁观者张充和在 100 岁时的回忆要更足以采信。傅汉思初识沈从文时为 1948 年 3 月，当时金隄 28 岁，正值青年，任北大英语系助教，而彼时季羡林 38 岁，在东方语系任教授。

② 傅汉思：《我和沈从文初次相识》，张充和译，《海内外》1980 年第 28 期。

③ 傅汉思：《我和沈从文初次相识》，张充和译，《海内外》1980 年第 28 期。

快乐……触类旁通，以诗书史籍与文物互证，富于想象，又敢于想象，是得力于他写小说的结果"[①]。沈家"除书籍漆盒外，充满青花瓷器。又大量收集宋明旧纸…屋子将要堆满"[②]。沈从文深厚的国学功底和沈家浓郁的文化氛围让傅汉思得到了人生中最早的中国文化启蒙。

在沈从文才华的感染下，傅汉思开始阅读他的文学著作，先是由金隄主译、在英国出版的英译选集《中国土地》（*The Chinese Earth*: *Stories by Shen Tseng-wen*，1947），后是中文原著。傅汉思回忆说，这是他"一生第一次结交一个作家"[③]。《中国土地》涵盖《边城》《三三》在内的沈从文短篇小说 14 篇，书中展现的湘西传统民族文化想必对傅汉思触动不小。

除拜访沈从文、阅读沈从文著作外，傅汉思还与沈家在天坛野餐，在颐和园霁清轩度假。在致双亲的信中，傅汉思写道，"我总是喜欢听沈先生讲解中国古代的艺术同建筑"[④]。1948 年 7 月 14 日至 8 月上旬，他与沈家在霁清轩小住，这是他与沈家相处时间最长也是与沈家增进感情的阶段。据沈从文书信显示，沈从文彼时称呼傅汉思为"傅先生"[⑤]，常请他为家里捎信办事，可见他对傅汉思的认可和信赖。或许彼时沈从文已经默认了其小姨张充和与傅汉思的姻缘，而这段中西合璧的婚姻很大程度上也归功于沈从文的撮合。据傅汉思回忆，当时拜访沈家时，沈从文以为他对张充和更感兴趣，因此不再与他多谈话，而创造机会让他们独处。1948 年 11 月 19 日，傅汉思与张充和成婚，婚礼上的介绍人之一便是沈从文。

笔者认为，沈从文对傅汉思的汉学译研路径和方法以及文学研究重点产生了潜在影响。返美后，在沈从文史学研究的影响下，傅汉思马上开始了中古史的翻译、整理和教学工作。他翻译了《孟浩然传》（*Biographies of Meng Hao-jan*，1952），整理了《中古史译文目录》（*Catalogue of Translations from the Chinese Dynastic Histories for the Period 220 - 960*，1957），并在 1949—1959 年间担任历史讲师和研究员。[⑥] 他在这一阶段开始学习中国文

① 张充和：《三姐夫沈二哥》，《新文学史料》1988 年第 4 期。

② 张充和：《三姐夫沈二哥》，《新文学史料》1988 年第 4 期。

③ 傅汉思：《我和沈从文初次相识》，张充和译，《海内外》1980 年第 28 期。

④ 傅汉思：《我和沈从文初次相识》，张充和译，《海内外》1980 年第 28 期。

⑤ 沈从文：《沈从文全集·第 18 卷·书信》，北岳文艺出版社 2002 年版，第 503 页。

⑥ Cirriculum Vitae of Hans Hermann Frankel (1982), Box: 1, Folder: 37, Biographical Information on Yale University Affiliated Individuals (RU 237), Manuscripts and Archives, Yale University Library.

学，1959—1961 年在斯坦福大学任中文助理教授，直至 1961 年入职耶鲁大学东亚系后，全面转向中国古诗翻译和研究，由史入文。傅汉思的古诗研究——尤其是作者身份研究以扎实的考据功夫见长，他主要从文本的收录和流播以及作者的写作风格出发，批判性地审视前人的研究成果，证明了《悲愤诗·其一》《悲愤诗·其二》《胡笳十八拍》非蔡琰所作、[①] 11 首李白词非李白所作，[②] 呈现了《曹集诠评》中 340 首诗歌复杂的真伪性情况，[③] 这与沈从文文物研究中诗书史籍互证的方法异曲同工。此外，沈从文的小说常以刻画湘西淳朴民风为主题，而傅汉思古诗译研的重点之一则是展现普通民众生活的汉乐府，可见二者的文学品位也存在某种暗合。

傅汉思感恩于沈从文的启蒙影响，返美后一直盼望他到访美国。傅汉思先后两次邀请沈从文赴美：1980 年初，他与张充和写信邀请沈从文夫妇来美，未得回信；同年 2 月 26 日，他联名耶鲁大学中国小说史教授高辛勇、耶鲁美术馆东方艺术部主任倪密（Mimi Gardener Gates，1943— ）等人发出正式邀请，寄沈从文和其任职的中国社会科学院。傅汉思竭力解决沈从文访美的行前问题：他通过在中国社会科学院访学的沈从文研究专家金介甫（Jeffrey C. Kinkley，1948— ）与社科院沟通协调，解决了沈从文夫妇美国之行的费用问题；由于非官方派出及参保人年龄问题，他向各方寻求保险未果，迫不及待时答应以个人名义为沈从文健康担保。[④] 1980 年 10 月 27 日，沈从文夫妇如期访美。当天傅汉思接机完回到家中，在日记中写道，“等了 30 年的一个梦，今天终于实现了”[⑤]。自此至 1981 年 2 月 15 日，沈从文在美讲学访问期间，傅汉思负责打点一切事宜：首先，他为此次美国之行作出了总体规划，在全美 15 所大学为沈从文精心组织了 23

---

① 详见 Hans H. Frankel，“Cai Yan and the Poems Attributed to Her”，*Chinese Literature：Essays，Articles，Reviews*（*CLEAR*），Vol. 5，No. 1/2（Jul.，1983），pp. 133－156。

② 详见 Hans H. Frankel，“The Problem of the Authenticity of the Eleven Tse Attributed to Li Po”，in *Proceedings of the Second International Conference on Sinology*，Taipei：Academia Sinica，1989，pp. 319－334。

③ 详见 Hans H. Frankel，“The Problem of Authenticity in the Works of Ts'ao Chih”，in *Essays in Commemoration of the Golden Jubilee of the Fung Ping Shan Library*（1932—1982），Hong Kong：Hong Kong University Press，1982，pp. 183－201。

④ 参见傅汉思《沈从文在美国的讲演与文化活动》，张充和译，巴金、黄永玉等《长河不尽流：怀念沈从文先生》，湖南文艺出版社 1989 年版，第 441—442 页。

⑤ 张充和：《沈二哥在美国东部的琐琐》，巴金、黄永玉等《长河不尽流：怀念沈从文先生》，湖南文艺出版社 1989 年版，第 434 页。

场演讲，内容包括文学与文物学，使其能够畅所欲言，弥补了沈从文 1949 年后离开北大终止教学的遗憾。其次，他负责安排沈从文的一切行程，美东地区几乎全程陪同，美西地区和夏威夷期间请钟开莱和马幼垣安排接待、翻译和住宿。再次，傅汉思先后出色地完成了沈从文在美东地区 9 个学校 13 场讲座的交替传译工作，如下表所示：①

表 1－1　**沈从文美国之行中由傅汉思担任口译的讲座**

日期	学校	讲座题目	主持人
1980. 11. 7	哥伦比亚大学	20 年代中国文学	中国小说史教授夏志清
1980. 11. 19	康涅尼格学院	20 年代中国文学	中文教授、画家朱继荣
1980. 11. 20	耶鲁大学美术馆	中国扇子的演变	
1980. 12. 5	哥伦比亚大学	中国古代服饰	
1981. 1. 14	耶鲁大学研究生院	20 年代中国文学	
1981. 1. 15	耶鲁大学美术馆	中国古代服饰	
1981. 1. 19	哈佛大学	中国古代服饰	人类考古教授张光直
1981. 1. 21	耶鲁大学达文波特学院	我的生活经验	
1981. 1. 24	圣约翰大学	20 年代中国文学	中国文学教授金介甫
1981. 2. 3	布朗大学	20 年代中国文学	中文教授勒大卫
1981. 2. 9	罗格斯大学	20 年代中国文学	东方语文系主任涂经治
1981. 2. 12	麻省大学	20 年代中国文学	中国文学教授郑清茂
1981. 2. 19	华盛顿大学	20 年代中国文学	中国文学教授时钟雯

在沈从文演讲前，傅汉思做了细致的译前准备，考虑到沈讲话即兴成分多、语体常是谈话的特点，傅逐渐放弃了阅读讲稿，而重点通过与沈交流了解内容细节。在翻译过程中，当沈从文借题发挥、激情澎湃之时，傅汉思从旁提醒他不要跑题；在他滔滔不绝、不留出翻译时间时，只好取其大意；在遇到具有中西文化冲突的地方则选择不译，即沈从文提到作为小兵最得意为上司炖狗肉之时。② 张兆和和沈从文称赞了傅汉思的翻译，沈

① 整理自傅汉思《沈从文在美国的讲演与文化活动》，张充和译，巴金、黄永玉等《长河不尽流：怀念沈从文先生》，湖南文艺出版社 1989 年版，第 442—444 页。

② 参见张充和《沈二哥在美国东部的琐琐》，巴金、黄永玉等《长河不尽流：怀念沈从文先生》，湖南文艺出版社 1989 年版，第 435—436 页。

从文深知翻译之不易，认为“只是难为了翻译，因为内容引例较多，问题生疏，不易恰到好处”[①]。此外，傅汉思还促成了1982年《中国土地》美国版本的发行，并撰写“作者小传”，翻译沈从文的“再版序言”[②]。彼时，沈从文短篇小说英译集《中国土地》的英国版本绝版已久，他在哥伦比亚大学做讲座期间，在夏志清的建议下，同意哥大出版社再版。傅汉思撰写的“作者小传”时间跨度从沈从文的出生到全书出版之际，以沈从文与文学的因缘为主线，并涉及了关于他小学学历和弃文从史两大人生问题的解释。“再版序言”除谈及《中国土地》英国版本的情况和美国版本的缘起外，其他篇幅则是沈从文的自传。借助傅汉思的翻译，沈从文最为完整的自传得以存世。最后，傅汉思详细地记录下了访美之旅的所有讲座和文化活动，[③] 讲座日期、地点和题目一应俱全，文化活动涉及一众华裔学术名流。作为策划和翻译，傅汉思对当时美国掀起的“沈从文热”功不可没，他留下的珍贵史料对沈从文研究而言意义重大，而这些无疑都是傅汉思对沈从文汉学启蒙影响的恩报。

三　中古史翻译的铺垫

从时间上看，傅汉思1961年以副教授身份入职耶鲁大学，1964年发表其中国古诗译研的代表作之一《曹植诗15首：一种新方法的尝试》，自此可谓进入集中译介与研究中国古诗的时期。而在此之前，傅汉思经历了十余年的过渡时期，期间他以翻译、整理和教授中国历史为主业，并开始正式修习中国文学，也有零星的中国古诗英译实践。

从北平回到伯克利后，傅汉思的学术重心便开始由西学向汉学转移，他先后担任东亚图书馆助理和东方语言讲师，后加入东亚研究所，从初级历史研究员、助理历史研究员一直晋升为历史研究员。[④] 作为东亚研究所“中古史译丛”的编辑，傅汉思于1952年发表了该译丛的第一辑——《孟

---

① 沈从文：《沈从文全集·第26卷·书信》，北岳文艺出版社2002年版，第219页。

② 参见Shen Tsung-wen，trans. by Ching Ti and Robert Payne，*The Chinese Earth*，New York：Columbia University Press，Morningside edition，1982，pp. 3－5，290－292。

③ 详见傅汉思《沈从文在美国的讲演与文化活动》，张充和译，巴金、黄永玉等《长河不尽流：怀念沈从文先生》，湖南文艺出版社1989年版，第442—449页。

④ Cirriculum Vitae of Hans Hermann Frankel，Box：1，Folder：37，Biographical Information on Yale University Affiliated Individuals（RU 237），Manuscripts and Archives，Yale University Library，1982.

浩然传》。1961年该书再版，除在书末加入《旧唐书》和《新唐书》两版《孟浩然传》的原文书影外，其他的部分没有变化。

该译著对两版《孟浩然传》进行了全译，其副文本特别是注释部分充分体现出傅汉思翻译实践中的语文学和历史学特色、受众意识和质疑精神，展现出学者型翻译的学术向度。从篇幅上看，《旧唐书》版《孟浩然传》有0.5面译文和3.3面注释，《新唐书》版《孟浩然传》有2.5面译文和6.7面注释，足见译释之丰。首先，傅汉思在注释中澄清了某些词语的意思和表达的源头，体现了他作为语文学家的严谨细致。如针对“少好节义”中的“少”，为了避免歧义，他指出，“许多传记开头部分所谓的‘少’不单指人物青年时期独有的特质，而是其与生俱来的、在青年时期依然存在的品质”[①]。再如“年四十，乃游京师”中的“乃”，他联系“心向仕途的文人通常在30岁左右上京赶考”的客观事实，推断“乃”在此的最佳义项是“终于”[②]。他在注释中指出“文质杰美”取自《论语》“质胜文则野”一句，并给出了前人的英译。[③] 其次，傅汉思在注释中对中国文化背景和负载词进行了必要的补充说明，体现了他在跨文化译介时的受众意识。如译到“贤者名不可斥”时，他添加注释说明在古代中国直呼死者之名为禁忌的现象，有助于西方读者更好地理解中西文化差异。[④] 在“进士”处，他将译文处理成了拼音音译，这一方面保留了中国特色；另一方面不至于在篇章中为一个术语占据太多空间，方便在注释中详细阐释。[⑤] 再次，傅汉思在注释中追溯历史事件的原始记载，对事件细节拓展延伸，体现出他作为历史学家上下求索的品质。他在译后尾注中标出了《新唐书》版《孟浩然传》的9处直接和间接取材来源，[⑥] 这也是该版译文的最大发现和

---

① Hans H. Frankel, *Biographies of Meng Hao-jan*, Berkeley: University of California Press, 1952, n. 10, p. 11.

② 参见 Hans H. Frankel, *Biographies of Meng Hao-jan*, Berkeley: University of California Press, 1952, n. 12, p. 11。

③ 参见 Hans H. Frankel, *Biographies of Meng Hao-jan*, Berkeley: University of California Press, 1952, n. 28, pp. 15–16。

④ 参见 Hans H. Frankel, *Biographies of Meng Hao-jan*, Berkeley: University of California Press, 1952, n. 34, p. 16。

⑤ 参见 Hans H. Frankel, *Biographies of Meng Hao-jan*, Berkeley: University of California Press, 1952, n. 5, p. 8。

⑥ 参见 Hans H. Frankel, *Biographies of Meng Hao-jan*, Berkeley: University of California Press, 1952, p. 1。

特色，在惹怒唐玄宗一事上他就列举了可能的4个来源。[①] 此外，傅汉思还添加孟浩然“太学赋诗”之“诗”以及惹怒唐玄宗一诗《岁暮归南山》的全诗，使得孟浩然的相关逸事变得更为立体丰满，如下所示：

表1－2 **《岁暮归南山》傅汉思译本**

原文	译文
微云淡河汉 疏雨滴梧桐	Delicate clouds dim the Milky Way, Drizzling rain drips from the wu-t'ung trees. [②]
岁暮归南山 北阙休上书， 南山归敝庐。 不才明主弃， 多病故人疏。 白发催年老， 青阳逼岁除。 永怀愁不寐， 松月夜窗虚。	*On Returning to the Southern Mountain at the End of the Year* I cease petitioning at the gate of the northern palace, And return to my shabby hut at the Southern Mountain. Because I lack talent, the illustrious ruler has rejected me; Because I am often ill, my friends have become estranged. White hair hastens my senescence, Verdant Spring presses the waning year. Constantly thinking, I grieve and cannot sleep. Over the pine tree, the moon; my house in the night—empty. [③]

傅汉思对古诗英译的“牛刀小试”十分成功。可以看出，他从初次涉猎古诗英译时就十分重视再现原诗的诗性：第一，他重视原诗的形式，在译诗中保留了“微云淡河汉，疏雨滴梧桐”以及《岁暮归南山》中三四、五六两句的对偶修辞。第二，他生动地传递了原诗的意象，如“微云”（delicate clouds）、“疏雨”（drizzling rain）、“青阳”（verdant spring）。第三，“松月夜窗虚”一句中，他更是利用英诗句法的灵活变异，使用逗号、分号、破折号呈现了原文意象铺陈的质感，展现了诗中清冷的意境，烘托了诗人落寞的心情。在《孟浩然传》译文副文本中，傅汉思除了补充事件细节外，还发挥其史学研究的质疑精神，发现《岁暮归南山》一诗与惹怒唐玄宗一事在时间上的矛盾，得出这桩逸事可能出于杜撰的结论，[④]

① 参见 Hans H. Frankel, *Biographies of Meng Hao-jan*, Berkeley: University of California Press, 1952, n. 19, pp. 13－14。

② 参见 Hans H. Frankel, *Biographies of Meng Hao-jan*, Berkeley: University of California Press, 1952, n. 14, p. 12。

③ 参见 Hans H. Frankel, *Biographies of Meng Hao-jan*, Berkeley: University of California Press, 1952, n. 18, p. 13。

④ 参见 Hans H. Frankel, *Biographies of Meng Hao-jan*, Berkeley: University of California Press, 1952, n. 19, p. 14。

而这种文史互证的研究特色也贯穿于其后期古诗英译与研究的始终。

除注释外，该译著的参考文献部分也体现出傅汉思作为教授翻译家的学术倾向。参考文献包括 7 个部分：译介文本，《新唐书》版《孟浩然传》的可能来源，孟浩然诗歌选集版本，包含孟浩然和其他唐代文人逸事的著作，涉及唐代机构的著作，传记、地理和文献参考资料，现代专著和论文。傅汉思不仅是对参考书目进行简单罗列，而是对每一本书附加言简意赅的介绍和评价，从而为相关领域的中外学者提供了学术导引。如他认为《历代名人年里碑传总表》（1937）是“现代最完整的有关生平日期的工具书”[①]，《中国古今地名大辞典》（1930）是“确定古代和现代地名最便捷的著作”[②]，《四库全书总目》（1781）是“最全面的描述性和评论性的中国文献目录”[③]。傅汉思的多语优势使其可以在翻译时利用多种语言文献开展调查研究工作，此书的参考文献就涉及汉语、英语、法语和德语四种语言。其中，法国大汉学家戴何都（Robert des Rotours，1891—1980）的《新唐书选举志译注》（*Le traits des examens*，*traduit de la* “*Nouvelle histoire des T'ang*”，1932）是傅汉思参考频次最多的书目。在后期的古诗译介中，傅汉思秉承了其史学译介中扎实的文献参考和深入的阐释研究特色，参照海内外汉学成果辅助自身对原诗的理解，利用译后阐释展现原诗中不可译的文化内涵和文学特色，它们构成了译介体系中除译文之外重要的副文本。

除史料翻译外，此阶段傅汉思的另一项工作是史料翻译的整理。他在 1957 年出版《中古史译文目录》（*Catalogue of Translations from the Chinese Dynastic Histories for the Period 220—960*），该书收录了三国至五代 16 个朝代共 2000 多个正史篇章的英语、法语和德语译文，是西方汉学界首次对中国中古史翻译的系统梳理。这种对前人成果的整理和考察亦是傅汉思在古诗译介中重要的基础工作。例如，他在代表作《中国诗选译随谈》中列出了全书 106 首诗歌的文本来源、前人评论和早期翻译。

---

① Hans H. Frankel，*Biographies of Meng Hao-jan*，Berkeley：University of California Press，1952，Ⅵ. 1，p. 22.

② Hans H. Frankel，*Biographies of Meng Hao-jan*，Berkeley：University of California Press，1952，Ⅵ. 4，p. 23.

③ Hans H. Frankel，*Biographies of Meng Hao-jan*，Berkeley：University of California Press，1952，Ⅵ. 6，p. 23.

傅汉思早期的汉学研究受到东亚研究所“中古史译丛”编委会其他成员——薛爱华（Edward H. Schafer，1913—1991）、宾板桥（Woodbridge Bingham，1901—1986）、卜弼德（Peter A. Boodberg，1903—1972）和陈世骧以及同在伯克利任教的赵元任的指导。

这一时期傅汉思的汉学译研虽以史学为主，但文学已经起步。《孟浩然传》首版译著问世的同年，傅汉思发表了包含14首“梅花诗”英译的研究论文《中国诗歌中的梅树》，成为西方汉学界研究中国文学中梅花母题的开山之作，至今仍是英语世界中国文学母题研究的扛鼎之作。然而，除该论文外，此阶段傅汉思以中国文学为题材的作品只有2种：《〈龙城录〉的写作时间和作者》（The Date and Authorship of the Lung-ch'eng lu）和《中国诗歌中的“我”》（The “I” in Chinese Lyric Poetry）。前者仍侧重史学考据，后者篇幅短，结论没有新意。作品少、缺乏重点、文学性弱是傅汉思早期中国文学研究的特点，但这也情有可原：傅汉思属于“半路出家”，彼时仍是中国文学的“学徒”。

1949—1959年，傅汉思在加州大学伯克利分校任教期间，其研究兴趣开始向中国文学转移，并完成了伯克利[①]中文博士课程的学习。他的文学热情得到了时任伯克利图书馆全职馆员的妻子张充和的全力支持，也得到了赵元任的鼓励。[②] 傅汉思由史入文的学术转向有两方面的原因。客观上看，当时战后美国中国学快速发展，中文学习的需求与日俱增，中国语言文学教职岗位出现大量缺口。主观上看，傅汉思的正统学术背景是西方语言文学和诗学，且他所受沈从文的启蒙影响更侧重于中国文学领域，因而转向中国文学特别是古诗是他对文学初心的回归。此外，笔者认为，张充和对傅汉思的文学转向也起到潜移默化且至关重要的影响。

四　翻译的贤内助——张充和

作为傅汉思的人生伴侣和中国古典文化的传承者，张充和对傅汉思的文学转向乃至古诗译研起到了关键作用。二人相识于北平沈从文家，1948年11月结为伉俪[③]后，旋即赴美安家。傅汉思在张充和的熏陶和支持下走

① 注：张充和在《天涯晚笛：听张充和讲故事》中回忆，傅汉思申请上的是“哈佛”的博士课程，康达维在与笔者的往来邮件中指出是在“伯克利”。

② 参见苏炜《天涯晚笛：听张充和讲故事》，广西师范大学出版社2013年版，第116—117页。

③ 详见傅汉思《我和沈从文初次相识》，张充和译，《海内外》1980年第28期。

上中国文学译研的道路，并且在她的影响和帮助下成长为古诗译研的专家。

首先，张充和给傅汉思带来了中国传统文化方面耳濡目染的熏陶。作为“合肥四姐妹”之一，张充和精通昆曲、书法和诗歌，享有“民国最后一位才女”的美誉。昆曲方面，她的唱腔被汪曾祺形容为“水磨腔，娇慵醉媚，若不胜情，难以比拟”[①]；她在耶鲁大学创办“也庐曲会”[②]，成为纽约“海外昆曲社”主创成员之一，[③] 并在美国包办昆曲表演的服化道等工作，[④] 在多所大学演出。书法方面，她以小楷见长，笔法疏朗清越、娴雅俏皮，被其老师沈尹默评作“明人学晋人之书”[⑤]，并常年在耶鲁大学从事书法教学工作。诗歌方面，据《张充和诗文集》[⑥] 所示，张充和的诗歌创作从 1923 年持续到 1993 年，共计 191 首之多。据曾跟她学诗的耶鲁大学教师苏炜评价，“张充和的诗词小令清新，流丽，一若朝露乍现、新泉出山，正如她的书法与昆曲，总带着一种脱俗出尘的清雅之气，在当代是自成一家的……她善于把日常生活入诗，并且以清浅文字写出蕴藉诗意的超凡本领”[⑦]。张充和的国学功底极其深厚，当年因国文满分而数学零分被胡适破格录取到北大。[⑧] 移居美国后，她怀着近乎宗教般的虔诚传承着中国传统文化，喝茶临帖，唱曲吟诗，终生不辍，堪称“中国传统士文化遗存海外的一株梅花”[⑨]。傅汉思本人将她称为“中华文明最美好精致部分的活生生的化身”[⑩]。

---

① 李娟：《怀念张充和先生》，《中国艺术报》2015 年 6 月 26 日第 8 版。

② 详见张充和口述、孙康宜撰写《曲人鸿爪：张充和曲人本事》，广西师范大学出版社 2010 年版，第 21 页。

③ 详见《曲人鸿爪：张充和曲人本事》后记《张充和与纽约海外昆曲社》，第 277—284 页。

④ 详见陈安娜《怀念张充和老师》（张充和老师纪念会致辞），The Kunqu Society，2015 年 7 月 19 日，http：//facebook. com/kunqusociety/posts/957801674271377；陈安娜：《张充和老师：中国雅文化的代表人物》，The Kunqu Society，2020 年 6 月 17 日，http：//facebook. com/kunqusociety/posts/3226134450771410；Kunqu Society，“Kunqu in America，Memories of Chung-ho Chang Frankel”，Youtube，December 13，2020，http：//youtube. com/watch？ v = kJBZ2-9sj3o。

⑤ 张充和作，白谦慎编：《张充和诗书画选》，生活·读书·新知三联书店 2010 年版，第 59 页。

⑥ 白谦慎编：《张充和诗文集》，生活·读书·新知三联书店 2016 年版。

⑦ 苏炜：《天涯晚笛：听张充和讲故事》，广西师范大学出版社 2013 年版，第 61、177 页。

⑧ 苏炜：《天涯晚笛：听张充和讲故事》，广西师范大学出版社 2013 年版，第 61 页。

⑨ 《张充和：中国传统士文化遗存海外的一株梅花》，《东方早报》2015 年 6 月 20 日。

⑩ Hans H. Frankel，*The Flowering Plum and the Palace Lady*：*Interpretations of Chinese Poetry*，New Haven and London：Yale University Press，1976，p. xiii.

其次，张充和全力支持傅汉思完成了由史入文的转型。如上文所述，傅汉思的学术兴趣在伯克利期间由罗曼语文学转移到中国文学，但面临着客观压力：一方面调整研究方向难度大；另一方面傅汉思在伯克利还是兼职身份，生活拮据。当时，张充和充分理解傅汉思的学术志向，对他说："我做事吧，你再去读一个中文的 Ph. D"[①]，并凭借自己在伯克利东亚图书馆的全职工作支持他完成了伯克利的中文博士课程。傅汉思在伯克利友人的宽容下免去课程修习，通过写作出版发表获得学界认可，走过了十年筚路蓝缕的问学历程。《中国诗歌中的梅树》是他开始向中国文学译研转型的标志性作品。而自傅汉思于 1959 年获得斯坦福大学助理副教授的正式工作后，张充和才退居幕后，"松一口气"[②]。

再次，张充和的文艺事业直接影响了傅汉思文学译研的重点和焦点。上文所道，诗人是张充和的三大文化身份之一。她从小跟随祖母和私塾教师朱谟钦联对作诗，青年时代起一直与友人酬唱往还，用大量诗歌记录下了生活片段和心情点滴。傅汉思之所以将中国古诗译研作为学术重点，与其博士阶段对西方诗歌的关注不无关系。但毫无疑问，这一重点与张充和的诗人身份也密不可分。除此之外，研究发现，傅汉思古诗译介的焦点题材是梅花，这也与张充和的才情秉性有密切联系。傅汉思一生译介古诗数百首，其中"梅"出现频次最多：他在《中国诗歌中的梅树》中选译 14 首"梅花诗"，在《中国诗选译随谈》开篇对《梅花赋》进行了全译和评论，[③] 并在《玉骨冰魂——中国艺术中的梅花》（*Bone of Jade, Soul of Ice: The Flowering Plum in Chinese Art*, 1985）中贡献了 19 首梅花诗词的全译。[④] 傅汉思夫妇生前好友孙康宜教授推测，《梅花与宫闱佳丽：中国诗选译随谈》的主标题和其开篇《梅花赋》暗藏了傅汉思对张充和的隐喻。[⑤] 另一位友人倪密也认为《梅花赋》中的选段让人联想到了

---

① 苏炜：《天涯晚笛：听张充和讲故事》，广西师范大学出版社 2013 年版，第 116 页。

② 苏炜：《天涯晚笛：听张充和讲故事》，广西师范大学出版社 2013 年版，第 117 页。

③ 详见 Hans H. Frankel, *The Flowering Plum and the Palace Lady: Interpretations of Chinese Poetry*, New Haven and London: Yale University Press, 1976, pp. 1 – 6。

④ 参见 Hans H. Frankel, "Poems about the Flowering Plum", in *Bone of Jade, Soul of Ice: The Flowering Plum in Chinese Art*, Maggie Bickford with contributions by Mary Gardner Neil, Hans H. Frankel, Chang Ch'ung-ho and Hui-Lin Li, Yale University Arts Gallery, 1985, pp. 151 – 191。

⑤ 详见张充和书，孙康宜编注《古色今香：张充和题字选集》，广西师范大学出版社 2010 年版，第 119 页。

“貌婉心娴”的张充和。[①] 张充和富有才情，恬淡自适，在海外默默坚持着中国传统文人的生活方式，恰似暄香远溢、凌寒静放的梅花。除此之外，傅汉思古诗译介的焦点体裁乐府诗也可能间接受到张充和昆曲事业的影响，因为二者同属口头传统。

最后，张充和为傅汉思的古诗译研事业提供了身体力行的辅助。她先后用以小楷为主的各种字体书法为傅汉思的10种著述撰写正文中的汉字、尾注、古诗原文、中文书名等，如下表所示：[②]

表1-3　**傅汉思著述中张充和书法**

著作名称	出版时间	书法内容	书法字体
《孟浩然传》	1952，1961	书名、书中汉字	小楷
《中国诗歌中的梅树》	1952	文末：脚注汉字汇总	小楷
《中古史译文目录（220—960）》	1957	书名、书中汉字	小楷
《曹植诗15首：一种新方法的尝试》	1964	古诗原文	小楷
《〈平陵东〉〈战城南〉〈东门行〉：三首早期中国民谣》	1965	古诗原文	草书
《梅花与宫闱佳丽：中国诗选译随谈》	1976，1978	书名副标题	小楷
《中国口头叙事诗的一些特征》	1976	文末：文中汉字汇总	小楷
《六朝乐府与歌者》	1978	文中汉字、古诗原文、尾注汉字	小楷
《乐府诗中叙述者和角色之间的关系》	1984—1985	古诗原文、文中汉字	小楷
《玉骨冰魂——中国艺术中的梅花》中的“梅花诗”	1985	古诗原文、注释汉字	小楷

她还利用自身的国学优势，帮助傅汉思更好地理解晦涩的字词篇章。傅汉思曾在5种作品中对张充和的协助致以谢意，如下表所示：[③]

① Mimi Gardner Gates, *Fragrance of the Past: Chinese Calligraphy and Painting by Ch'ung-ho Chang Frankel and Friends*, Seattle Art Museum, 2006, p. 4.

② 以下著作英文原名见本书“参考文献”部分《傅汉思著述》。

③ 以下著作英文原名见本书“参考文献”部分《傅汉思著述》。

表 1－4 **傅汉思在作品中向张充和致谢**

著作名称	出版时间	致谢位置	致谢内容
《梅花与宫闱佳丽：中国诗选译随谈》	1976，1978	“作者致谢”部分	“我从爱妻张充和那里获得了持之以恒的帮助和灵感”
《蔡琰和所谓由她创作的诗歌》	1983	题下注	“在写作这篇文章时，我得到了……以及（最后但并非最不重要）爱妻张充和提供的建设性批评和建议”
《乐府诗中叙述者和角色之间的关系》	1984—1985	首句注释	“我感激爱妻张充和为此文撰写书法”
《汉魏乐府作为一种首要文学体裁的发展》	1986	首句注释	“爱妻张充和在我撰写和修订这篇论文时提供了有益的帮助和批评”
《李白 11 首词的真伪问题》	1989	首句注释	“我要感谢……以及爱妻张充和提供的有益建议”

张充和是傅汉思古诗译研的完美拍档。而反过来，傅汉思也不遗余力地参与到张充和的文艺事业中。诗歌方面，张充和于 1999 年参与出版了其第一部公开发表的诗歌和书法合集《桃花鱼：张充和诗选》（*Peach Blossom Fish*：*Selected Poems Composed & Calligraphed by Chang Ch'ung-ho*，1999），全书精选了她曾创作的 7 首诗和 11 首词。由张充和撰写原诗的小楷书法，“澄清每行诗句和每首诗的重要性”[①]，傅汉思担任翻译。所选篇目主要写就于张充和在西南后方抗战期间和其在美国北港（North Haven）家居生活期间，是她“对 20 世纪动荡时代的回应”[②]。傅汉思的译文很好地再现了诗中的“漂浮”“梦”“放逐”等主题意象，总体上“保留了原诗的意旨，传达了原诗的抒情特性”[③]。该书设计考究，装帧精美，曾一度成为图书收藏界争抢的对象。孙康宜教授将其作为耶鲁大学《古代中国的女性文学》课堂的必读材料，与叶嘉莹并列放在“离散和移民女诗

① Ch'ung-ho Chang, Trans. by Hans H. Frankel, Ian Boyden, and Edward Morris, *Peach Blossom Fish*: *Selected Poems Composed & Calligraphed by Chang Ch'ung-ho*, Walla Walla: Crab Quill Press, 1999, p. 21.

② Ian Boyden, "Peach Blossom Fish", Ian Boyden personal website, http://ianboyden.com/posts/peach-blossom-fish.

③ Ch'ung-ho Chang, Trans. by Hans H. Frankel, Ian Boyden, and Edward Morris, *Peach Blossom Fish*: *Selected Poems Composed & Calligraphed by Chang Ch'ung-ho*, Walla Walla: Crab Quill Press, 1999, p. 21.

人”一节。[①] 昆曲方面，傅汉思曾跟随张充和学习唱曲，后因难度大而转向吹笛。[②] 自1953—1986年，他协助张充和在欧美大学公开表演昆曲共36场，[③] 负责普及昆曲艺术、讲解剧情、翻译唱词、吹笛打鼓等工作，间接促成了2001年昆曲成功入选联合国非遗名录。据称，“傅汉思酷爱音乐，喜欢弹奏钢琴，擅长昆曲的张充和，能填词度曲，并用玉笛吹奏，夫妻曾有笛琴合奏，堪称中西联璧”[④]。书法方面，傅汉思支持张充和在美国的中国书法教学工作，与其合译了经典书论——孙过庭的《书谱》和姜夔的《续书谱》，并以《书谱两种》（*Two Chinese Treatises on Calligraphy*，1995）为名出版。该书成为耶鲁大学乃至美国多所高校的书法教程，为中国书法艺术在美国的流播画上了浓墨重彩的一笔。[⑤]

张充和作为中国文化虔诚的传承者和生动的再现者，是傅汉思古诗译研道路上的向导，也是其不断前行成为古诗英译大家的助推力。康达维教授很好地概括了二者互相成就的完美伴侣关系：

> 在耶鲁任职期间，我有幸多次登门拜访汉思。我很清楚地发现，从一开始，充和便在汉思的生活中发挥着至关重要的作用，她帮助汉思读懂汉语中晦涩的章节，此外，他的不少出版物还因充和的书法而增色。那些年，充和还负责招待很多来访的知名学者。……当我拜访汉思和充和时，最令我印象深刻的便是这对美好的夫妻彼此深切的奉献和关爱。他们之间是互补的：汉思支持充和的书法和昆曲兴趣，充

---

① 详见孙康宜教授在耶鲁大学“Women and Literature in Traditional China”课程上的大纲第11页。

② Kunqu Society，“Kunqu in America，Memories of Chung-ho Chang Frankel”，Youtube，December 13，2020，http：//youtube. com/watch？ v = kJBZ2-9sj3o.

③ 详见陈安娜（Anna Chen Wu）整理的“K'un-ch'u Performances by Chang Ch'ung-ho”。王道在《一生充和》（生活·读书·新知三联书店2017年版）“附录二”中亦列出“张充和在北美大学演唱昆曲”列表。相比之下，后者为各个演出添加了细节的说明，如剧目、分工等，但场次不及前者完整，遗漏了张充和在美国的三次演出：1963. 10. 20，纽约时装技术学院；1981. 3. 13，纽约大都会博物馆明轩；1986. 4. 20，纽约州白原市佩斯大学。以及她在美国之外的三次演出：1964. 9. 1，法国汉学大会；1974. 3. 11，加拿大多伦多大学；1986. 12. 2，北京全国政协礼堂，纪念汤显祖逝世370周年演出，表演《游园惊梦》。

④ 张充和作，白谦慎编：《张充和诗书画选》，生活·读书·新知三联书店2010年版，第36页。

⑤ 有关“中国书法艺术在美国的传播”，可参考白谦慎《中国书法在美国》，《中国书法》2014年第4期。

和也同样支持汉思的学术事业。[①]

跟随张充和学曲时间最长的弟子、纽约“海外昆曲社”前社长陈安娜也写道，傅汉思“与充和共度了比美赵明诚、李清照洋溢诗乐文化的好时光”[②]。他们像鲁桂珍和李约瑟、杨宪益和戴乃迭等汉学伉俪[③]一样，相互支持，彼此成就，谱写了中国文化异域生辉的佳话。

第二节　翻译的诗学源泉

傅汉思的古诗英译实践植根于其全面而深入的古诗研究，具体体现在中国诗学研究、比较诗学研究、中国诗学发现三个方面。他的诗学研究深化了其对中国古诗的理解，从而进一步指导其译介选材和译诗策略，有时以副文本形式成为译诗的必要补充，丰富了西方读者对译诗的认知，其中亦不乏超越中国古诗本体研究的创见。

一　中国诗学

傅汉思对中国诗学的认知集中于表达化用、古诗主题、古诗文体、诗学元素以及后三者的相互关系上。

表达化用方面，傅汉思善于洞悉古诗中相关表达的源头，一方面展现了中国古诗延承和发展的肌理；另一方面以本源为参照辅助了对所译诗篇的理解。如在杜甫《咏怀古迹》中，傅汉思由“词客哀时且未还，庾信平生最萧瑟”中的“且未还”和“最萧瑟”联想到庾信《哀江南赋》序“壮士不还，寒风萧瑟”，又进一步指出该句“建立在作为荆轲故事组成部分的一首歌基础上”——“风萧萧兮易水寒，壮士一去兮不复还”[④]。他指出诗中“摇落深知宋玉悲，风流儒雅亦吾师”的“摇落”和“悲”原模原样摘自宋玉《九辨》的前两句——“悲哉秋之为气也！萧瑟兮草木摇

① David R. Knechtges：《Knechtges 教授在傅汉斯追思仪式上的悼词》，《水》复刊第 24 期——张元和、傅汉思纪念特刊，2004 年 7 月 15 日，第 33 页。

② 摘自笔者与陈安娜的来往邮件，2020 年 12 月 30 日。

③ 详见周芳羽《缱绻羡爱，鹣鲽情深：西方汉学家的中国姻缘》，《华文文学评论》2016 年第 0 期。

④ 参见 Hans H. Frankel, *The Flowering Plum and the Palace Lady: Interpretations of Chinese Poetry*, New Haven and London: Yale University Press, 1976, p. 228。

落而变衰”，并指出“云雨荒台岂梦思”中的“云雨”影射宋玉《高唐赋》“且为朝云，暮为行雨”①。他指出全诗尾句“千载琵琶作胡语，分明怨恨曲中论”受到庾信《昭君辞应诏》中“胡风入骨冷，夜月照心明。方调琴上曲，变入胡笳声”的影响。② 在阐释王安石《桂枝香》时，傅汉思指出“叹门外楼头，悲恨相续”极具创造力地化用杜牧《台城曲》中的“门外韩擒虎，楼头张丽华”，形式上两个关键性的场所并置，原句的句间对偶变为了该句的句间平行，内容上化用了原句所表达的喜悲相续之意。③ 在探讨孟浩然《万山潭作》时，傅汉思指出“求之不可得，沿月棹歌还”是对《诗经·关雎》中“求之不得，寤寐思服”的化用，并提示“游女求之不得”的原型是《诗经·汉广》中的“南有乔木，不可休思。汉有游女，不可求思”④。

古诗主题方面，傅汉思对“爱欲”“离别”“咏史”的探讨尤为精彩。以“爱欲”为例，他首先指出爱欲并非中国诗歌的主流主题，因为儒家卫道士反对其在中国文学中的表达。其次，他指出表达爱欲的两个载体，一是主流文学以外的通俗或半通俗诗歌——无名氏乐府、南朝民歌、敦煌文书，二是文人对乐府、词和其他通俗诗歌的仿写形式。最后，他指出爱欲在主流文学批评中受到歪曲化、道德化解读的现象——儒家学者为了捍卫《诗经》在其心中雅文学的定位，不惜提供讽喻或历史性的阐释，而去除一切性爱的意义。这种误读一方面影响了很多中国、日本和西方学者；另一方面被新儒学代表人朱熹等推翻而回归爱欲意义的本源。⑤ 以上论述内容充实，富有逻辑，体现了傅汉思对中国诗学中爱欲主题的深入认知，凸显了“爱情诗”在中国古诗中的独特价值，赋予其《诗经·陈风·月出》《诗经·郑风·野有蔓草》等“爱情诗”的译介实践以重要意义。再如，在谈及咏史诗常联系“登高”母题的诗学现象时，傅汉思阐明了其中的五

---

① 参见 Hans H. Frankel, *The Flowering Plum and the Palace Lady: Interpretations of Chinese Poetry*, New Haven and London: Yale University Press, 1976, p. 229。

② 参见 Hans H. Frankel, *The Flowering Plum and the Palace Lady: Interpretations of Chinese Poetry*, New Haven and London: Yale University Press, 1976, p. 230。

③ 参见 Hans H. Frankel, *The Flowering Plum and the Palace Lady: Interpretations of Chinese Poetry*, New Haven and London: Yale University Press, 1976, pp. 236 – 237。

④ 参见 Hans H. Frankel, *The Flowering Plum and the Palace Lady: Interpretations of Chinese Poetry*, New Haven and London: Yale University Press, 1976, pp. 241 – 242。

⑤ Hans H. Frankel, *The Flowering Plum and the Palace Lady: Interpretations of Chinese Poetry*, New Haven and London: Yale University Press, 1976, pp. 95 – 96.

个原因：山岳的永恒与人世的短暂易逝形成对比；山岳提供关于人世和自然、过去和现在的广阔视野；山岳常是历史遗址和纪念地的所在地；"登高赋诗"的传统；登高与人世衰败以及孤独思乡之间的诗学联想。[①] 读者经由译诗获得感性认识，而此类细腻精辟的主题阐释则触发了他们的理性思辨。

古诗文体方面，傅汉思在古诗研究时拥有强烈的文体意识，包括文体特点、文体与主题的联系、文体与修辞的联系等。傅汉思重点研究的文体是乐府，彼时关注度较少的辞赋也得到他的格外关注。他在专题研究和个别译诗中对二者的文体特点均有论述，如乐府中的人称转变，赋文对单一主题极尽细致的抒写、句式的多变、连接词的使用等。对于词文类，他指出，空间和时间的延展进程是一大特点。[②] 有关文体与主题的联系，他注意到中国古诗中"失恋女子"的主题很大一部分属于词这一文类，[③] 而诗经则有不少诗篇围绕"爱慕"的主题。[④] 关于文体与修辞的联系，他注意到律诗是平行原则最为严格的诗体，源于歌曲的诗歌形式——诗经、乐府、词、曲常出现复沓现象，而诗经和词则展现出更大的诗歌单元的平行。正是由于深刻洞悉了各种诗体的特点，才使得他在翻译时亦具备强烈的文体意识，采用各种策略加以显化，以彰显古诗内部诗性的差异。

诗学元素方面，傅汉思十分关注诗歌的意象及其方方面面，包括意象的多重含义、意象的衍变、意象的组合、意象与主题的联系等，被康达维教授誉为"中国诗歌意象研究的先锋"[⑤]。他对"离别"意象的研究格外精彩，见于《中国诗选译随谈》之《离别》一章。其中，他结合苏轼《水调歌头·明月几时有》，指出"月亮"作为意象象征着无常、永恒或幽会时女性的优雅魅力，也可增强场景美感，与离别之苦形

---

① Hans H. Frankel, *The Flowering Plum and the Palace Lady*: *Interpretations of Chinese Poetry*, New Haven and London: Yale University Press, 1976, pp. 214 – 215.

② Hans H. Frankel, *The Flowering Plum and the Palace Lady*: *Interpretations of Chinese Poetry*, New Haven and London: Yale University Press, 1976, p. 189.

③ Hans H. Frankel, *The Flowering Plum and the Palace Lady*: *Interpretations of Chinese Poetry*, New Haven and London: Yale University Press, 1976, p. 106.

④ Hans H. Frankel, *The Flowering Plum and the Palace Lady*: *Interpretations of Chinese Poetry*, New Haven and London: Yale University Press, 1976, pp. 95 – 96.

⑤ David R. Knechtges:《Knechtges 教授在傅汉思追思仪式上的悼词》,《水》复刊第 24 期——张元和、傅汉思纪念特刊, 2004 年 7 月 15 日, 第 31—32 页。

成对比。[①] 他剖析了“杨柳”作为离别意象的源流和演进过程：折杨柳践行的做法自汉代起成为习俗，原因或是“柳”与“留”谐音。[②] 他按写作时间顺序选取不同诗歌，说明杨柳的不同部位象征着不同的含义，如柳叶象征美人的眉眼，柳枝象征舞腰，柳丝象征愁肠，杨花象征离人泪。并在欧阳修《踏莎行》中指出杨柳意象与其他意象（残梅、桥、芳草、风、春水、平芜、远山）的组合对离别主题的凸显。[③] 全章当中，他条分缕析地考察了离别主题之下的五类常见意象，包括自然事物（露珠、月亮、山岳、江河、桥与河岸）、植物（春花、草、杨柳）、动物（鸟、鸿雁、马）、物品（车舟、房屋中某些特别而重要的）以及梦。傅汉思对修辞的关注不亚于意象。他对平行对偶的系统研究在西方汉学界无出其右，[④] 对于不少古诗中的特殊平行现象——互文的发现堪称首次——如“支离东北风尘际，漂泊东南天地间”“江南倦历览，江北旷周旋”“流波将月去，潮水带星来”“将军百战死，壮士十年归”“龙衔宝盖承朝日，凤吐流苏带晚霞”，对拟人化和顶真的讨论也可圈可点，他还特别关注各种修辞达到的诗学效果。傅汉思对意象、平行对偶等的研究是其对古诗诗性不断发现的过程，而相应的，如何精准、传神地再现这些核心诗学要素自然成为其译诗时的首要关切。

二　比较诗学

傅汉思的比较诗学视野在他对中国诗学的研讨中随处可见，他对中国古诗与多语种西方诗歌之间的比较体现在诗歌主题、意象、修辞、文体等方方面面。作为译诗的副文本，中西诗学对比阐释有助于拉近汉诗与西方读者的距离，加强他们对译诗的心理认同。其中，中西诗学的共通之处可以引起他们文学体验的共鸣，而对于中西诗学的差异之处，阐释文字可减

---

① 参见 Hans H. Frankel, *The Flowering Plum and the Palace Lady*: *Interpretations of Chinese Poetry*, New Haven and London: Yale University Press, 1976, p. 163。

② Hans H. Frankel, *The Flowering Plum and the Palace Lady*: *Interpretations of Chinese Poetry*, New Haven and London: Yale University Press, 1976, pp. 182 – 183.

③ Hans H. Frankel, *The Flowering Plum and the Palace Lady*: *Interpretations of Chinese Poetry*, New Haven and London: Yale University Press, 1976, p. 189.

④ Marsha L. Wagner, "Review of *The Flowering Plum and the Palace Lady*: *Interpretations of ChinesePoetry*by Hans H. Frankel", *Chinese Literature*: *Essays*, *Articles*, *Reviews* (*CLEAR*), Vol. 1 (Jan., 1979), p. 118.

少他们的疏离感，深化他们对古诗特性的理解。

主题方面，如在探讨情爱主题时，傅汉思指出，“描写性爱的诗歌在中国的地位远不如在西方文学中显赫，但某些关于失恋女子的特定普遍情境在中国比在西方则更为引人注意”[①]。他发现了世界诗歌中共同的主题——“回忆与反思”[②]，列举了阿拉伯颂诗（قَصِيدَة）——《七颂诗》（The Seven Odes）、英语诗歌——华兹华斯（William Wordsworth，1770—1850）的《颂歌：早期童年回忆的不朽暗示》（Ode：Inmitations of Immorality from Recollection of Early Childhood）以及大量中国古诗。在评价《春江花月夜》中的天与地的亲睦关系时，他指出以新柏拉图主义思想和基督教传统为基础的欧洲巴洛克诗人常常将美丽的景色表现为天堂的摹本或反映，如安东尼奥·米拉·麦斯卡（Antonio Mira de Mescua，1577—1636）所作西班牙戏剧《勇敢而谨慎的美男子》（*Galán，Valiente y Discreto*）中的歌谣（canción）。[③]

意象方面，在谈及古诗意象“露珠”常与泪水同一化时，傅汉思引用了三首西方诗歌进行类比，包括古罗马诗人奥维德（Publius Ovidus Naso，43—17 BC）的拉丁语诗集《变形记》（*Metamorphoses*）中的片段、西班牙诗人弗朗西斯科·克维多（Francisco de Quevedo，1580—1645）的诗作《致一处泉水》（silva）中的片段以及法国诗人查尔斯·蒙托西耶（Charles de Montausier，1610—1690）的诗集《朱丽叶的花环》（*La Guirlande de Julie*）中的诗句。[④] 在讨论《送应氏》中的“废墟”意象时，傅汉思指出废墟在中西方都是鲜明突出的诗学意象，并解释了原因：它将过去与现在相连，且是往昔辉煌的具体可见的遗存，历经岁月和人类的蹂躏摧残而惨遭破坏（或许在某些人眼里破坏也具有美感）。[⑤]

修辞方面，在探讨古诗中的修辞——多个层级的“平行与对偶”时，

① Hans H. Frankel, *The Flowering Plum and the Palace Lady*: *Interpretations of Chinese Poetry*, New Haven and London: Yale University Press, 1976, p. 56.

② Hans H. Frankel, *The Flowering Plum and the Palace Lady*: *Interpretations of Chinese Poetry*, New Haven and London: Yale University Press, 1976, p. 41.

③ Hans H. Frankel, *The Flowering Plum and the Palace Lady*: *Interpretations of Chinese Poetry*, New Haven and London: Yale University Press, 1976, p. 16.

④ Hans H. Frankel, *The Flowering Plum and the Palace Lady*: *Interpretations of Chinese Poetry*, New Haven and London: Yale University Press, 1976, pp. 82 – 83.

⑤ Hans H. Frankel, *The Flowering Plum and the Palace Lady*: *Interpretations of Chinese Poetry*, New Haven and London: Yale University Press, 1976, p. 46.

傅汉思引用了西班牙语、英语、德语和法语诗歌中大量对应的诗例，也指出西方文学中平行现象不及中文频繁。在讨论温庭筠《菩萨蛮》中的双关语[①]时，他指出，与维多利亚时期的英语诗歌一样，双关语以及对多重含义的充分利用在描写情爱的中国诗歌中也司空见惯。[②]

文体方面，傅汉思将乐府诗歌与西方民谣类比，探讨它们作为口头传统的共性特点。如在谈到《孤儿行》中第三人称向第一人称的转变时，傅汉思指出，此类转变在英语民谣中也有体现，并引用美国民谣《芭芭拉·艾伦》（Barbara Allen）加以佐证。他解释了这一现象的成因：在各国民谣艺术实践中，歌手可以在不加提示的状况下自由地从事件处于客观关系的状态转换成对某一个或更多的人物的模仿，然后再次回到自己叙述者的角色中，并指出与人称变化类似的现象——西班牙民谣（英雄传奇）由客观的过去时态转变为主观的现在时态。[③] 除《中国诗选译随谈》中提及的人称变化外，傅汉思在其他专题研究中致力于挖掘中国乐府与西方民谣作为口头传统的共同之处，如程式化语言、重复、夸张等。

傅汉思的比较诗学视野基于其深厚的西方语言文学功底和西方诗学研究基础，诸多的可比性也证明了中国古诗乃至中国文学的世界价值。在对中国古诗的研究中，傅汉思潜移默化地构建着融通中西的世界诗学和世界文学理念，从而进一步印证了中国古诗译介的意义和价值。

以上中西诗学比较中，如果说傅汉思对诗学主题、意象和修辞的对比尚停留在诗学现象和规律的简单对比层面，那么他对乐府的研究已经涉及对一种普遍文体学概念的探索。正如他所说，中国的叙事歌谣与其他语言中的叙事歌谣具有许多共同特点，而它们之间不可能发生相互影响和文化接触，这一事实证明了“超越国界的关于文学体式的普遍类型学”的存在。[④] 简言之，就是中国乐府可与其他国家的民谣都归入“歌谣”的体裁之下，这种普遍文体学的探索为中国古诗找到了更多与世界文学对话的空间。而展开对话的前提正是大量的译介，这反过来赋予傅汉思古诗英译活

---

① “藕丝秋色浅”中“藕”通“配偶”的“偶”，“丝”通“思慕”的“思”。

② Hans H. Frankel, *The Flowering Plum and the Palace Lady: Interpretations of Chinese Poetry*, New Haven and London: Yale University Press, 1976, p. 58.

③ Hans H. Frankel, *The Flowering Plum and the Palace Lady: Interpretations of Chinese Poetry*, New Haven and London: Yale University Press, 1976, pp. 66 – 67; n. 7, p. 234.

④ Hans H. Frankel, *The Flowering Plum and the Palace Lady: Interpretations of Chinese Poetry*, New Haven and London: Yale University Press, 1976, p. 62.

动以重大意义。

除此之外，傅汉思还通过西方文学批评理论和概念的引入构建融通中西的诗学批评观。译入语文学批评范式的引用，减轻了目标读者对副文本阐释的理解负担。一方面，如前文所述，在阐释古诗时，傅汉思运用的是新批评理论的文本细读方法，即从古诗文本本身出发解读其中的含义，强调作品的艺术性；另一方面，傅汉思在阐释古诗时常借用西方文学批评的概念。例如，在探讨《梅花赋》中上下两个部分梅花与宫闱佳丽“你中有我，我中有你”时，提到了“间接迂回”（indirection）的诗学手法，[①] 在以《龙城录》“赵师雄罗浮山遇梅花仙子”的故事作为佐证时，又借用了“双重身份”（double identity）和“变形”（metamorphosis）的概念。[②] 在探讨《诗经·召南·野有死麕》中的隐喻意义时，采用了西方文学批评的“原型模式”（archetypal pattern），[③] 将该诗与歌德诗歌《浮士德》、德国民谣《夜猎者》以及英国民谣《三只乌鸦》类比，得出该诗中暗含男子劫掠女子的解读。在探讨拟人化修辞时，傅汉思将曹植《悼王粲》中表示自然现象和人类行为的词汇共同出现的诗句归结为约翰·拉斯金（John Ruskin，1819—1900）提出的“情感误置”（pathetic fallacy）现象，[④] 他还认为王粲《七哀诗》“丝桐感人情，为我发悲音”也许是中国诗歌中“情感误置”最早的例子之一。[⑤] 在讨论表示离别的地名时，他用古日耳曼语中的隐喻语（kenning）来说明王勃《秋日别王长史》中的“北梁篇”，即对于某个不直接命名的事物的约定俗成的委婉表述。[⑥] 在傅汉思的乐府研究中，“口头传统”（oral tradition）以及“口头程式化理论”（oral-formulaic theory）亦不是中国本土文学批评的概念。

---

① Hans H. Frankel, *The Flowering Plum and the Palace Lady: Interpretations of Chinese Poetry*, New Haven and London: Yale University Press, 1976, p. 4.

② Hans H. Frankel, *The Flowering Plum and the Palace Lady: Interpretations of Chinese Poetry*, New Haven and London: Yale University Press, 1976, p. 5.

③ Hans H. Frankel, *The Flowering Plum and the Palace Lady: Interpretations of Chinese Poetry*, New Haven and London: Yale University Press, 1976, p. 7.

④ Hans H. Frankel, *The Flowering Plum and the Palace Lady: Interpretations of Chinese Poetry*, New Haven and London: Yale University Press, 1976, p. 26.

⑤ Hans H. Frankel, *The Flowering Plum and the Palace Lady: Interpretations of Chinese Poetry*, New Haven and London: Yale University Press, 1976, p. 30.

⑥ Hans H. Frankel, *The Flowering Plum and the Palace Lady: Interpretations of Chinese Poetry*, New Haven and London: Yale University Press, 1976, pp. 89 – 90.

通过对中西诗学的对比、对普遍文体的构建以及对西方诗学批评理念的引入，傅汉思探索出一条通向世界诗学和世界文学的道路，为彼时甚至当下在世界文学之林依然处于相对弱势地位的中国诗学找到了和其他国家诗学平等交流的路径。在此种背景下，彼时傅汉思的古诗英译活动有了更为厚重的内涵，它不再仅仅是一种异国文学的译介、一种单纯的文化交流，而被赋予了提升中国文学地位、充实世界诗学的艰巨使命。

三　诗学发现

傅汉思对中国诗学传统、现象和规律的认识不亚于本土学者。特别值得注意的是，其中某些新的发现创造了超出译介学和翻译学之外的文献学价值，实现了对中国诗学的反哺，从而在译介中更好地彰显了中国古诗的真实风貌。下面以其对《梅花赋》底本原貌的还原和对《木兰诗》拟声词意义的再发现为例说明。

（一）《梅花赋》底本原貌的还原

对于某些具有争议的原诗底本，傅汉思在广泛参考多种底本版本的基础之上做出思辨性的取舍，试图还原出最接近原貌的底本，对中国文学本体具有关键的文献学意义。其中以《梅花赋》的底本研究为代表。

傅汉思是全球范围内首次对《梅花赋》展开版本研究并试图还原真实原貌的学者。早在 1952 年的论文《中国诗歌中的梅树》中，他就搜罗出了《梅花赋》的五个版本来源——《初学记》《艺文类聚》《全梁文》《历代赋汇》《梁简文帝集》，[①] 并通过论证发现《梁简文帝集》是《梅花赋》的最佳版本来源。他指出类书《初学记》和《艺文类聚》中的《梅花赋》都只是片段，[②] 因而不是最佳版本。此外，他特别注意到《艺文类聚》《全梁文》和《历代赋汇》中插入了“七言表柏梁之咏，三军传魏武之奇”一句。但在他看来，一方面，这两句包含的文学典故在该赋其他地方没有涉及；另一方面，身在南朝的梁简文帝不太可能在七言诗进入黄金时期的唐朝之前指涉汉朝柏梁台七言诗始兴的传统，从而从风格和内容两个

---

① Hans H. Frankel, “The Plum Tree in Chinese Poetry”, *Asiatische Studien*, 6 (1952), n. 44, p. 99.

② 参见 Hans H. Frankel, *The Flowering Plum and the Palace Lady: Interpretations of Chinese Poetry*, New Haven and London: Yale University Press, 1976, n. 3, p. 227.

角度得出了这两句为“衍句”的结论。[①] 在对比完整性和真实性的基础上，傅汉思认定《梁简文帝集》选录的《梅花赋》为史上最佳版本。他明确标明，其 1952 年版《梅花赋》英译参照的底本为《梁简文帝集》，因此，译文中出现了“Their brightness gone before the shaking wind”（色落摇风）。傅汉思在 1976 年的专著《中国诗选译随谈》中再次选入《梅花赋》，此时他不再明示其参照的具体底本，而只是客观地罗列其参考的以上五种完整文本和非完整文本，并在译注中给出了原文。对比发现，先前的“色落摇风”变成了此版的“色落摧风”，相应的译文也作了修改（Their beauty falls，destroyed by the wind）。梳理以上《梅花赋》版本发现，《初学记》《全梁文》作“摧”字，《梁简文帝集》《历代赋汇》作“摇”字，该句在《艺文类聚》中缺失。而联系语境，“寒圭变节，冬灰徙筒，并皆枯悴，色落摧风。年归气新，摇云动尘”，“摧”明显优于“摇”。从词语功能上看，该句是为后文烘托梅花凌寒而设置铺垫，强调冬风对百花无情的“摧”残，“摇”字程度不够。从下文用词看，相隔的诗行中又有“摇云动尘”，该处作“摇”不免显得重复，不符合赋体文辞藻饰多变的特点。由“摇”到“摧”的改变可以看出，傅汉思放弃了“《梁简文帝集》为《梅花赋》最佳底本来源”的最初观点，他在多底本研究的基础上字斟句酌，得出了最接近作品原貌的版本，这在全球堪称首次。

相比之下，时至今日，国内对于《梅花赋》的选录、注疏和底本考订工作依然处于起步阶段。首先，国内选录和评注《梅花赋》的书籍寥寥无几，仅有的注本中原作版本尚存争议。《历代赋评注》（南北朝卷）[②] 和《梁简文帝集校注（一）》[③] 选录的《梅花赋》均有“七言表柏梁之咏，三军传魏武之奇”一句，而目前该赋最为完整的评注版本——管振邦先生的注本[④]中却无此句，管先生的注本以米芾行书《梁简文帝梅花赋》为参照。其次，直至进入 21 世纪，中国本土学者才开始展开对《梅花赋》的版本研究，且截至目前学界仅有一篇相关论文——《不同古籍中的梁简文帝

---

① 参见 Hans H. Frankel，“The Plum Tree in Chinese Poetry”，*Asiatische Studien*，6（1952），n. 48，p. 100。

② 赵逵夫、汤斌编：《历代赋评注》（南北朝卷），四川出版集团、巴蜀书社 2010 年版。

③ 萧纲著，肖占鹏、董志广校注：《梁简文帝集校注（一）》，南开大学出版社 2015 年版。

④ 管振邦：《〈梁简文帝梅花赋〉注释》，新浪博客，2015 年 10 月 11 日，http：//blog. sina. com. cn/s/blog_ 61eea3430102w2tz. html。

〈梅花赋〉》[①]，且相较傅汉思而言未实现材料、方法上的变革或结论上的突破。熊伟华、王汀生发现了7本古籍中5类不同字数的《梅花赋》，除以上5本外，还包括《古今图书集成》和《广群芳谱》。但二者除个别字与《梁简文帝集》不同外，其他内容和字数完全相同，被作者归为一类。也就是说，傅汉思在1952年已经穷尽了这5种文本。除补充对各版本个别字词的勘误和说明外，该研究还原出的《梅花赋》原貌与傅汉思相同。

有鉴于此，傅汉思对《梅花赋》真实底本的还原填补了中国古典文学研究的一处空白。除了对底本的考订，如上所述，傅汉思还对曹植、蔡琰、李白的诗作展开了真伪性研究，在两类研究中，傅汉思把美国学术的质疑精神和中国学术的考据传统完美融合，展现了不断求真的学术精神和扎实的文献功底，具有毋庸置疑的文献学价值。

(二)《木兰诗》拟声词意义的再发现

傅汉思使用新批评的文本细读法阐释中国古诗，就某些诗作的细节处探索出了不同于本体研究甚至超越本体研究的诗学发现。如《木兰诗》中的三个拟声词"唧唧""溅溅""啾啾"。

国内学界对于"唧唧"出现过三种诠释：叹息声、机杼声、促织声。各个派别的理由均存在合理性。其中，"叹息说"为学界的主流观点，以余冠英先生的《汉魏六朝诗选》[②]和北京大学中国文学史教研室《魏晋南北朝文学史参考资料》[③]为代表。"机杼说"出现在不少义务教育阶段的语文教材中。"虫鸣说"始于语言学家吕叔湘先生，[④]至今仍有人撰文论证。相应的，《木兰诗》所有英译本对"唧唧"的处理也大体分为三类。除去漏译的版本，其中12个译本理解为叹息声（任泰、傅德山、倪豪士、翁显良、赵健秀、许渊冲、胡时光、汪榕培、袁杰克、黄福海、伊维德、李正栓），6个译本理解为机杼声（韦利、丁祖馨、张颂南、柳无忌、赵彦春、冯欣明），1个译本理解为促织声（王克难）。另有1个译本处理为鸡叫声（威廉·斯坦顿）。

---

① 熊伟华、王汀生：《不同古籍中的梁简文帝〈梅花赋〉》，《广州师院学报》（社会科学版）2000年第10期。

② 详见余冠英《汉魏六朝诗选》，中华书局2012年版，第407页。

③ 详见北京大学中国文学史教研室选注《魏晋南北朝文学史参考资料》（下册），中华书局2012年版，第379页。

④ 详见杨艺《"唧唧复唧唧"辨义》，《四川民族学院学报》2019年第2期。

而傅汉思通过文本细读，产生了有史以来国内外学界就“唧唧”的第四种理解——机杼声与叹息声的混杂。他在《木兰诗》译文后的阐释中写道：

> 我们注意到声音在此诗中所扮演的重要角色。通过运用拟声词，文本中交织了三种不同的声响。这三种声音中的每一个都传达了双重含义。开头处重复的“唧唧”被有意设计得意思含混不清：它可以表示织布时梭子来回移动的声音，也可以指木兰的叹息声。她所从事的日常活动——织布——的声音与悲伤情感突然爆发时所发出的声音混合在一起。随着后一种声音取代前一种，她作为一个忙碌于家务劳动的姑娘的正常生活也被突发的紧急事件所打断，使她不得不放弃女子的角色以便承担起男人的职责。①

即按照傅汉思的理解，“不闻机杼声，唯闻女叹息”一句应当是指木兰开始慢慢放下手边的织布工作，虽然心情沉重，但已开始认真思考解决问题的方法。在他看来，“不闻……唯闻……”不是简单的肯定与否定，而是表示两种声音的含混与混淆，标志着“唧唧”一词的语义含糊（ambiguity）。这种理解更能真实而生动地反映替父从军前木兰细腻的心理变化过程。傅汉思指出，“含糊”修辞不仅体现在“唧唧”一词上，还体现在“溅溅”和“啾啾”两个拟声词上，标志亦是二词所在的句式“不闻……但闻……”。两个词都体现了木兰的矛盾情绪：虽然在表面上由于距离遥远，她听不到父母的声音，但是作为念家的女儿而言，陌生环境中的一切声音——水流声、马鸣声都让她联想起自己更愿听到的声音——父母的呼唤。② 这种理解更符合木兰的人物形象和身份认同——一个替父从军的孝女。非黑即白的传统解读认为，木兰听不到父母的呼唤，只听到战地的流水声和敌人的马鸣声，那说明木兰对勇士身份的认同要强于其孝女的身份。而按照傅汉思的理解，木兰在真实的战地声音背后还产生关于父母呼唤声的幻听，说明其孝女情结一直是伴随从军始终的，因而当其凯旋，卸

---

① Hans H. Frankel, *The Flowering Plum and the Palace Lady*: *Interpretations of Chinese Poetry*, New Haven and London: Yale University Press, 1976, p. 71.

② 参见 Hans H. Frankel, *The Flowering Plum and the Palace Lady*: *Interpretations of Chinese Poetry*, New Haven and London: Yale University Press, 1976, p. 71。

下临时身份后，自然而然会毅然拒绝为官做宰，马上荣归故里，回归女儿身。

傅汉思对“唧唧”“溅溅”“啾啾”含糊语义的发现填补了中国文学本体研究的空白，是其以副文本形式呈现的首创发现的代表。以该理解为指导，他在译诗中对三者做出了十分精妙的处理。傅汉思自创“tsiek”一词模拟“唧”的声音，将“唧唧复唧唧”译为“Tsiek tsiek and again tsiek tsiek”，留给读者叹息声和机杼声两种联想。一方面，“tsk”在英语中是表示“失落、不满”的感叹词，体现了木兰在征兵令下不愿让老父从军但暂时又无可奈何的苦闷心态。然而辅音组合“tsk”之间又加入元音“ie”，较为刺耳的声音变得柔和了很多，[①] 充分展现了木兰虽心有不安但又不想让人看到、唯恐父母担心的心态，更符合木兰成熟懂事的性格特点；另一方面，“tsiek”也在一定程度上模仿了织机转动的声音。木兰虽然心事重重，轻声叹息，但仍然坚持着日常的劳作，手引织线，脚踏织板，这样的理解更符合木兰临危不乱沉着有度的巾帼英雄形象。傅汉思将“溅溅”和“啾啾”分别处理为“tsien tsien”和“tsiu tsiu”，一方面在发音上模拟了中文拟声词；另一方面，原诗中“溅溅”和“啾啾”与“唧唧”声母相同，遥相呼应，似乎暗示着木兰在行军途中怀念家乡的事物，相应的，傅汉思对二者的译词亦与“唧唧”的译词“tsiek tsiek”在前两个字母即辅音上保持一致，不仅再现了对木兰思乡之情的隐喻，而且暗含着“溅溅”和“啾啾”与“唧唧”在属性上的类同——“含糊”。细心的读者在结合译文和阐释阅读时，必定会发现傅汉思诗义理解之高和翻译处理之妙。

小　结

综上所述，傅汉思深厚的西方语言文学功底对其古诗英译的成功不可或缺：他的多语优势使其能够自如地参考前人的翻译和研究，增强对原文本的理解；他的西方语文学功底使其能够深入洞察原文本的深层含义，有助于翻译时的匠心处理；他的西方文学积累使其在阐释古诗时擅长多维度的中西文化和文学对比，有助于增进西方读者的理解，提升传

---

① 关于“tsk”的语义和“ie”的弱化效果，参见孙红卫《〈木兰辞〉拟声词的“译”闻趣谈》，《光明日报》2020 年 11 月 26 日第 13 版。

播效果；他的西方诗学研究背景使其重视诗歌的形式，从而在翻译时再现原诗的词序、修辞和文体等特点，传递原诗在内容和形式统一基础之上完整的文学性。傅汉思在第二次世界大战期间接受了专业系统的汉语学习，在北大期间受到纯正语言环境的熏陶，从而逐步攻破了古诗英译的语言关。沈从文是傅汉思的汉学启蒙老师：傅汉思在沈从文史学研究和文学创作的启蒙下走上汉学之路，其由史入文的汉学译研路径、文史互证的研究方法以及汉乐府的古诗译研重点受到沈从文研究的影响。史学翻译实践和翻译整理是傅汉思古诗英译的铺垫，其史学翻译中深入的阐释和翔实的参考文献体现出其作为汉学家译者的学术特色，与其古诗译介的特点有异曲同工之处。张充和是傅汉思古诗译介的终身伴侣：傅汉思走上中国文学研究之路得益于张充和的支持，其古诗英译事业得到傅汉思的辅助，其古诗英译的重点主题“梅”和体裁“乐府”也受到张充和艺术事业的影响。傅汉思的诗学研究体现了其融通中西的诗学观，使得其译介活动拥有了提升中国文学地位的重要使命，同时也指导和促进了他的古诗英译，使得他的译介选材更有代表性、译介活动更具目的意识，也使得他在翻译中大力照顾原文。

随着 1958 年美国国会通过《国防教育法案》(*National Defense Education Act*)，美国专业汉学进入发展的快车道。在政府和基金会的巨资支持下，大学纷纷成立汉学研究中心。人员、经费和图书资源的提升，促使中国文学经典的译介与研究加速发展。①

20 世纪 50 年代末起，古诗英译在全球朝着专业化的方向走深、走实。② 这一时期，美国古诗英译的主体便是在大学任教的中国文学教授即专业汉学家，美国汉学界先后涌现出两代古诗英译人才：第一代多处于 20 年代左右出生，以海陶玮、傅汉思、华兹生、刘若愚、柳无忌为代表；第二代在 40 年代左右出生，以康达维、宇文所安、齐皎瀚、叶维廉为代表。作为第一代人才中的元老，傅汉思成为 20 世纪下半叶美国古诗英译大潮中的先行者。

对于中国文学教授而言，由于研究领域的侧重，他们的译介内容往往

① 详见顾钧《20 世纪，中国古代文化经典在美国》，《中华读书报》2020 年 6 月 17 日第 14 版。

② 详见 Roy E. Teele，“Trends in Translation of Chinese Poetry，1950 - 1970”，*Tamkang Review*，2 - 3（1971 - 72），pp. 479 - 93。

聚焦于专门体裁、个别诗人、特定时期、某一主题或特殊群体。出于教学的需要，其中不少人又出版中国古诗选集或包含古诗的中国文学选集。随着研究的深入，英语世界的中国诗论开始涌现，进一步促进古诗英译实践走向成熟。这些特点对于傅汉思而言同样适用。

第二章　傅汉思中国古诗英译的选材

傅汉思的汉诗译介有三种载体：第一种是纯译诗，包括《玉骨冰魂——中国艺术中的梅花》《葵晔集：历代诗词曲选集》《桃花鱼：张充和诗选》中的译诗；第二种是古诗译评集，即《中国诗选译随谈》中的译诗增加阐释或批评性质的评论；第三种是古诗研究论文，其中的译诗风格与质量与前两者中的译诗一致，是独立的译诗，也服务于专题学术研究。

傅汉思古诗英译的选材数量多，体裁广，首译多，重点鲜明。

首先，整理傅汉思的所有著述发现，除去《桃花鱼》中张充和的旧体诗，傅汉思一生全文译介的古诗多达221首。

其次，傅汉思译介的古诗体裁分为8大类，几乎涵盖了广义上中国古诗的所有体裁，各自数量从多到少分别为：乐府（76首）、古体诗（49首）、词（37首）、律诗（20首）、绝句（18首）、诗经（10首）、散曲（7首）、赋（4首）。具体诗篇如下表所示：

表2－1　　**傅汉思英译古诗汇总**

乐府	曹植《门有万里客行》《名都篇》《隔谷歌·兄在城中地在外》《浮萍篇》《野田黄雀行》《五游咏》《泰山梁甫行》《吁嗟篇》《怨歌行》《善哉行》《君子行》、曹丕《善哉行》（四首之二）《临高台》《短歌行》《上留田行·居世一何不同》、曹操《对酒》《步出夏门行》《秋胡行》（二首之一）《却东西门行》、王建《宫中三台词》《江南三台词》《水夫谣》、陈叔宝《自君出之矣》两首、《春歌·春林花多媚》《巴东三峡歌》、颜师伯《自君出之矣》《孤儿行》、宋子侯《董娇娆》《木兰诗》《薤露》《折杨柳枝歌》、萧绎《折杨柳》、刘禹锡《杨柳枝》《乌夜啼》、萧纲《乌栖曲》《平陵东》《战城南》《东门行》《孔雀东南飞》、刘希夷《相和歌辞·白头吟》《圣郎曲·左亦不佯佯》《白石郎曲》《青溪小姑曲》《悲歌》《陌上桑》《子夜歌·欢愁侬亦惨》《华山畿·未敢便相许》《石城乐·闻欢远行去》《子夜歌·始欲识郎时》《折杨柳歌辞其四·遥看孟津河》《琅琊王歌·东山看西水》《陇头流水歌》、李白《蜀道难》、苏小小《我乘油壁车》《钜鹿公主歌辞·官家出游雷大鼓》、羽林郎《辛延年》、左延年《秦女休行》《薤露·薤上露》《蒿里》《妇病行》《相逢行·相逢狭路间》、陈琳《饮马长城窟行·饮马长城窟》《子夜歌·落日出前门》《子夜歌·芳是香所为》《石城乐·其三》（布帆百余福）、《折杨柳枝歌》《敕勒歌》《公莫巾舞歌行》、蔡琰《胡笳十八拍》《有所思·有所思》、李延年《歌》、马援《武溪深行》、梁鸿《五噫歌》、铙歌《临高台》

续表

古体诗	曹植《送应氏·其一》《杂诗·其一》《杂诗·其二》《赠白马王彪·并序》（7首）《七步诗》《代刘勋妻子王氏见出为诗》、陈子昂《蓟丘览古赠卢居士藏用七首》（7首）、杨万里《重九后二日同徐克章登万花川谷月下传觞》《钓雪舟中霜夜望月》《次日醉归》《郡治燕堂庭中梅花》、左思《咏史》三首、寒山诗三首（老翁少妇……，东家一老婆……，欲识生死譬）、蔡琰《悲愤诗·其一》《悲愤诗·其二》、李白《月下独酌》《寄远》、杨广《宴东堂》《春江花月夜》、韩愈《李花》两首、谢灵运《登江中孤屿》、苏舜钦《中秋夜吴江亭上对月怀前宰张子野及寄君谟蔡大》、王粲《七哀诗》、韩愈《东都遇春》、常建《古意》、孟浩然《万山潭作》、卢照邻《长安古意》、谢朓《王孙游》、张衡《四愁诗》、《白云谣》、杜甫《玉华宫》、岑参《登古邺城》
词	李白《桂殿秋·仙女下》《桂殿秋·河汉女》《连理枝·雪盖宫楼闭》《连理枝·浅画云垂帔》《菩萨蛮·平林漠漠烟如织》《忆秦娥·箫声咽》《清平乐·禁庭春画》《清平乐·禁闱秋夜》《清平乐·烟深水阔》《清平乐·鸾衾凤褥》《清平乐·画堂晨起》、苏轼《再用前韵·罗浮山下梅花村》《西江月·梅花》《水调歌头·明月几时有》《水龙吟·次韵章质夫杨花词》、李煜《乌夜啼·林花谢了春红》《虞美人·春花秋月何时了》《清平乐·别来春半》、温庭筠词三首《水晶帘里颇黎枕》、姜夔《暗香》《疏影》、李清照《诉衷情·夜来沉醉卸妆迟》《清平乐·年年雪里》《九张机》两首（一张机、两张机）、吕本中《采桑子·别情》、晏几道《临江仙·梦后楼台高锁》、周邦彦《夜飞鹊·别情》、欧阳修《踏莎行·候馆梅残》、周紫芝《踏莎行·情似游丝》、王安石《桂枝香·登临送目》、辛弃疾《丑奴儿·少年不识愁滋味》、朱敦儒《卜算子·古涧一枝梅》、陆游《卜算子·咏梅》、秦观《江城子·西城杨柳弄春柔》
律诗	孟浩然《岁暮归南山》《广陵别薛八》《与诸子登岘山》、王维《山居秋暝》、王昌龄《登万岁楼》、杜甫《咏怀古迹》五首、柳宗元《别舍弟宗一》、杜牧《题宣州开元寺阁阁下宛溪夹溪居人》、朱庆馀《早梅》、林逋《山园小梅·其一》、王安石《独山梅花》、崔颢《行经华阴》、李贺《古悠悠行》、李白《登金陵凤凰台》、陈子昂《白帝城怀古》《岘山怀古》
绝句	王维《高原》《送别》《杂诗三首·其二》、李白《独坐敬亭山》《宣城见杜鹃花》、杨万里《晓行望云山》、陈与义《秋夜》、李贺《南园》、苏轼《饮湖上初晴后雨》、王安石《钟山即事》、孟浩然《送友入京》、赵嘏《江楼感旧》、杜牧《赠别》、张祜《宫词》、陆凯《赠范晔》、张籍《梅溪》、李群玉《山驿梅花》、梅尧臣《京师逢卖梅花五首之二》
诗经	《国风·陈风·月出》《国风·郑风·野有蔓草》《国风·王风·君子于役》《国风·郑风·叔于田》《国风·卫风·木瓜》《国风·鄘风·桑中》《国风·唐风·山有枢》《召南·野有死麕》《召南·摽有梅》《周南·桃夭》
散曲	张可久《四块玉·乐闲》《天净沙·鲁卿庵中》《人月圆·春晚》、刘时中《四块玉·泛彩舟》、徐再思《人月圆·甘露怀古》、白朴《天净沙·秋思》、马致远《天净沙·秋思》
赋	萧纲《梅花赋》、江淹《别赋》、枚乘《七发》、曹植《又愁霖赋》

体裁广不仅是傅汉思古诗译介的总体特点，也体现在其专题译介中。如在译介“梅花”母题的诗篇时，他的选诗涵盖诗经、绝句、乐府、古体诗、律诗、词、赋七类。分别为：绝句8首（《赠范晔》《蜡日》《新栽梅》《杂诗三首·其二》《梅溪》《山驿梅花》《小晏》《京师逢卖梅花五首之二》），词8首（《再用前韵·罗浮山下梅花村》《疏影》《西江月·梅

花》《卜算子·古涧一枝梅》《诉衷情·夜来沉醉卸妆迟》《清平乐·年年雪里》《卜算子·咏梅》《暗香》），古体诗3首（《梅花落》《郡治燕堂庭中梅花》《钓雪舟中霜夜望月》），律诗3首（《早梅》《山园小梅·其一》《独山梅花》），诗经体1首（《诗经·召南·摽有梅》），乐府1首（《西洲曲》），赋1首（《梅花赋》）。值得一提的是，傅汉思译介中国梅花文学的主要体裁为古典诗歌，但也不限于古诗。他在《中国诗歌中的梅树》中还摘译了传奇小说、史书、诗歌集注、小品文中有关梅花的片段，包括《说苑》（刘向）、《述异记》（任昉）、《宋书》（沈约）、《分门集注杜工部集》、《梅妃传》（曹邺）、《龙城录》、《梅品》（张功甫），后又在《玉骨冰魂》中全译了传奇小说《梅妃传》，为英语世界的首译。

以上八大诗体中，乐府是傅汉思古诗译介的重点，下文将集中论述。此外，傅汉思是美国汉学界最早译介赋的学者之一。他将《梅花赋》《别赋》《七发》译诗收入1976年发表的《中国诗选译随谈》当中，对原诗进行了形式和风格高度对等的翻译，并做了大量语文学和文体学的研究。该书发表当年，当代西方辞赋译研究宗师康达维教授的博士学位论文《扬雄、辞赋及汉代修辞研究》（The Han Rhapsody：A Study of the Fu of Yang Hsiung，53 BC—AD 18）才刚刚问世，而除去康达维外，此前美国汉学界对赋学有集中译介和深入研究的只有卫德明（Hellmut Wilhelm，1905—1990年）、海陶玮（James Hightower，1915—2006年）和华兹生（Burton Waston，1925—2017年）①。

再次，傅汉思的古诗译介坚持原创。在《中国诗选译随谈》和《玉骨冰魂》中的译诗题下注中，他一以贯之地罗列了前人所有的外译版本，包括英语、法语和德语。对于已有其他译本的，他从不照搬照抄，而是提供自己的原创译本。对于没有其他译本的，傅汉思的译本则是首次译介。笔者在此基础上，通过查阅《古代和中世纪早期中国文学》（*Ancient and Early Medieval Chinese Literature*，Ⅰ-Ⅱ-Ⅲ-Ⅳ，2010-2014-2014-2014）、《印第安纳传统中国文学词典》（*Indiana Companion to Traditional Chinese Literature*，1986）和《汉诗英译研究指南》［*A*

① 有关欧美赋学研究史，详参康达维《欧美赋学研究概观》，《文史哲》2014年第6期；有关英美赋学研究史，详参刘倩《英美赋学的历史分期与特点研究》，《济南大学学报》（社会科学版）2021年第5期。

Research Guide to English Translation of Chinese Verse（*Han Dynasty to T'ang Dynasty*，1977）〕等经典工具书对其首译诗篇进行二次验证，发现以上两本译著中的124首译诗中共有54首由傅汉思首译，包括13首乐府、9首绝句、10首宋词、9首古体诗、7首律诗、5首散曲和1首赋。详见下表：

表2-2　**由傅汉思首次译介的古诗**

乐府	《巴东三峡歌》、颜师伯《自君出之矣》、陈叔宝《自君出芝矣》2首、《折杨柳枝歌》、萧绎《折杨柳》、白居易《折杨柳》2首、《乌夜啼》、萧纲《乌栖曲》、王建《宫中三台词》《江南三台词》、曹植《门有万里客行》
绝句	杨万里《晓行望云山》、陈与义《秋夜》、孟浩然《送友入京》、赵嘏《江楼感旧》、李白《宣城见杜鹃花》、陆凯《赠范晔》、梅尧臣《京师逢卖梅花五首之二》、李群玉《山驿梅花》、张籍《梅溪》
宋词	《九张机·一张机》《九张机·两张机》、温庭筠《菩萨蛮·水晶帘里颇黎枕》《菩萨蛮·蕊黄无线当山额》《菩萨蛮·牡丹花谢莺声歇》、周邦彦《夜飞鹊·别情》、周紫芝《踏莎行·情似游丝》、苏轼《再用前韵·罗浮山下梅花村》《西江月·梅花》、姜夔《疏影》
古体诗	《白云谣》、杨广《宴东堂》、苏舜钦《中秋夜吴江亭上对月怀前宰张子野及寄君谟蔡大》、杨万里《重九后二日同徐克章登万花川谷月下传觞》《次日醉归》、常建《古意》、孟浩然《万山潭作》、卢照邻《长安古意》、杨万里《郡治燕堂庭中梅花》
律诗	王昌龄《万岁楼》、柳宗元《别舍弟宗一》、杜牧《题宣州开元寺阁阁下宛溪夹溪居人》、陈子昂《白帝城怀古》《岘山怀古》、林逋《山园小梅·其一》、朱庆馀《早梅》
散曲	刘时中《四块玉·泛彩舟》、张可久《乐闲》《鲁卿庵中》《春晚》、徐再思《甘露怀古》
赋	《梅花赋》

由于文献资料的有限，笔者尚未对傅汉思所有译诗的首创性进行研究，有待后期学者的继续探索。但可以肯定的是，鉴于其在美国中国文学研究特别是乐府研究中的先驱地位，其古诗英译作品中的首译远不止54首，初步估计为近百首。作为美国早期汉学中的领军人物，傅汉思肩负着向英语世界首次译介中国古诗的重任。此外，通过查阅《古代与中世纪早期中国文学》（第三卷）中有关萧纲的翻译、研究文献[①]发

① 详见 David R. Knechtges and Taiping Chang, *Ancient and Early Medieval Chinese Literature: A Refrence Guide* (Part Three), Leiden&Boston: Brill, 2014, p. 1491。

现，傅汉思对《梅花赋》的译介为该赋在英语世界乃至西方世界的孤本翻译。

最后，从体量上看，傅汉思的古诗译介拥有三个鲜明的重点：“梅”是其译介最多的题材；曹植是其译介最多的诗人；乐府是其译介最多的诗体。下文将介绍三个重点的译介情况，分析各自的译介缘起。

第一节 “梅花诗”

一 译介概况

“梅”是傅汉思古诗译介中出现频次最多的题材，先后有三次集中译介，共计25首之多。

1952年，傅汉思发表其中国文学研究的处女作论文《中国诗歌中的梅树》。全文共选译15首“梅花诗”，依次为：《诗经·摽有梅》（佚名）、《赠范晔》[①]（陆凯）、《西洲曲》（佚名）、《蜡日》（陶潜）、《梅花落》（江总）、《梅花赋》（萧纲）、《新栽梅》（白居易）、《杂诗三首·其二》（王维）、《梅溪》（张籍）、《山驿梅花》（李群玉）、《郡治燕堂庭中梅花》（杨万里）、《再用前韵·罗浮山下梅花村》（苏轼）、《小晏》（刘翰）、《早梅》[②]（朱庆馀）、《疏影》（姜夔）。其中《诗经·摽有梅》《赠范晔》《梅花赋》《杂诗三首·其二》《梅溪》《山驿梅花》《再用前韵·罗浮山下梅花村》7首为全译，其余8首为节译。

1976年，傅汉思出版代表作，集翻译、阐释、研究于一体的专著《梅花与宫闱佳丽：中国诗选译随谈》。全书不仅以“梅”命名，而且开篇即是长篇“梅花诗”——《梅花赋》的全译与评论，书中还有一首涉及梅花的古诗《钓雪舟中霜夜望月》[③]（杨万里）。

1985年4月18日至6月16日，耶鲁大学艺术馆东亚部举办了名为“玉骨冰魂——中国艺术中的梅花”（Bone of Jade，Soul of Ice：The Flowering Plum in Chinese Art）的展览。傅汉思为会展同名刊物贡献19首梅花主

---

① 注：傅汉思原题为《荆州记》，《赠范晔》是更为普遍的题目。

② 注：出现在原作注释84中。

③ Hans H. Frankel, *The Flowering Plum and the Palace Lady*: *Interpretations of Chinese Poetry*, New Haven and London: Yale University Press, 1976, pp. 24 – 25.

题诗词的全译，编入第三章“梅花诗”[①]，依次为《诗经·摽有梅》、《梅花赋》[②]、《赠范晔》、《杂诗三首·其二》、《早梅》、《山驿梅花》、《山园小梅·其一》（林逋）、《京师逢卖梅花五首之二》（梅尧臣）、《独山梅花》（王安石）、《再用前韵·罗浮山下梅花村》、《西江月·梅花》（苏轼）、《卜算子·古涧一枝梅》（朱敦儒）、《诉衷情·夜来沉醉卸妆迟》（李清照）、《清平乐·年年雪里》（李清照）、《卜算子·咏梅》（陆游）、《钓雪舟中霜夜望月》、《郡治燕堂庭中梅花》、《暗香》（姜夔）、《疏影》。这是傅汉思在“梅花诗”英译上最完整、最成功的一次实践。据刊物显示，会展还分别于同年1月23日至3月24日以及7月12日至9月8日在加州伯克利大学艺术博物馆和圣路易斯艺术博物馆举办。[③]

以上三次译介中虽有篇目重复，但每一次重译都是对初译的润色。从三次译介的时间看，傅汉思在初入中国文学研究时便开始译介“梅花诗”，在其汉学研究的黄金时期将其代表作也是唯一的专著命名为“梅花”，直至晚年仍对“梅花诗”念念不忘。以上种种，足见傅汉思对“梅”的喜爱和“梅”对他的重要意义。

二 译介缘起

20世纪初中西方学界对文学母题的研究是傅汉思关注“梅花诗”的时代背景，他对“梅花诗”的集中译介体现了他对中国传统文化的认同和与妻子张充和的伉俪情深。

1952年，《中国诗歌中的梅树》一文以朝代为分期，梳理了中国文学史中“梅”的不同母题含义，追溯了“梅”的母题地位不断上升、直至其最终备受中国文坛青睐并成为文人象征的过程。据傅汉思研究，“梅”在中国文学史上的母题含义包括感情信物、思乡寄托、君子与隐士、诗人的陪伴、女性气质、美女的化身、青春与美丽的易逝、仕途失意等。其中，“落梅”的母题含义在六朝时期固化。晚唐时期，梅花母

① Hans H. Frankel, “Poems about the Flowering Plum”, in *Bone of Jade*, *Soul of Ice*: *The Flowering Plum in Chinese Art*, Maggie Bickford with contributions by Mary Gardener Neill, Hans H. Frankel, Chang Ch'ung-ho and Hui-Lin Li, Yale University Arts Gallery, 1985, pp. 151 - 191.

② 注：重复诗篇不再标出作者。

③ Maggie Bickford, *Bones of Jade*, *Soul of Ice*: *The Flowering Plum in Chinese Art*, New Haven and London: Yale University Press, 1985, p. 4.

题的女性主义含义凸显。及至宋朝，梅花与隐士的隐喻关系广受认可。在阐释各阶段的母题和母题含义时，傅汉思译介了相关的“梅花诗”作为例证。

傅汉思之所以从母题研究入手开启对“梅花诗”的译介，这与当时西方的文学批评思潮有着直接关联。20 世纪 30 年代英美新批评发轫，文学批评转向对作品本身和文学技巧的关注，以文本语言为焦点的批评研究与日俱增。这种研究从语汇表层系统纵深至深层意象、隐喻和母题等文学单位，其中母题概念在民间文学和民俗学研究中得到大量运用。1932 年至 1937 年间，美国权威民俗学家斯蒂·汤普森（Stith Thompson，1885—1976）发表了六卷本的《民间文学母题索引》（*Motif Index of Folk Literature*），成为西方母题研究的经典著作，得到傅汉思的充分关注。他曾引用该书的索引条目，指出曹植《七步诗》包含该书列出的两个母题——“完成任务，否则处死”（Tasks imposed on pain of death）和“嫉妒的兄弟故意刁难”（Tasks assigned at suggestion of jealous brothers）。[①] 傅汉思对中国古诗中的母题有着敏锐的感知，如他指出《孔雀东南飞》中的母题“一对爱人的墓穴边一对树木生长缠绕”、[②] 杜甫《咏怀古迹》中的母题“人类伟大的稍纵即逝”[③] 等。傅汉思还擅于发现中西诗歌母题的共性，如他指出多首和《孔雀东南飞》主题类似的英文民谣都以表示一对树木交织缠绕之意的程式化语句作结，而布列塔尼语诗歌《南恩勋爵和仙女》（Le Seigneur Nann et la Fée）中则与《孔雀东南飞》结尾一样，出现了“一对树木”和“一对鸟儿”两个母题的融合。[④] 1935 年，傅汉思举家移居美国，直至 1959 年之前都长期在加州大学伯克利分校任教和学习。20 世纪四五十年代，新批评思潮在美国蔚然大势之时，该校成了前沿阵地之一。以马克·

① Hans H. Frankel and Ts'ao Chih, “Fifteen Poems by Ts'ao Chih: An Attempt at A New Approach”, *Journal of the American Oriental Society*, Vol. 84, No. 1 (Jan. - Mar., 1964), p. 1, n. 4; Hans H. Frankel, “The Problem of Authenticity in the Works of Tsao Chih”, in *Essays in Commemoration of the Golden Jubilee of the Fung Ping Shan Library* (1932 - 1982), Hong Kong: Fung Ping Shan Library, 1982, p. 192.

② Hans H. Frankel, “Yueh-fu Poetry”, in *Studies in Chinese Literary Genres*, ed. Cyril Birch. California: University of California Press, 1974, p. 94.

③ Hans H. Frankel, “The Contemplation of the Past in T'ang Poetry”, Conference on T'ang Studies, Cambridge: Cambridge University, 1973, p. 19.

④ Hans H. Frankel, “The Chinese Ballad ‘Southeast Fly the Peacock’”, *Harvard Journal of Asiatic Studies*, Vol. 34, 1974, p. 271.

肖勒（Mark Schorer，1908—1977）教授为首的新批评领军人物开课、编教材、深入研究，[①] 为傅汉思从母题研究入手译介“梅花诗”提供了时代环境。另一方面，傅汉思对于母题的关注源于其欧洲古典学和语文学的积淀。母题原型是源于西方古典和罗曼语文学的概念。傅汉思出身于欧洲古典学和语文学世家，且继承家学，分别在斯坦福大学和加州大学伯克利分校获得古典学学士学位和罗曼语文学博士学位。[②] 早在博士论文《克维多严肃诗歌中的喻像语言：对概念主义研究的贡献》[③] 中，他便开始运用文本细读方式，结合语境细致分析克维多严肃诗歌中诸多典型的诗意形象，试图发现这些“奇喻”背后潜在的概念。除西方文学批评思潮和个人学术背景之外，傅汉思的母题研究路径或许还受到当时中国文学批评本身的影响。母题于1924年经胡适翻译并引进中国文学批评领域后，被他和周作人、顾颉刚、陈寅格等人广泛使用，[④] 这一创举可能为傅汉思的中国文学研究带来了启发。傅汉思与胡适交往甚笃，他于1939年与胡适在伯克利大学结识，并受其邀请于1947年赴北大短期任教。

在《中国诗歌中的梅树》一文包含的梅花母题含义中，傅汉思着墨最多的是“诗人的陪伴”和“女性气质”。据他研究，“文人的陪伴”源于六朝（陶潜《腊日》[⑤]），发展于唐朝（白居易《新栽梅》、王维《杂诗三首·其二》、张继《梅溪》[⑥]），在宋朝时广受认可（杨万里《郡治燕堂庭中梅花》[⑦]）。“女性气质”在唐朝前即有涉及（《诗经·摽有梅》《西洲曲》《太平御览》在有关“寿阳公主梅花妆”的记载、[⑧] 萧纲《梅花赋》），在唐朝晚期开始凸显（《梅妃传》[⑨]），直至宋朝得到充分诠释

① 详见 John E. Jordan, Literary History at Berkeley, *New Literary History*, Vol. 2, No. 3, 1971, p. 535.

② 参见 Box: 1, Folder: 34, Biographical Information on Yale University Affiliated Individuals (RU 237). Manuscripts and Archives, Yale University Library. https://archives.yale.edu/repositories/12/archival_ objects/895565

③ Hans H. Frankel, Figurative Language in the Serious Poetry of Quevedo: A Contribution to the Study of Conceptismo, University of California, Berkeley, 1942.

④ 详见朱迪光《20世纪中国古代文学研究中“母题”概念的引进与应用》，《西北师大学报》（社会科学版）2008年第2期。

⑤ Hans H. Frankel, "The Plum Tree in Chinese Poetry", *Asiatische Studien*, 6 (1952), p. 95.

⑥ Hans H. Frankel, "The Plum Tree in Chinese Poetry", *Asiatische Studien*, 6 (1952), p. 103.

⑦ Hans H. Frankel, "The Plum Tree in Chinese Poetry", *Asiatische Studien*, 6 (1952), p. 106.

⑧ Hans H. Frankel, "The Plum Tree in Chinese Poetry", *Asiatische Studien*, 6 (1952), p. 97.

⑨ Hans H. Frankel, "The Plum Tree in Chinese Poetry", *Asiatische Studien*, 6 (1952), p. 105.

（《龙城录》有关“赵师雄罗浮山梦仙”的记载[①]）。他还指出，林逋“梅妻鹤子”一说完美结合了以上两个母题含义。傅汉思之所以对梅花的这两层含义关注最多，之所以大量译介“梅花诗”，一方面出于作为中国文学研究者的传统文人情怀；另一方面还寄托了他对爱妻张充和的鹣鲽深情。

对于傅汉思，张充和无疑具备了梅花的“女性气质”和“文人陪伴”两重意义。

“女性气质”方面：首先，她的才情堪比暄香远溢的梅花。作为“合肥四姐妹”之一，张充和集诗书画大家、昆曲大师于一身，被誉为民国闺秀、最后的才女。她曾因此被两位密友比作梅花。孙康宜教授称，“她是一个真正的才女，并以诗书画昆曲‘四绝’。对我来说，充和永远是一株完美的梅花，真乃古色今香”[②]。2006 年 1 月，“古色今香·张充和及友人书画展”在西雅图博物馆开幕。馆长和策展人倪密在展览同名刊物开头引用萧纲《梅花赋》中的两处诗句——“梅花特早，偏能识春。或承阳而发金，乍杂雪而被银”“于是重闺佳丽，貌婉心娴。怜早花之惊节，讶春光之遣寒”，并接着写道：

> 萧纲六世纪诗歌《梅花赋》的以上两个片段让我联想到了张充和的柔美和雅致。在我的脑海中，她永远像梅花一样，正如 1985 年我们在耶鲁大学艺术馆举办的展览名称——“玉骨冰魂——中国艺术中的梅花”一样。她深谙中国诗歌、绘画、篆刻和书法，对那次的项目产生了重要影响，并使我充分认识到了她的才华。她真乃当今世界之珍宝。[③]

其次，张充和的品性好比凌寒静放的梅花。虽然身处海外，但她始终坚持着中国传统文人的生活方式：每日磨墨练字，吟诗填词，偶尔与同好举行昆曲雅集。她一生恬淡自适，“对于写字、画画、唱昆曲、做诗、养

---

① 注：傅汉思通过论证说明《龙城录》并非唐朝柳宗元的作品，而是写就于宋朝 1095 年（苏轼创作《再用前韵·罗浮山下梅花村》的时间）和 1171 年之间（最早引用《龙城录》的作者之一王十朋逝世的时间）。详见 Hans Frankel，“The Plum Tree in Chinese Poetry”，Asiatische Studien，6（1952），pp. 107 - 108。

② 罗昕、徐明徽：《友人回忆张充和：一株完美的梅花，真乃古色今香》，2015 年 6 月 18 日，澎湃网，https://www. thepaper. cn/newsDetail_ forward_ 1342992。

③ Mimi Gardener Gates，*Fragrance of the Past*：*Chinese Calligraphy and Painting by Ch'ung-ho Chang Frankel and Friends*，Seattle Art Museum，2006，p. 4.

花种草，都是玩玩，从来不想拿出来给人家看”[①]。与其他三姐妹的新潮外向相比，张充和更加古朴安静。她曾说：“她们喜欢登台演出，面对观众；我却习惯不受人打扰，做自己的事。”[②] 她于 70 岁时写下的诗句——“十分冷淡存知己，一曲微茫度余生”是其人生态度的最佳写照。师从张充和学曲时间最长的弟子陈安娜女士很好地总结了张充和如梅花一般清雅淡泊的品性，她写到，“不认识充和，不知道什么叫真性情，不知道什么叫自然美。就像昆曲，蕴含了文学、音乐、舞蹈和表演之美，充和是外在的、内在的、文学的、文化的、艺术的美的总和”[③]。她时常将张充和与沈从文类比——“她和她的三姐夫沈从文都是陶渊明一类的自然人，不为俗务所役，身处人世间，却能保住心中的净土”[④]。

“文人陪伴”方面：这对汉学伉俪于 1947 年相识于沈从文宅中，1948 年在北平成婚，婚后赴美定居。“傅汉思”这一中文名为张充和所定，“汉朝”的“汉”，“思想”的“思”。1968 年，为纪念二人结婚 20 周年，张充和作七绝诗二十首，名曰《结缡二十年赠汉思》[⑤]，记录了与傅汉思从相识相知到相守的点滴岁月。张充和是傅汉思汉学翻译与研究事业的启蒙人、助力者和完美拍档。首先，在北平交往期间，张充和的传统士文化底蕴对傅汉思产生了深刻影响，促使其在返美后走上了汉学之路。其次，在加州伯克利兼职时期，她全力支持傅汉思完成了伯克利的中文博士课程，实现了傅汉思向中国文学研究的彻底转型。最后，她用实际行动辅助傅汉思的汉学研究事业，帮助他阅读中文中晦涩的篇章，先后用以小楷为主的书法为他的 10 种著述撰写正文中的汉字、注释中的汉字、参考文献中的汉字、古诗原文、中文书名等。同时，傅汉思也不遗余力地参与到张充和的昆曲、书法和诗歌事业中。他先后协助张充和在欧美学界公演昆曲共 36 次，与其合作译介中国经典书论《书谱》和《续书谱》，并翻译其唯一一本诗歌自选集《桃花鱼》中的所有篇目。

除此之外，巧合的是，张充和的艺术创作也常以“梅”为主题。除誊抄

① 张充和作，白谦慎编：《张充和诗书画选》，生活·读书·新知三联书店 2010 年版，第 20 页。

② 金安平：《合肥四姐妹》，郑至慧译，台湾：时报文化出版社 2005 年版，第 341 页。

③ 陈安娜：《记两位恩师》，见于王道编《似水华年：〈水〉与一个家族的精神传奇》，新星出版社 2016 年版，第 422 页。

④ 陈安娜：《记两位恩师》，见于王道编《似水华年：〈水〉与一个家族的精神传奇》，新星出版社 2016 年版，第 422 页。

⑤ 详见白谦慎编《张充和诗文集》，生活·读书·新知三联书店 2016 年版，第 92—98 页。

《玉骨冰魂》中的19首“梅花诗”原文外，她还曾手书据传为元代书法家赵孟頫所作梅花律诗50首，[①] 保有一方文曰“梅花似我”、由清代大家杨澥篆刻的印章，[②] 并绘制过一幅简笔墨梅画、一幅以海绵代笔的墨梅画[③]，以及一幅题有秦观《如梦令·莺嘴啄花红溜》一诗的完整《墨梅图》[④]。孙康宜教授认为，与早梅报“春”的特性一致，张充和的诗歌创作也充满“春”的意象。她写道：

> 我认为傅汉思教授这本《中国诗选译随谈》的英文题目暗藏了对充和的隐喻。此外，在书的开头，汉思即引用梁代诗人萧纲的《梅花赋》来赞美梅花的特殊灵性和气质。据萧纲的原意，梅花之所以美好，主要因为它较其他花木早一步报出春天的来临（“梅花特早，偏能识春”）。在她的诗歌里，充和一向喜欢描写春天的意象（如“嘉陵景色春来好”等词句），所以我想汉思很可能用梅花来形容他的夫人充和。[⑤]

1976年，傅汉思将《梅花与宫闱佳丽：中国诗选译随谈》献给张充和，并在“致谢”部分写道：“我从妻子张充和那里获得了源源不断的帮助和灵感，她本人就是一位诗人，一个中国诗歌的终生弟子，代表了中华文明最美好精致的部分。”[⑥] 正是对梅花文学的高度认同和对“梅妻”张充和的深深眷恋，推动了贯穿傅汉思汉学研究生涯的“梅花诗”译介活动。

三 选诗原则

论文《中国诗歌中的梅树》以汉以前、汉、六朝、唐、宋、宋以后为

---

① 详见张充和《张充和手抄梅花诗》，上海辞书出版社2017年版。

② 参见张充和作，白谦慎编《张充和诗书画选》，生活·读书·新知三联书店2010年版，第210页。

③ 分别参见张充和作，白谦慎编《张充和诗书画选》，生活·读书·新知三联书店2010年版，第178—179、182—183页。

④ 详见于建华《艺苑争看第一流——“最后的才女”张充和的〈墨梅图〉》，《大河收藏》2016年12月13日。

⑤ 张充和书，孙康宜编注：《古色今香：张充和题字选集》，广西师范大学出版社2010年版，第119页。

⑥ Hans H. Frankel, *The Flowering Plum and the Palace Lady*: *Interpretations of Chinese Poetry*, New Haven and London: Yale University Press, 1976, p. xiii.

序，从横向和纵向两个维度首次梳理了梅花母题的不同含义及其在中国诗歌史上的发展和流变，因而全文在选诗时也紧紧围绕这一宗旨。根据傅汉思的研究，梅在中国诗歌史上的母题含义包括感情信物、思乡寄托、君子与隐士、诗人的陪伴、女性气质、美女的化身、青春与美丽的易逝（“落梅”）、仕途失意（“山驿之梅”）等。以《召南·摽有梅》为代表，汉以前的古诗常提及梅之果实，梅花无人问津。[①] 汉朝诗歌中对梅也仅限于提及。直至六朝，梅的美学价值才得到赏识。在高度个人化和美学兴盛的六朝时期，关于梅花的诸多母题概念开始形成，并成为后代文学的陈词滥调。[②] 如以梅作为感情信物的《赠范晔》《西洲曲》，以梅代表隐士陪伴的发端——《蜡日》，象征美丽和青春易逝的“落梅”母题——《梅花落》。而《梅花赋》则是中国文学中首次集中阐述梅主题的作品。[③] 唐代，梅花的母题含义得到更深入的阐释，也变得更为流行，但缺乏新意。如体现梅与诗人伙伴情谊的《新栽梅·池边新种七株梅》、以梅寄托思乡之情的《杂诗三首·其二》、传达平静而纯粹的喜悦之情的《梅溪》。《山驿梅花》暗指的不仅隐士，而且是怀才不遇的学者。晚唐时期，以《梅妃传》为代表，梅母题的女性主义含义达到鼎盛时期。[④] 梅与隐士的精神认同直至宋朝才得到广泛认可，[⑤] 如《郡治燕堂庭中梅花》。此时对梅之文学主题的崇拜达到登峰造极的阶段，[⑥] 代表诗作为包含“梅花仙子”传说的《再用前韵·罗浮山下梅花村》、将爱梅上升到味觉的《小晏》。然而，此时虽然诗作频出，但诗作中的梅花母题含义仍是老生常谈，多是对前人在主题、诗体、格律上的仿作（“和”）以及抽取不同古诗中诗行而形成的“集句”[⑦]。梅主题在绘画等艺术作品中续写生机，[⑧] 正如《疏影》所述——“重觅幽香，已入小窗横幅”。

专著《中国诗选译随谈》中选入《梅花赋》是为了说明首章的主题

---

① Hans H. Frankel, “The Plum Tree in Chinese Poetry”, *Asiatische Studien*, 6 (1952), p. 90.

② Hans H. Frankel, “The Plum Tree in Chinese Poetry”, *Asiatische Studien*, 6 (1952), p. 93.

③ Hans H. Frankel, “The Plum Tree in Chinese Poetry”, *Asiatische Studien*, 6 (1952), p. 99.

④ Hans H. Frankel, “The Plum Tree in Chinese Poetry”, *Asiatische Studien*, 6 (1952), p. 104.

⑤ Hans H. Frankel, “The Plum Tree in Chinese Poetry”, *Asiatische Studien*, 6 (1952), p. 106.

⑥ Hans H. Frankel, “The Plum Tree in Chinese Poetry”, *Asiatische Studien*, 6 (1952), p. 111.

⑦ Hans H. Frankel, “The Plum Tree in Chinese Poetry”, *Asiatische Studien*, 6 (1952), pp. 111 – 112.

⑧ Hans H. Frankel, “The Plum Tree in Chinese Poetry”, *Asiatische Studien*, 6 (1952), p. 114.

“人与自然”。全诗上片写梅花盛开的景象，下片写丽人赏梅的情态。一方面，梅花是半拟人的花；另一方面，丽人赏梅，又在结尾触景生情，由梅花随风飘零而产生青春已逝、容颜易老的怅惋之情——人与自然你中有我，我中有你，可谓是该章主题的最佳例证。《钓雪舟中霜夜望月》出现在此书第二章“拟人化”中。在此诗之前，傅汉思已经赏析了中国诗学中常见的以“影”为伴和以“天”为伴的写月诗——《月下独酌》（李白）、《重九后二日同徐克章登万花川谷月下传觞》（杨万里）。此诗仍是写月诗，只有尾联“更约梅花作渠伴，中秋不是欠此段”提及梅花。在鉴赏时，他指出，“这次，月亮的伴侣既不是影子也不是天，而是梅花，即萧纲《梅花赋》中为我们所熟知的女性化形象”①。可见，梅之于月亮伴侣的罕见诗学现象是傅汉思钟爱此诗的原因之一。

《玉骨冰魂》中有10首“梅花诗”出自前译，另新录9首，包括《山园小梅・其一》（林逋）、《京师逢卖梅花五首之二》（梅尧臣）、《独山梅花》（王安石）、《西江月・梅花》（苏轼）、《卜算子・古涧一枝梅》（朱敦儒）、《诉衷情・夜来沉醉卸妆迟》（李清照）、《清平乐・年年雪里》（李清照）、《卜算子・咏梅》（陆游）、《暗香》（姜夔）。笔者认为，该诗集在新选诗时对1952年论文的理念有所继承，即倾向于在母题含义方面具有代表性的篇目。1952年论文在论及梅母题的“隐士”含义时，以林逋为典型，提及其“梅妻鹤子”的逸事，称这一说法包含了梅的两个母题含义：“隐士的陪伴”和“女性”②，但未选入他的任何诗作。1984年的诗集则弥补遗憾，选入他的《山园小梅・其一》。《独山梅花》和《卜算子・古涧一枝梅》均以“山野之梅”为母题，似是对《山驿梅花》的补充。但不同的是，《山驿梅花》突出梅之孤苦凄凉；《独山梅花》之梅虽然凄苦，但依然“艳”“香”依旧，虽力不从心但曾怀有装点“上林”之抱负；《卜算子・古涧一枝梅》之梅更进一步，幽怨情绪已不是主旋律，它更多是乐于孤芳自赏，不愿与世俗同流合污。此外，笔者认为，新选诗作也体现了傅汉思对中国文学经典的把握和个人的审美情趣。其中，《山园小梅》中的“疏影横斜水清浅，暗香浮动月黄昏”、《卜算子・咏梅》

① Hans H. Frankel, *The Flowering Plum and the Palace Lady*: *Interpretations of Chinese Poetry*, New Haven and London: Yale University Press, 1976, pp. 48 – 49.

② Hans H. Frankel, “The Plum Tree in Chinese Poetry”, *Asiatische Studien*, 6 (1952), pp. 106 – 107.

中的“零落成泥碾作尘，只有香如故”均是咏梅的千古名句，《暗香》《疏影》姊妹篇是经典的赋梅词。正如《词源》所言，“诗之赋梅，惟和靖一联而已，世非无诗，不能与之齐驱耳。词之赋梅，惟姜白石《暗香》、《疏影》二曲，前无古人，后无来者，自立新意，真为绝唱”。[①] 《清平乐·年年雪里》和《诉衷情·夜来沉醉卸妆迟》均是李清照代表性的“梅花诗”。前者别出心裁，通过刻画作者醉酒插梅、挼梅落泪和无心赏梅的三个场景，反映了她早年的欢乐、中年的悲戚和晚年的沦落，以赏梅寄寓词人的今昔之感和国家之忧。后者不落窠臼，关注“残梅”，由头戴残梅沉醉入睡开始，继而梅香扰归梦，最后手搓残蕊消磨时光。全诗缘梅抒情，寄托了作者深切的怀乡之情和故国之思。《京师逢卖梅花五首之二》呈现了“溪头月下梅香”的唯美画面，或许是它入选的原因。选择苏轼的《西江月·梅花》，可能一方面是因为它与《再用前韵》的紧密联系——前者首联“玉骨那愁瘴雾，冰姿自有仙风”化用后者“玉雪为骨冰为魂”；另一方面是因为苏轼“借花怀妾”的独特主题，这两点都体现在傅汉思的译注之中。[②] 此外，选取《早梅》，原因之一在于傅汉思重视松竹梅“岁寒三友”的传统中国文化概念，从他对“岁寒三友”文化概念发展历程长达一页半的注释[③]便可看出。

第二节　曹植诗

一　译介概况

曹植是傅汉思古诗译介中最为关注的诗人。据统计，他一生译介曹植诗 5 次，共计 24 首。

1964 年，傅汉思发表论文《曹植诗 15 首：一种新方法的尝试》（以下简称《曹植诗 15 首》），运用新批评方法对曹植诗展开文本细读和结构分析，揭示了一个与传统文学批评观截然不同的曹植形象。译介的 15 首曹植诗包括：《门有万里客行》、《野田黄雀行》、《赠白马王彪·并序》（7

① 张炎：《词源》，商务印书馆 1937 年版，第 219 页。

② 参见 Maggie Bickford, *Bones of Jade, Soul of Ice: The Flowering Plum in Chinese Art*, New Haven and London: Yale University Press, 1985, n. 2, n. 4, p. 173。

③ Maggie Bickford, *Bones of Jade, Soul of Ice: The Flowering Plum in Chinese Art*, New Haven and London: Yale University Press, 1985, pp. 161 – 163.

首）、《五游咏》、《泰山梁甫行》、《送应氏·其一》、《杂诗·其一》、《杂诗·其二》、《吁嗟篇》。其中，《野田黄雀行》和《吁嗟篇》后又收入柳无忌和罗郁正主编的中国诗歌英译集《葵晔集：历代诗词曲选集》中。[①]

1976 年，傅汉思代表作《中国诗选译随谈》在“处于和他人关系之中的人”和“回忆与反思”两章分别选入此前译介的《门有万里客行》和《送应氏·其一》[②]，并在“拟人化”一章中节译了《王仲宣诔》[③]。

1982 年，傅汉思发表论文《曹植作品的真伪性问题》（The Problem of Authenticity in the Works of Ts'ao Chih），从文本的收录和流播以及作者的写作风格出发，批判性地审视前人的研究成果，呈现了《曹集铨评》中 340 首诗歌复杂的作者身份情况。其中译介曹植诗 6 首：《愁霖赋》《七步诗》《怨歌行》《善哉行》《君子行》《代刘勋妻王氏见出为诗》。

1984—1985 年，傅汉思在论文《乐府诗中叙述者和角色之间的关系》（The Relation between Narrator and Characters in Yuefu Ballads）中译介《名都篇》，以说明乐府诗中叙述视角由第三人称向第一人称的情况。

1987 年，傅汉思在论文《汉魏乐府作为一种首要文学体裁的发展》（The Development of Han and Wei Yueh-fu as a High Literary Genre）选入此前译介的《名都篇》，并新译《浮萍篇》，一方面说明曹植对文人乐府的一大贡献——“以诗抒情、以乐府虚构”的二分法；另一方面说明汉魏文人乐府中的两个主题——理想的人物和弃妇。

此外，1986 年，傅汉思为倪豪士所编的《印第安纳中国古典文学词典》撰写了“曹植”词条，[④] 系统介绍了他的生平、作品概况、信仰、诗作主题、代表作、文学地位和影响，并提供了截至当时最为丰富的曹植诗版本和校注本、译本以及研究成果清单，展现了曹植文学在全球的传播情况。

---

① 分别参见 Wu-chi Liu and Irving Yucheng Lo, *Sunflower Splendor*: *Three Thousand Years of Chinese Poetry*, Bloomington and New York: Indiana Univ. Press and Anchor Press / Doubleday, 1975, pp. 46, 48 – 49。

② 分别参见 Hans H. Frankel, *The Flowering Plum and the Palace Lady*: *Interpretations of Chinese Poetry*, New Haven and London: Yale University Press, 1976, pp. 33, 45 – 46。

③ Hans H. Frankel, *The Flowering Plum and the Palace Lady*: *Interpretations of Chinese Poetry*, New Haven and London: Yale University Press, 1976, p. 26.

④ 详见 William H. Nienhauser, Jr. , *Indiana Companion to Traditional Chinese Literature*, Bloomington: Indiana University Press, 1986, pp. 790 – 791。

二　译介缘起

傅汉思对曹植和曹植诗的关注源于前人对其译介的不足和研究的误区。

20世纪中期以前，相比李白、杜甫等诗人得到的广泛译介，曹植一直受到西方译者的冷落，与其经典诗人的地位极不匹配。首先，曹植诗特别是《七步诗》得到来华西人的零星译介，但是仅仅出于对《三国演义》和“三曹”故事的兴趣，而非曹植诗的文学性。其中，《七步诗》先后在梅辉立（William Frederick Mayers，1831—1878年）的中文学习工具书《中国辞汇》（*Chinese Reader's Manual*，1874）、邓罗（C. H. Brewitt-Taylor，1857—1938年）的《三国志演义》（*San Kuo Or Romance of the Three Kingdoms*，1925）英文全译本、爱德华（E. D. Edwards）的中国古典文学英译集《龙之书》（*The Dragon Book*，1938）以及来会理（D. Willard Lyon，1870—1949年）的汉诗英译集《月亮门内》（*Inside the Moon Gate*，1951）中得到译介。1938年，美国作家亨利·哈特（Henry H. Hart，1886—1968年）在其译诗集《牡丹园》（*A Garden of Peonies*）中选译了《杂诗·悠悠远客行》。其次，曹植诗得到极个别专业汉学家的少量译介，但并非他们的译介重点。1898年，翟理思（Herbert Giles，1845—1935年）在《古今诗选》（*Chinese Poetry in English Verse*）中译介六句版的《七步诗》。1919年，韦利在《古今诗赋》（*A Hundred and Seventy Chinese Poems*）中译介《送应氏·其一》《斗鸡诗》《五游咏》，此三首以及《野田黄雀行》后又选入其1946年出版的《中国诗歌》（*Chinese Poems*）中。[①] 1954年，时任伦敦大学亚非学院中国文言教授（Reader in Classical Chinese）的赖宝勤（Katherine Po-Kan Whitaker，1912—2003年）在其论文《曹植的〈洛神赋〉》（Tsaur Jyr's "Luohshern Fuh"）中提供了《洛神赋》的首个英文全译本。1959年，在哈佛读博的芮效卫（David T. Roy，1933—2016年）发表论文《曹植诗中“被冷落的妻子”主题》（The Theme of the "Neglected Wife" in the Poetry of Ts'ao Chih），选译6首曹植诗：《明月上高楼》《杂诗·其三》《杂诗·其七》《美女篇》《种葛篇》《浮萍篇》。然而，韦利

---

① 分别参见 Arthur Waley, *Chinese Poems*, London: George Aleen and Unwin Ltd., p. 79 ("The Ruins of Lo-Yang"), p. 80 ("The Cock-Fight"), pp. 80 - 81 ("A Vision"), pp. 81 - 82 ("The Liberator")。

古诗译介的重点诗人是白居易和李白，赖宝勤的主业是粤语教学，芮效卫的译介重点是《金瓶梅》，他们对曹植诗的译介数量有限，只是偶一为之。1958 年，奥地利汉学家赞克（Erwin von Zach，1872—1942 年）译介了曹植的《洛神赋》《赠白马王彪》《杂诗》《白马篇》《名都篇》《王仲宣》《朔风》《七启》等，数量较多，但这些诗篇是其《昭明文选》德译本《中国文选》（*Die Chinesische Anthologie*）的一部分，不是他主动的译介选择。最后，彼时英美的经典中国诗歌选集或文学选集无一例外地将曹植拒之门外。如 1947 年英国作家白英（Robert Payne，1911—1983 年）出版的《白驹集》（*The White Pony*）将曹植所处的魏晋南北朝时期称为“琐碎的时期”（Period of Trivial），整个时期只选录陶渊明一位诗人的诗作。1962 年澳大利亚汉学教授戴维斯（A. R. Davis，1924—1983 年）主编的《企鹅中国韵文选集》（*The Penguin Book of Chinese Verse*）以诗人为目，三国时期只编选了曹操的《苦寒行》和徐乾的《室思·其三》。1965 年加州大学伯克利分校汉学教授白芝（Cyril Birch，1925—　）编撰的《中国文学选集（第一卷）》（*Anthology of Chinese Literature*：*Volume I*）将魏晋南北朝时期称为“割据时期”（Period of Division），选录 9 位文人的 17 种作品，其中亦无曹植和曹植诗。

前人译介的不足使得傅汉思 1964 年对曹植诗的集中译介成为曹植诗译介史中的里程碑，而其对曹植的瞩目也源于传统中国文学批评观对曹植诗和曹植形象千篇一律的解读。

传统文学批评主张对作家生平、社会环境、时代主题、历史背景等外在因素展开研究，从作家走向作品。在《曹植诗十五首》的开头，傅汉思梳理了曹植的个人生平以及在传统文学批评中的形象。因两次继位受阻，被迫几次更换封地，怀才不遇，亲故被害，曹植被预设为一个“悲剧英雄”的形象。[①] 包括黄节、余冠英在内的权威注释和研究者普遍认为曹植诗沉湎于自怜之中。这一形象影响了古今中外注释者和批评家对曹植诗的解读，他们预想曹植诗作正是不断表达着他的沮丧、埋怨以及继位的徒劳，试图在曹植诗中构建以上形象。如芮效卫在《曹植诗中“被冷落的妻子”主题》认为，“曹植在公元 220 年后撰写的所有作品几乎都与其沮丧

① 详见 Hans H. Frankel，“Fifteen Poems by Ts'ao Chih：An Attempt at a New Approach”，*Journal of the American Oriental Society*，84（1964），p. 1。

的情绪、其与这种情绪达成和解的尝试或此二者直接或间接相关”①。

然而，傅汉思认为，除去以上历史和传记假设本身存在的谬误外，这种“知人论世”的文学批评观本身也存在问题。他指出，“传记方法基于时间先后顺序的假设。那些坚持将个人诗作与诗人所处时代和所经历的事件联系起来的人不得不对诗作进行编年”②。正如汉魏六朝文学研究专家余冠英所言，“曹植的诗有些可以据其所关涉的事实来考定写作时间，有些可以从诗中表现的情感来大致分别前后”③。然而，傅汉思发现这种逻辑犯了“循环论证”的错误——“一方面，我们根据一首诗作中所‘表达的情感’去判断它的写作时间；另一方面，这首诗被用于表达作者理应创作这首诗时的情感”④。傅汉思不同意将诗作本身体现的想法和感情与写作该诗作时诗人个人的想法和感情对等，反对古今中外注释者与评论家从曹植诗作中寻找其传统形象对应元素的机械做法。

《曹植诗 15 首》在译介 15 首曹植诗的基础上，使用新批评理念对其展开以语义分析和结构批评为主的文本细读，总结出了曹植诗中的常见意象，发现了其中频繁涉及的“极端”情况和“动态的躁动”，塑造了与传统文学批评截然不同的曹植形象——“一个想象力极为丰富的艺术家”⑤。

傅汉思对新批评的关注直接取决于其所处的时代环境。他撰写《曹植诗 15 首》之时正值世界范围内新批评理论盛行。耶鲁大学是文学批评的重镇，20 世纪 40 年代末到 70 年代以耶鲁大学为前线，以布鲁克斯（Cleanth Brook，1906—1994）、维姆萨特（William K. Wimsatt，1907—1975）、韦勒克（René Wellek，1903—1995）和沃伦（Robert Penn Warren，1905—1989）为领军人物，新批评得到突飞猛进的发展，成为西方文学批评的主流。而这一时期，傅汉思的中国古诗研究也处于黄金时期，不可避免地受到了这些耶鲁大学同事的影响。在《曹植诗 15 首》中，傅汉

① David T. Roy, “The Theme of the Neglected Wife in the Poetry of Ts'ao Chih”, *The Journal of Asian Studies*, Vol. 19, No. 1 (Nov., 1959), p. 26.

② Hans H. Frankel, “Fifteen Poems by Ts'ao Chih: An Attempt at a New Approach”, *Journal of the American Oriental Society*, 84 (1964), p. 2.

③ 余冠英：《论建安曹氏父子题诗》，《文学遗产增刊》1955 年第 1 期。

④ Hans H. Frankel, “Fifteen Poems by Ts'ao Chih: An Attempt at a New Approach”, *Journal of the American Oriental Society*, 84 (1964), p. 2.

⑤ Hans H. Frankel, “Fifteen Poems by Ts'ao Chih: An Attempt at a New Approach”, *Journal of the American Oriental Society*, 84 (1964), p. 14.

思引用了维姆萨特和比尔兹利（Monroe C. Beardsley，1915—1985）的经典作品《意图谬误》（The Intentional Fallacy）以及俄国形式主义代表人物厄利希（Victor H. Erlich，1914—2007）的作品《传记批评方法的局限性》（Limits of the Biographical Approach），二者分别反驳了“以诗歌中的思想感情重建诗人写作时的思想感情”的主张以及“将诗人的诗歌与诗人的传记简单对应”的做法，为新批评提供了理论基础。在《中国诗选译随谈》中，傅汉思将布鲁克斯运用新批评考察英语诗歌的经典著作《精致的瓮：诗歌结构研究》（*The Well Wrought Urn*：*Studies in the Structure of Poetry*，1947）和《理解诗歌》（*Understanding Poetry*，1960）作为参考文献。1972年，他还曾为维姆萨特编撰的《主要语言之诗律》（*Versification*：*Major Language Types*）一书贡献一篇全面介绍古诗诗律的论文《古汉语》，由此可见二者在耶鲁大学有密切交往。

此外，笔者认为，傅汉思对新批评的熟练运用也源于家学和后期教育的铺垫。一方面，上文说道，傅汉思出身于西方古典学和语文学世家，且继承家学，在加州大学伯克利分校攻读罗曼语文学博士学位。根据刘皓明的研究，德国古典语文学的特点中包括科学方法的运用、精读与文本分析、杰出的叙述或表述，[①] 这与新批评的理念不谋而合。早在博士学位论文中，傅汉思就开始运用文本细读方式，结合语境细致分析克维多严肃诗歌中诸多典型的诗意形象，试图发现这些“奇喻”背后潜在的概念。当他研究中国古诗时，更是在充分文本细读的基础之上，通过科学的归纳、总结、概括和提炼，试图发现中国诗学现象和规律，既为专家也为一般读者提供了一部详尽、可靠、前沿且高度可读的古诗译介与研究作品；另一方面，傅汉思在加州大学伯克利分校从事中国历史研究时，师从“卜派汉学”创始人物卜弼德（Peter A. Boodberg，1903—1972 年）教授。该学派讲究对于中国古典（尤其是唐朝以前的文史哲典籍）的绝对把握，于字汇和辞句的质理做彻底的了解，不苟且，不放松，追索文字的源头，分析文字的发展，凡事以历代字书的证据为依归，辅之以西方文字训诂学的知识。[②]

通过对曹植诗的大量译介，傅汉思把曹植进一步地介绍到了英语世界，他的译诗和批评结合恢复了曹植形象中长期被学界忽视的一个侧面。

---

① 详见刘皓明《从好言到好智》，《读书》2004 年第 4 期。

② 杨牧：《柏克莱精神》，台湾：洪范书店 1977 年版，第 98—99 页。

第三节　乐府诗

一　译介概况

乐府诗是傅汉思一生古诗译介的最大体裁，全译的诗篇共计 76 首，其中译介最多的是曹植的乐府诗，共 11 首，三曹乐府共译介 20 首。

总体来看，傅汉思译介的乐府诗种类多，跨度广。按照他对乐府诗歌全新的“五分法”，涵盖汉代礼仪赞歌、南朝神旋歌、汉代无名氏歌谣、南北朝无名氏歌谣和文人乐府诗。[1] 由于研究的侧重，汉至南北朝乐府是傅汉思乐府译介的重点，经典的乐府双壁《孔雀东南飞》和《木兰诗》均被其译介。

1952 年，《中国诗歌中的梅树》中节译了《西洲曲》“忆梅下西洲，折梅寄江北”一句，是傅汉思首次译介乐府诗。1964 年，《曹植诗 15 首》中译介了曹植乐府诗五首：《门有万里客行》《野田黄雀行》《五游咏》《泰山梁甫行》《吁嗟篇》，配合新批评解读。

此后，除了《中国诗选译随谈》中服务于各章文学主题的乐府诗[2]外，傅汉思对乐府诗的译介与对乐府的专门研究并行，总体上分为四类：乐府诗篇个案研究，乐府总体研究，乐府专题研究，具体时期乐府研究。

傅汉思对乐府诗的个案研究一以贯之地使用新批评方法和世界民谣视角，针对具体问题得出了新颖的结论，发现了乐府与世界民谣的共性。1965 年，他发表其首篇乐府专题研究论文《〈平陵东〉〈战城南〉〈东门行〉：三首早期中国民谣》（“The Abduction”，“The War”，and “The Desperate Husband”: Three Early Chinese Ballads）（下称《三首早期中国民谣》），自此开启了对乐府诗的专题译介。与此类似的个案研究出现在《中国诗选译随谈》第七章叙事歌谣，其中译介了源于口头传统的无名氏乐府《孤儿行》《木兰辞》和文人乐府《董娇娆》。1974 年，傅汉思在论文

---

① Hans H. Frankel, “Yueh-fu Poetry”, in *Studies in Chinese Literary Genres*, ed. Cyril Birch, Berkeley: University of California Press, 1974, p. 72.

② 《春歌》《巴东三峡歌》选入“第二章：拟人化”中，《门有万里客行》（曹植）选入“第三章：处于和他人关系之中的人”中，《自君出之矣》（颜师伯）和《自君出之矣》二首（陈叔宝）选入“第五章：爱情诗”中，《薤露》、《折杨柳枝歌》、《折杨柳》（萧绎）、《杨柳枝》（刘禹锡）和《杨柳枝》（白居易）选入“第八章：离别”中，《乌夜啼》和《乌栖曲》（萧纲）选入“第十章：往昔：传说与讽刺”中，《宫中三台词》《江南三台词》（王建）选入“第十一章：平行与对偶”中。

《中国民谣〈孔雀东南飞〉》中对《孔雀东南飞》进行了全译。

表 2 - 3 **傅汉思《乐府诗》中译介的乐府诗**

分类	诗篇
汉代礼仪赞歌	《安世房中歌》节译
南朝神旋歌	《圣郎曲·左亦不佯佯》《白石郎曲》
汉代无名氏歌谣	《平陵东》、《悲歌》、《陌上桑》、《有所思》(节译)、《江南》节译、《战城南》节译、《艳歌何尝行》节译、《蛱蝶行》节译
南北朝无名氏歌谣	《子夜歌·欢愁依亦惨》《华山畿·未敢便相许》《石城乐·闻欢远行去》《子夜歌·始欲识郎时》《折杨柳歌辞·遥看孟津河》《琅琊王歌·东山看西水》《陇头流水歌》
文人乐府诗	曹操《却东西门行》、李白《蜀道难》

总体研究方面，傅汉思 1974 年发表的《乐府诗》(*Yueh-fu Poetry*) 是英语世界首篇对乐府诗最为全面系统的梳理。他在文中界定了乐府诗的定义和范围，根据口头/文学、赞歌/民谣的二分法以及地域、时间的差异将乐府诗分为五类，并相应地译介了 20 首诗篇，其中全译 14 首，节译 6 首，如下表所示。他结合具体诗篇，联系世界民谣，依次分析了各自的形式、内容和结构特点。

专题研究方面，傅汉思乐府诗研究的最大特色在于将其归入口头传统的文学范围，放在世界民谣的视域中与欧洲民谣进行比较，探讨其作为口传的特性。他在这方面发表了三篇论文：其中，《中国口头叙事诗的特征》(Some Characteristics of Oral Narrative Poetry in China) 从捷克汉学家普实克 (Jaroslav Průšek，1906—1980) 对河南坠子的研究出发，结合欧洲民谣，指出并分析了汉代和后汉无名乐府诗的三个特点：程式化语言、固定形式的重复、夸张，文中选例包括《陌上桑》(全译)、《孔雀东南飞》(节译)、《江南》(节译)、《木兰诗》(节译)。《中国乐府诗的口头和表演成分》(Oral and Performing Aspects of Chinese yueh-fu Poetry) 考察了汉代至唐代乐府诗中的口头和表演成分，充分肯定了口头传统对乐府文学性的贡献，并得出民间文化和文人文化“交叉互育”成就乐府诗的结论，其中译介乐府诗 18 首：《薤露·薤上露》《蒿里》《妇病行》、辛延年《羽林郎》《相逢行·相逢狭路间》、陈琳《饮马长城窟行·饮马长城窟》、曹丕《上留田行·居世一何不同》、左延年《秦女休行》《子夜歌·落日出前门》《子夜歌·芳是香所为》《锯鹿公主歌辞·官家出游雷大鼓》《石城乐·其三》（布帆百余福）《折杨柳歌辞·其四》《折杨柳枝歌》《木兰诗》（节译）《敕勒歌》、王建《水夫谣》《公莫巾舞歌行》。《乐府诗中叙述者和角色之间的关系》（The Relation between Narrator and Characters in yuefu Ballads）探究了乐府诗中叙述者和角色的三种关系：客观报告、角色扮演、在二者之间切换，并与苏格兰民谣对比，得出两种模式的切换专属于中国乐府的发现，其中译介乐府诗 8 首：《陌上桑》《有所思·有所思》、辛延年《羽林郎》、左延年《秦女休行》、曹植《名都篇》《孔雀东南飞》（节译）《隔谷歌·兄在城中地在外》《木兰诗》（节译）。

傅汉思在具体时期乐府研究方面共有 2 篇长文和 1 篇译文。其中，《六朝乐府与歌者》（Six Dynasties yueh-fu and Their Singers）关注六朝时期处于世俗乐府和文人乐府之间的“倡家乐府”，文章探讨了“倡家乐府”的类别、六朝乐府诗中的外国元素以及乐府诗中视角的转换，其中译介了苏小小《我乘油壁车》《钜鹿公主歌辞·官家出游雷大鼓》《折杨柳歌辞·其四》、羽林郎《辛延年》、左延年《秦女休行》5 首乐府诗。《汉魏乐府作为一种重要文学体裁的发展》（The Development of Han and Wei Yueh-fu as a High Literary Genre）将汉魏乐府分为世俗乐府和文人乐府两个阶段，并译介了 16 首文人乐府诗：李延年《歌》、马援《武溪深行》、梁鸿《五噫歌》、辛延年《羽林郎》、曹操《对酒》《步出夏门行》《却东西门行》《秋胡行》（二首之一）、曹丕《善哉行》（四首之二）《临高台》《上留田行》《短歌行》、铙歌《临高台》、曹植《名都篇》《浮萍篇》，探讨了其中存在的 25 个主题、各首诗的形式特点、诗学手段、风格以及三曹对乐府发展的贡献。1986 年，傅汉思与孙康宜教授合译了周振甫先生的《汉魏六朝乐府传统的遗产及其在唐朝的进一步发展》（The Legacy of the Han，Wei，and Six Dynasties Yueh-fu Traditions and Its Further Development in T'ang Poetry）该文梳理了汉魏六朝乐府风格的流变，并分别剖析了初唐、中唐、晚唐乐府诗对此传统的承继和在此基础上的变化，对以下 9 首新乐府进行了节译：王勃《采莲归》、卢思道《采莲曲》、张若虚《春江花月夜》、李白《远别离》、杜甫《丽人行》、白居易《上阳白发人》《捕蝗》、李贺《浩歌》、李商隐《李夫人》。

从以上梳理不难看出，傅汉思对于乐府诗的持续译介有两方面的目的，一方面是出于文学普及或传播的需要，尤其是《乐府诗歌》一文；另一方面是为了更好地展示他对乐府诗源源不断的新颖发现，特别是其在世界民谣和口头传统视域下的特性。

二 译介缘起

从宏观角度看，傅汉思对乐府诗的关注植根于20世纪初西人对中国民间歌谣的大量译介和研究，源于前人对乐府诗译介和研究的不足。从个人角度看，他对乐府诗的关注很可能始于他对曹植诗的译介与研究，他对乐府诗的持续译介与研究源于对该文体的高度认可。

19世纪末20世纪初，中国民谣相继引起了来华西人和中国学者的高度关注。一方面，1918年起，受到新文化新思潮，特别是进化论的影响，北京大学开启了历时八年之久的歌谣运动。北大相继成立歌谣征集处和歌谣研究会，后又发行《歌谣》周刊，开展歌谣的搜集、研究和阐释工作，吸引了不同学科、方法和立场学者的共同参与，为"民间文学"争得了应有的地位，同时把西方民俗学、人类学及其他人文学科的原则和方法，特别是比较研究法介绍到中国来；另一方面，在北大民谣运动之前，西方来华人士已经开启了歌谣整理活动，其中以意大利外交官韦大列（Guido Amedeo Vitale，1872—1918年）和美国传教士何德兰（Isaac Taylor Headland，1859—1942年）最为瞩目。二者在北京亲自收集、整理儿童歌谣，先后辑成《北京歌谣》（*Chinese folklore：Pekinese Rhymes*，1896）和《孺子歌图》（*Chinese Mother Goose Rhymes*，1901）两部集子。《北京歌谣》收录了韦大列通过田野调查获取的170余首儿歌，每首以中文著录，辅以英文注解，最后是正文翻译。《孺子歌图》辑录何德兰及其朋友明恩溥等收集的童谣约140首。这本图文并茂的小书吸引了欧美学界的关注，美国《民俗研究》杂志还刊发了相关书评。二人从不同的动机出发接触中国歌谣，吸引前者的是蕴含在平民歌谣中的文学和语言价值，触动后者的则主要是歌谣中的文化内涵，尤其是中国国民性。他们对歌谣文化价值形成了新的观念，均推崇童谣表达真挚情感的这一特质，打破了西方人对中国人的负面刻板认知，深化了西方汉学界对中国歌谣的理解。① 众所周知，民间歌谣是乐府诗的一大来源，因此中西

① 详见湛晓白、赵昕昕《清末来华西人歌谣收集活动的文化史考察——以韦大列和何德兰为中心》，《民俗研究》2021年第4期。

学人对民谣的关注为傅汉思聚焦于乐府体裁提供了时代背景。

相比唐诗宋词等“主流”体裁而言，乐府长期未得到英美汉学界的重视，更未作为一种特殊文体得到专题译介。根据贾晓英和李正栓的研究，[①]乐府诗英译在 19 世纪末至 20 世纪初以英国为中心，及至 20 世纪中叶以美国为阵地，但译者都乏善可陈。1898 年，翟理思（Herbert A. Giles，1845—1935）的《古今诗选》（*Chinese Poetry in English Verse*）中译介了《青青河畔草》《生年不满百》《涉江采芙蓉》、刘彻《秋风辞》《落叶哀蝉曲》、班婕妤《怨歌行》、曹丕《短歌行》、曹植《七步诗》、孔融《杂诗》等，开启了乐府英译的序幕。此后，1918 年，韦利在《古今诗赋》（*A Hundred and Seventy Chinese Poems*）中译介《孤儿行》、《病妇吟》、《十五从军征》、《孔雀东南飞》、《战城南》、《上邪》、《古诗十九首》之中的 17 首、《秋风辞》、《李夫人》、《短歌行》、《白头吟》等大量乐府篇目。美国的乐府诗英译始于 1915 年诗人庞德发表的《华夏集》（又称《神州集》）（*Cathay*），其中的乐府诗仅包括《青青河畔草》《陌上桑》以及李白的《长干行》和《玉阶怨》。在英美之外，直到 1967 年，澳大利亚汉学家傅德山（John D. Frodsham，1930—2016）和程曦的《汉魏晋南北朝诗选》（*An Anthology of Chinese Verse*：*Han*，*Wei*，*Chin and the Northern and Southern Dynasties*）问世，这一时代的乐府才得到英语世界最大规模的译介，但依然不是作为一种诗体的专题译介。上述诗集虽选录了乐府诗篇，但未对乐府文体作任何介绍或标识。[②] 英语世界以外，赞克的《中国文选》因原本《昭明文选》选诗原因有大量乐府诗的德语译介，马古礼（Georges Margouliès，1902—1972 年）的《中国文学选粹》（*Anthologie de la Poésie baroque française*，1948）和戴密微（Paul Demiéville，1894—1979）的《中国古典诗歌选集》（*Anthologie de la poésie chinoise classique*，1962）中亦有少量乐府诗篇的法语译介，戴密微的学生桀溺（Jean-Pierre Diény，1927—2014 年）译有《古诗十九首》（*Les Dix-neuf poèmes anciens*，1963），与傅汉思同期开展乐府诗译介与研究。截至 20 世纪中期，世界范围内的乐府

① 李正栓、贾晓英：《乐府诗英译综述》，《保定学院学报》2010 年第 4 期；李正栓、贾晓英：《乐府诗海外翻译与传播研究》，《河北师范大学学报》（哲学社会科学版）2014 年第 4 期；贾晓英、李正栓：《乐府诗英译研究》，上海交通大学出版社 2019 年版。

② 详见陈远馨《身份的置换：论 20 世纪英语世界乐府研究中的他国化》，《中外文化与文论》2013 年第 3 期。

诗研究亦存在不足。在英语世界，仅有海陶玮在《中国文学论题：纲要与书目》（*Topics in Chinese Literature*：*Outlines and Bibliographies*，1966）中对乐府体裁进行专题介绍。他在《楚辞和乐府》① 一章梳理乐府诗的历史流变，并列举了当时现有的权威研究和翻译文献，显示了当时海外汉学界乐府诗译介和研究的严重匮乏。在论文《三首早期中国民谣》开篇，傅汉思也指出了当时乐府研究的问题：

> 中国学者研究和鉴赏乐府诗歌的历史已达数百年，且某些诗歌已被译为西方语言，但是几乎没有人关注它们真正的文学特性。因而需要做的是运用现代文学批评和阐释方法，同时将这些诗从孤立的本国文学范围中解放出来，与他国文学中的类似作品作比较研究。②

在这里，傅汉思表明了其挖掘乐府文学性的路径，即其 1964 年曹植诗研究中的新批评方法，同时引入了其乐府研究的最大特色——世界民谣视角。译介的不足和研究的空白表明，乐府作为一种重要的诗歌体裁，在傅汉思以前长期未得到美国乃至整个海外汉学界的足够重视，傅汉思可谓美国汉学史上最早对乐府诗展开集中译介的专业汉学家以及世界汉学史上最早对乐府诗开展专题研究的汉学家之一。

从个人角度看，傅汉思对乐府诗的关注很可能始于他对曹植诗的译介与研究。《曹植诗 15 首》中包括五首乐府诗，且乐府本身也是曹植诗歌创作的两大类之一，他也为乐府从民歌向文人诗转变做出了卓越贡献。1964 年《曹植诗 15 首》一问世，次年傅汉思便发表了首篇乐府诗研究论文《三首早期中国民谣》。傅汉思对乐府诗的持续译介与研究源于他对该文体的高度认可。在《三首早期民谣》开篇，他不吝表达对乐府诗的热爱之情，“这种叙事诗简短、深刻、激动人心”③，在谈及乐府诗与西方民谣的共性——融合具体细节和不确定的模糊性时，他写道：

---

① James R. Hightower, *Topics in Chinese Literature*: *Outlines and Bibliographies*, Cambridge: Harvard University Press, 1966, pp. 49 – 60.

② Hans H. Frankel, "'The Abduction', 'The War', and 'The Desperate Husband': Three Early Chinese Ballads", *Ventures*, 5 (1965), p. 6.

③ Hans H. Frankel, "'The Abduction', 'The War', and 'The Desperate Husband': Three Early Chinese Ballads", *Ventures*, 5 (1965), p. 6.

> 这种模糊的概述（vague generality）和精确的细节（sharp detail）有机结合，并经过（巧妙的）构架，从而实现了情绪感染的最大化，并将冗词和直接评论降至最少。正因如此，早期的中国乐府才如此吸引今人，尽管它们在时间、空间、语言和社会环境上与我们相去甚远。[①]

此外，笔者认为，张充和所从事的昆曲事业也可能对傅汉思关注乐府有一定影响，因为二者同属口头传统的范畴。

傅汉思的乐府研究致力于说明“超越国家界限的关于文学体式的普遍类型学的存在”[②]。早在译介乐府诗之初，即《三首早期中国民谣》中，他便指出了乐府诗与欧洲民谣的四点共性——音乐性、与文人精英有接触的非文人在口头上不断重塑、人们普遍关注的特定主题范围、鲜明的叙事风格，并结合具体诗篇分析了这些特性的具体表征，包括：重复、即时性、细节的具体化、动物意象的使用、作为结构功能的对话、本土化倾向。而在傅汉思的后续论文中，二者之间的共性得到了进一步的挖掘。虽然乐府诗是在文化和时间上与现当代西方读者相去甚远，但由于它与西方民谣的诸多共性，西方读者必定对其有着天然的亲近感。在诸多诗体中选择乐府诗进行译介有助于提升其译介的效果，可谓是一种极其明智的选择。

小 结

以上分析说明，傅汉思的古诗译介选材具有“既专又博”的特点，“梅花诗”、曹植诗、乐府诗是其译介的重点，三者的生成受到海外汉学、中西文学批评、个人因素等的综合影响。

与傅汉思相同，20 世纪下半叶，美国汉学界两代古诗英译者的选材基本都呈现出“既专又博”的特点，既有译介的重点，又对各种类别的古诗都有所涉猎，且不少古诗是首次英译。基于对中国语言、文学和诗学的深厚造诣，其翻译质量大幅提升。第一代以哥大东亚系教授华兹生为代表，

---

① Hans H. Frankel, “‘The Abduction’, ‘The War’, and ‘The Desperate Husband’: Three Early Chinese Ballads”, *Ventures*, 5 (1965), p. 14.

② Hans H. Frankel, *The Flowering Plum and the Palace Lady: Interpretations of Chinese Poetry*, New Haven and London: Yale University Press, 1976, p. 62.

体裁方面，他发表包括 13 篇赋文英译的选集《汉代和六朝的赋》（*Chinese Rhyme-Prose*：*Poems in the Fu Form from the Han and Six Dynasties Periods*，1971）。诗人方面，他在 20 世纪发表苏轼诗英译集 2 本、陆游诗文英译集 1 本和寒山诗英译集 1 本。全集方面，他发表《哥伦比亚中国诗歌选集：从早期到十三世纪》（*The Columbia Book of Chinese Poetry*：*From Early Times to the Thirteenth Century*，1984，1986，1987），凭一己之力译介了自《诗经》至宋词、以经典诗人为主的共 96 位诗人的 420 多首诗歌，彼时被美国诗人、寒山诗英译的权威盖瑞·施耐德（Gary Snyder）誉为“迄今最可靠的、最明晰的、最全面的汉诗译本”。诗论方面，他著有经典专论《中国的抒情诗风》（*Chinese Lyricism*，1971），又在《早期中国文学》（*Early Chinese Literature*，1962）“诗歌”一章专门探讨中国古诗中的四种体裁。以斯坦福大学中文和比较文学教授刘若愚为例，他译有诗集《李商隐的诗：9 世纪巴洛克风格的中国诗人》（*The Poetry of Li Shangyin*，*Ninth-Century Baroque Chinese Poet*，1969）和《北宋的主要词人》（*Major Lyricists of the Northern Sung*：*960 – 1126 A. D.*），专注个别诗人和特定体裁。他在《侠》（*The Chinese Knight Errant*，1967）中译介多首以“游侠”为主题的中国古诗，又在其代表作《中国诗艺》（*The Art of Chinese Poetry*，1962）中结合大量译诗全面探讨中国诗论，构建了颇具影响力的中西比较诗学理论体系。再如印第安纳大学东亚系创始人柳无忌教授，他与罗郁正主编《葵晔集：历代诗词曲选集》（1975，1976，1990），选取了自周朝至新中国时期 3000 多年 140 位诗人的近千首古诗，译者集合了自 1915 年庞德《华夏集》出版至 1975 年该书发表以来 50 多位一流的古诗英译家，傅汉思位列其中。该书被誉为“截至 20 世纪末真正意义上最好的汉诗西译全集”，十分畅销，初版上市几周便售罄。[①] 除选编全集外，柳无忌的汉诗译介重点是民国诗人苏曼殊。以上充分说明了傅汉思一代古诗英译者的选材共性——“既专又博”。

傅汉思古诗英译数量达 221 首之多，他与同期多产的同辈汉学家一道，共同掀起了美国古诗英译史上的第二个高潮。美国的第一次古诗英译热潮出现在 20 世纪初的“美国诗歌复兴”（American Poetry Renaissance）

① 详见江岚《葵晔待麟：清诗的英译与传播》，《文化与传播》2014 年第 3 期。

时期，亦称“新诗（New Poetry）运动”时期。[1] 当时，中国古诗以其“克制陈述”的“零度风格”、直呈意象的朴素特色以及少有爱情题材等特点，成为美国诗歌对抗 19 世纪滥情主义、维多利亚诗风的一大旗帜。[2] 除创作具有中国元素的新诗外，新诗运动的领袖开始译介大量中国古诗，其中三部译诗集至今仍颇具影响——《华夏集》、《松花笺》（*Fir-Flower Tablets*，1921）和《群玉山头》（*The Jade Mountain*，1929），译者分别为庞德、洛威尔（Amy Lowell，1874—1925 年）和艾思柯（Florence Ayscough，1878—1942 年）、陶友白（Witter Bynner，1881—1968 年）和江亢虎。然而，三本诗集的选材都非常局限，均以唐诗为主：《华夏集》19 首古诗中 14 首为唐诗，其中李白诗 12 首。《松花笺》所选 137 首诗歌中，除去画上题诗外，共有 103 首唐诗，其中李白诗 83 首，杜甫诗 13 首，位列前二。《群玉山头》则是英语世界最早的《唐诗三百首》译本。而相比之下，傅汉思引领的第二次古诗英译热潮是对中国古诗各种体裁的全面译介。

综上，傅汉思的古诗英译数量多，首译多，体裁广，重点突出。作为美国专业汉学家中第一代古诗英译者的领袖，其 221 首译诗中有近百首为英语世界首译。傅汉思的译诗几乎涵盖了中国古诗的所有体裁，包括乐府、古体诗、词、律诗、绝句、诗经、散曲、赋，他是最早集中译介辞赋和乐府的汉学家之一。其代表作《中国诗选译随谈》译有几乎所有古诗诗体，兼有诗集、诗论属性，对中国诗学展开了全面研讨。傅汉思的古诗英译拥有鲜明的重点，即“梅花诗”（25 首）、曹植诗（24 首）和乐府诗（76 首）。西方学界对文学母题的研究为傅汉思关注“梅花诗”提供了时代背景，其妻张充和与梅花母题含义的类同可能是其集中译介“梅花诗”的原因之一。海外汉学界对曹植诗译介的不足为傅汉思对曹植诗的集中译介提供了空间，传统文学批评对曹植诗的误读和新批评理论的兴起亦是其关注曹植和曹植诗的缘起之一。20 世纪初西人对中国民谣的大量译介和研究是傅汉思关注乐府的时代环境，前人对乐府诗译介的不足为傅汉思对乐府诗的集中译介和专题研究提供了广阔空间。对于“梅花诗”、曹植诗、

① 有关古诗对美国新诗运动的影响，详见赵毅衡《诗神远游：中国如何改变了美国现代诗》，四川文艺出版社 2013 年版。

② 详见赵毅衡《美国新诗运动中的中国热》，《读书》1983 年第 9 期。

乐府诗的重点译介也源于其对以上中国文化和文学经典的高度认同。傅汉思译介与西方民谣高度互通的乐府体裁、以母题范式集中译介“梅花诗”的做法具有强烈的受众意识，有利于最大化地提升中国古典文学的对外传播效果。傅汉思的选材特点代表了 20 世纪下半叶专业汉学家古诗英译者的共性，引领了美国对中国古诗全面译介的热潮。

第三章　傅汉思中国古诗英译的特色

本章将聚焦于傅汉思古诗英译的译本特色。笔者选取《中国诗选译随谈》中的译诗作为重点研究对象，辅以傅汉思其他著述中的译诗，通过大量译本细读和译本比较发现，傅汉思古诗英译的总体理念是再现原诗的诗性并兼顾译诗的诗性。

所谓诗性，目前学界尚没有统一的定义。笔者认为，诗性即诗歌的独特之处。就中国古诗而言，从整体出发，其具备哪些显著的诗学元素？从内部出发，各种文体之间有怎样的差异？每首古诗又有何种特质？从比较诗学出发，中国古诗与西方诗学之间有哪些异同？如此种种多维的审视，构成了对中国古诗整体、局部与个体的立体认知，从某种程度上即构成了古诗的诗性。

专业汉学家译诗的主要目的是教学、研究兼传播，其中教学和研究的意图大于传播，其目标读者大多是中国文学学科的学生、中国文学研究领域的学者或者是对中国文学感兴趣的大众，其译诗常常出现在对原作的批评或研究中，读者期待读到针对原诗剖析性的鉴赏，因此翻译原则是高度再现原诗的诗性。同时，由于英语是众多专业汉学家的母语，因而其译诗本身的诗性和传播性也能得到较好的保障。但总体而言，专业汉学家作为中国文学的学者或老师，更擅长敏锐地洞悉中国古诗而非娴熟地创作英文诗歌。由于中西诗学的差异，中国诗学元素的大量植入使得译诗对于西方读者而言难免存在一定的异质性，可读性不及诗人创作的原汁原味的英诗。

就傅汉思个体而言，他的历史坐标和学术背景又使得他与一般专业汉学家的译诗存在不同，即他对原诗诗性的彰显更为彻底，对译诗诗性的保持亦做得更好。一方面，正如康达维所言，“傅汉思是首位对中国文学作纯文学研究的西方学者。他没有利用文学去研究传记、思想和社会等，将文学视为艺术是他的首要关切”①。傅汉思的中国文学研究集中于中国古诗的译介与研究，向西方展现古诗的诗性是他的时代使命和历史担当，而作为西方读者了解中国古诗的第一媒介——译诗，自然必须做到高度的形式对等、意象的完整传达和文体特点的凸显。而对于后代的汉学家而言，由于中国文学地位的逐步提升，其展现古诗诗性的任务变得不再那么紧迫；另一方面，比起纯粹出身于汉学背景的专业汉学家而言，傅汉思具有天然的西方诗学优势。他的学术起点是西班牙语诗歌研究，曾对克维多作专题研究，在博士学位论文和小论文中分别探讨其诗歌中的喻象主义和叠句，加之其超高的语言天赋，从而在客观上保证了其译诗本身的诗味。

不同的译者身份决定了不同的译介目的和译诗理念。除专业汉学家外，另一个最具特色的译诗主体是西方诗人。其译诗的首要目的当属大众传播，旨在传递基于中国古诗灵感的英语文学体验，为西方大众提供纯粹的艺术享受，新诗运动时期的庞德、陶友白、洛威尔便是代表。他们借鉴中国古诗节制、朴素的特色，以抵制无痛呻吟的维多利亚诗风②。而即使在中国文化走向世界的今天，西方的诗人译者如大卫·辛顿（David Hinton）也依然如此，由于缺乏对中国诗学的系统学习，他们往往没有对古诗的全局把握和深入理解，其古诗英译活动不再是严格意义的“翻译”，而变成了机动灵活的“改写”，古诗的某些元素和体验为之所用，成为英语诗歌中的组成部分。由于熟稔英语诗学，嫁接而来的中国诗学体验常常能完美地融入英语诗歌的语境，译诗的可读性和其创作的诗歌一样高，能够在英语世界实现传播范围的最大化，但与此同时，古诗自身的诗性在译诗中被大幅削弱。

傅汉思对原诗诗性的执着反映了其作为美国首位中国文学纯文学研究者的使命担当。具体而言，傅汉思通过再现原诗核心的诗学元素、还原原诗的文体特色以凸显原诗的诗性，并通过照顾英文诗歌本身的韵律、表达和句法保持译诗的诗性。傅汉思的译诗理念经历了不断调整、臻于成熟的过程。此外，他还在古诗译评集中通过考究的编排提

① David R. Knechtges, “Hans H. Frankel, Teacher and Scholar”, *T'ang Studies*, 13 (1995), p. 3.

② 详见赵毅衡《美国新诗运动中的中国热》，《读书》1983年第9期。

升了古诗英译的传播效果。需要指出的是，笔者在本章比较研究中所选的译本尽量照顾各种诗体，以彰显傅汉思译诗理念的一致性，译本的译者也尽量涵盖古今中外各种流派，从而立体地反映傅汉思作为古诗翻译家的身份。

第一节　再现原诗的诗性

傅汉思致力于通过译诗向西方读者展现中国古诗的诗性，首先最大化地再现中国古诗核心的诗学要素——词序、以平行对偶和复沓为主的修辞、意象，其次以高度的文体意识指导古诗英译，努力在译诗中再现不同文体的特性。随着其古诗研究的深入，傅汉思致力于在译诗中不断加强对原诗诗性的彰显。

一　再现核心诗学要素

形式和意象是诗歌的两大特征。中国古诗是高度形式化的文类，其英译离不开原诗形式的再现。20 世纪初，中国译学界在探讨英诗中译时，曾开展了一场有关“形似”与“神似”的大讨论。“形似”派的代表人物有陈祖文、卞之琳、周煦良和钱春绮等。他们的观点是诗歌应当被翻译为诗歌形式，这种形式的平衡能够最好地传递原诗的意义、句法和流动的节奏。① 其中卞之琳认为，诗歌最为重要的非语义元素是作诗法与形式，所以在译文中保留这些特点是至关重要的，否则将会导致“语言的庸俗化”以及形式美的丢失。② 钱春绮认为，形式的“移植”不仅能让译入语读者欣赏到原诗的全貌，而且还有利于丰富译入语文学创作的句法结构，③ 乃至如新文学运动先锋所倡导的——传播“现代性”，通过语言形式的变化改造人们旧式的思维习惯。江枫主张“形神皆似”④，他认为，“神似形

---

① Chan Sin-wai, “Form and Spirit in Poetry Translation”, *The Humanities Bulletin*, Vol. 3 (Jun., 1994), p. 101.

② 详见卞之琳等《诗歌翻译问题》，《诗词翻译的艺术》，中国对外翻译出版公司 1986 年版，第 99—106 页。

③ 详见钱春绮《谈谈译诗的形式移植》，《诗词翻译的艺术》，中国对外翻译出版公司 1986 年版，第 300—314 页。

④ 江枫：《译诗，应该力求形神皆似——〈雪莱诗选〉译后追记》，《诗词翻译的艺术》，中国对外翻译出版公司 1986 年版，第 315 页。

存，失其形者也势必失其神”[①]。他提倡“先形似后神似”，认为“形和神不可分割。当一首诗由一种语言译为另一种语言时，实际上所产生的已是另一首诗。译者的忠实，只在于力求其与原作相近似，尽可能保存可保存的原作之形，应该有助于尽可能忠实地再现原作之神”[②]。意象的传递在古诗英译中至关重要，因其在中英诗学中都发挥着举足轻重的作用，没有意象，便没有诗歌。中国文论和西方文论都十分重视诗歌意象。[③] 叶嘉莹在《迦陵论诗》中阐明，意象是一首好诗的基本要素，因其能够传达诗歌作为美文诉之于人的感性。艾略特将诗中的意象视为表情达意的唯一的艺术公式。意象派诗人受到中国古诗的影响，主张将情感和思想诉诸鲜明的意象，而非议论及感叹。古诗英译界的代表人物也重视意象的再现。韦利认为意象乃诗歌的灵魂，在翻译过程中，原文意象不得添加也不能减少。[④] 而庞德等意象派诗人在古诗英译中更是注重意象的传达乃至改造。

傅汉思通过尽力维持原诗词序展现原诗的语义重点和风格特点，通过再现以平行对偶和复沓为主的修辞展现古诗语言的表现形式，并通过意象的传达展现中国古诗的审美趣味和情感境界。

（一）词序

傅汉思古诗英译的基本理念是尽量保持原诗词序。词序是诗性最基本的构成要素之一。不论何种文体，词序的多样选择都能形成不同的句法和语法，实现突出、强调和修辞等目的，[⑤] 从而反映文学作品的风格。而诗歌语言又不同于一般语言，是“变异”大显身手的场所。普通语言以语法结构明确事物之间的关系，而诗歌语言则以语法结构规定各种感知表象的关系，从而使得诗歌语言呈现跳跃、闪现、凝聚等特征，在有限的句式中包容大量的信息、展现丰富的含义，投射出诗人复杂的情感和心境。风格的变异是词序选择的结果，有鉴于此，从展现原诗风貌的角度出发，古诗英译时应当重视词序的再现，从而实现与原诗的总体“等值”。傅汉思保

---

① 江枫：《译诗，应该力求形神皆似——〈雪莱诗选〉译后追记》，《诗词翻译的艺术》，中国对外翻译出版公司 1986 年版，第 318 页。

② 江枫：《译诗，应该力求形神皆似——〈雪莱诗选〉译后追记》，《诗词翻译的艺术》，中国对外翻译出版公司 1986 年版，第 319 页。

③ 参见习华林《意象在英汉诗歌翻译中的地位》，《外语教学》2001 年第 6 期。

④ Arthur Waley, *A Hundred and Seventy Chinese Poems*, London: George Allen & Unwin, 1946, p. 33.

⑤ 参见周宗清《词序·风格·翻译》，《外国语》（上海外国语学院学报）1986 年第 6 期。

持原诗词序的译诗很好地再现了原诗的语义重点和风格特点，如李白的《月下独酌》：

表 3－1　《月下独酌》片段译本对比

原文	译文
花间一壶酒， 独酌无相亲。 举杯邀明月， 对影成三人。	傅汉思： Admist blossoms，a pot of wine. I drink alone，without a friend. I raise the cup，inviting the bright moon. With my shadow opposite，this makes three. ①
	小畑薰良： With a jar of wine I sit by the flowering trees. I drink alone，and where are my friends? Ah，the moon above looks down on me； I call and lift my cup to his brightness. And see，there goes my shadow before me. Hoo! We're a party of three，I say—②

如上所示，诗人通过词序的安排描绘了自己细腻的情绪变化。选段原文第一句句法松散，少动词连接，上联美好事物的开场和罗列与下联独酌而无人相伴的苦闷形成对比。第二句动词明显增多，节奏轻快，刻画出诗人自娱自乐聊作慰藉的状态。傅汉思基本还原词序的译文更接近原诗的节奏走向、语义重点和情绪变化。前两行均使用逗号复刻和原诗一样松散的句法，营造冷清的氛围。将"花间"（Admist blossoms）按首行词序一样放在段首，更能突出场景的美好，从而与次行诗人的处境形成鲜明对比，而对"无"的再现亦比小畑薰良的疑问句处理更能凸显落寞感。对于第二句，傅汉思保留了第三行两个不同动词的接续，运用了较为复杂的句式——"－ing"状语成分，再现了原诗欢快的节奏和情绪，第四行"With-"状语成分也起到了同样的效果。而相比之下，小畑薰良的译本基本置原诗词序于不顾，译诗前后的节奏都十分轻快，情绪也十分饱满，未能很好地传达选段的风格特点。再如李贺的《南园》：

① Hans H. Frankel，*The Flowering Plum and the Palace Lady*：*Interpretations of Chinese Poetry*，New Haven and London：Yale University Press，1976，p. 22.

② Shiheyoshi Obata，*The Works of Li Po*，New York：Paragon Book Reprint Corp.，1965，p. 85.

表 3－2 **《南园》片段译本对比**

原文	译文
花枝草蔓眼中开， 小白长红越女腮。	傅汉思： Flower branches and grass stems blossom before the eye, Little white and long red: cheeks of a girl form Yüeh. ①
	傅德山： Budding branches, stems of flowers, Blossom while I watch. Touched with white and streaked with crimson— Cheeks of a girl from Yue②

选段描绘莲花绽放的美态，第二行尤为值得注意。傅汉思指出，其"拟人化形象从萧统（501—531）的一篇赋中'莲花泛水，艳如越女之腮'的句子借用而来"③。"小白""长红"当是诗人诗化语言的创造，精炼而生动地刻画出莲花竖长红色花朵上微微泛白的颜色特点。傅汉思再现词序复刻了这种诗化语言，利于引发读者的想象，显得别有情趣，而傅德山的译本则是将意思诠释出来——Touched with white and streaked with crimson（一抹白色和深红色的条纹），剥夺了原诗中的妙趣和留给读者的遐想空间。再如陆游的《卜算子·咏梅》：

表 3－3 **《卜算子·咏梅》片段译本对比**

原文	译文
驿外断桥边， 寂寞开无主。 …… 零落成泥碾作尘， 只有香如故。	傅汉思： Beyond the post station, by the broken bridge, In solitude it blooms, untended. . . . Its blossoms wither and fall, become mud, are ground into dust. Only their fragrance stays intact. ④
	许渊冲： Beside the broken bridge and outside the post hall, A flower is blooming forlorn. . . . Fallen in mud and ground to dust, she sees no more, But her fragrance still still the same. ⑤

① Hans H. Frankel, *The Flowering Plum and the Palace Lady: Interpretations of Chinese Poetry*, New Haven and London: Yale University Press, 1976, p. 20.

② John D. Frodsham, *The Collected Poems of Li He*, Hong Kong: The Chinese University of Hong Kong Press, 2016, p. 113.

③ Hans H. Frankel, *The Flowering Plum and the Palace Lady: Interpretations of Chinese Poetry*, New Haven and London: Yale University Press, 1976, p. 20.

④ Hans H. Frankel, "Poems about the Flowering Plum", in *Bones of Jade, Soul of Ice: The Flowering Plum in Chinese Art*, ed. Maggie Bickford, New Haven: Yale University Art Gallery, p. 16.

⑤ 许渊冲：《宋词三百首》，中国对外翻译出版公司 2006 年版，第 80 页。

本诗以托物言志，以“咏梅”寄托孤高雅洁的志趣。第一句上联“驿外断桥边”是两个地点状语的并列，中间没有任何连接词，“驿外”表示“郊野的驿站外面”，应当是作者的栖身之处，“断桥边”是梅花所在的位置。该句中，作者的视线由近及远，由全景变为特写，逐渐对准诗作的焦点梅花，有种层层烘托、最后主角登场的意味。傅汉思译本保留了原作词序，亦未添加连接词，重现了这种徐徐渐进的画面感。而许渊冲译本将两个状语错误地理解为并列关系，并将特写置于全景之前，风格尽失。下联“寂寞开无主”，开头“寂寞”和结尾意思相近的“无主”对中间“开”字形成“左右夹攻”之势，凸显山野之梅寂寥之深，花开之冷落。傅译再现了词序，分别以两个状语“In solitude”“untended”译之，使得句中谓语词“blooms”“腹背受敌”，很好地再现了原诗强调的语义效果。而许译则采用了省译，只译出了一个修饰词“forlorn”，语义弱化，且花开的状态变为一般现在时，其强调效果与原作背道而驰。末句上联极言梅花被风雨摧残的画面，动作层层推进——花朵凋零，飘落，与泥水混杂，最终被践踏化作灰尘。七个字节奏抑扬顿挫，句法营造出命运步步紧逼的意味。傅译再现词序后，四个动词环环相扣，风格得以再现。而许译合并了“零落”和“成泥”（fallen in mud），亦破坏了对风格和语义传达至关重要的句法。

以上三例充分说明了傅汉思在译诗中保持原诗词序的高明之处。词序决定了句法。据我国语言学家王力研究，句法方面，以近体诗为例，五言近体诗简单句式有 29 大类、60 小类、108 个大目以及 135 个细目，复杂句式有 49 个大类、89 个小类、123 个大目和 150 个细目，不完全句有 17 个大类、54 个小类、109 个大目和 115 个细目；① 七言近体诗有至少 34 个大类的句式，实际种类可能多上好几倍。② 语法方面，王力总结了古诗中包括词的变性、倒装法、省略法、譬喻法等在内的 23 种语法现象。③ 傅汉思的译诗体裁广，各种诗体乃至每首诗都有其独特的句法和语法特色，可以通过保留原诗词序的翻译策略体现出来。傅汉思的译诗实现了对原诗句法结构的模仿，展现了不同诗作中独特的情感特点和思维方式，从而让英

① 详见王力《汉语诗律学》，中华书局 2015 年版，第 195—253 页。

② 详见王力《汉语诗律学》，中华书局 2015 年版，第 254—273 页。

③ 详见王力《汉语诗律学》，中华书局 2015 年版，第 274—326 页。

语读者看到了异质文学的“镜像”。

古诗和现代英语句法与语法的相似之处为还原词序提供了可能，但由于两种语言的本质差异，傅汉思只能尽可能少地改动词序，还原原诗风貌，在不可调和之处依然需要作灵活处理，无法保证完全一致。

下表选取《中国诗选译随谈》中九种诗体古诗各一例，说明傅汉思对原诗词序的遵从，并重点分析其为实现词序对应而采取的翻译策略。

表3－4 **傅汉思在其所译9种诗体中还原原诗词序**

原文	译文
《召南·野有死麕》，诗经体	Shih ching，No. 23
野有死麕，	In the wilderness there is a dead roe,
白茅包之。	Wrapped with white rushes.
有女怀春，	There is a girl longing for spring,
吉士诱之。	A handsome man seduces her.
林有朴樕，	In the forest there are elms,
野有死鹿。	In the wilderness there is a dead deer,
白茅纯束，	Bound with white rushes.
有女如玉。	There is a girl like jade.
舒而脱脱兮！	Slow，easy，easy!
无感我帨兮，	Don't touch my sash,
无使尨也吠。	Don't make the dog bark. ①
《九张机》（佚名），词	Nine Looms
一张机——	One loom—
采桑陌上试春衣。	Picking mulberry leaves on the field path，I wear my new spring dress.
风晴日暖慵无力。	The wind is clear，the sun is warm，I feel lazy and limp.
桃花枝上，	On the flowering peach branch
啼莺言语，	The singing oriole tells me
不肯放人归。	He won't hear of my going home.
两张机——	Two looms—
行人立马意迟迟。	The traveler stops his horse and hesitates.
深心未忍轻分付。	What's deep in my heart I won't lightly reveal.
回头一笑，	I turn my head and smile at him.
花间归去，	I go home through the blossoms,
只恐被花知。	Only afraid that the blossoms may know. ②

① Hans H. Frankel，*The Flowering Plum and the Palace Lady*：*Interpretations of Chinese Poetry*，New Haven and London：Yale University Press，1976，p. 6.

② Hans H. Frankel，*The Flowering Plum and the Palace Lady*：*Interpretations of Chinese Poetry*，New Haven and London：Yale University Press，1976，p. 27.

续表

原文	译文
《秋夜》 （陈与义），绝句 中庭淡月照三更， 白露洗空河汉明。 莫遣西风吹叶尽， 却愁无处著秋声。	*Autumn Night* In the central courtyard a pale moon shines at midnight. White dew washes the air, the Milky Way is bright. Don't let the west wind blow all the leaves away, Or there will be no place for autumn sounds. ①
《别赋》 （江淹），赋 1 黯然销魂者， 唯别而已矣！ 况秦吴兮绝国， 复燕赵兮千里。 或春苔兮始生， 乍秋风兮暂起。 2 是以行子肠断， 百感凄恻。 风萧萧而异响， 云漫漫而奇色。 舟凝滞于水滨， 车逶迟于山侧。 棹容与而讵前， 马寒鸣而不息。 掩金觞而谁御， 横玉柱而沾轼。	Parting 1 In darkness it dissolves the soul Like nothing else: separation, Especially between Ch'in and Wu—remote lands, Or Yen and Sung—a thousand miles, Now, when the spring moss begins to grow, And then, when the autumn wind slowly rises. 2 Thus the traveler's heart is broken, A hundred emotions make him sad. The wind's sighing sounds unfamiliar, The clouds' vast expanses look strange. The boat stops at the water's edge, The carriage lingers by the mountain side. The oars lie idle, unmoving; The horses whinny incessantly in the cold. He covers up the golden cup—to whom can he drink? He puts aside the jade-pegged zither and moistens the carriage-rail with tears. ②
《宴东堂》 （杨广），古体诗 雨罢春光润， 日落暝霞晖。 海榴舒欲尽， 山樱开未飞。 清音出歌扇， 浮香飘舞衣。 翠帐全临户， 金屏半隐扉。 风花意无极， 芳树晓禽归。	*Feasting in the Eastern Hall* The rain has stopped, the splendor of spring is fresh, The sun is setting, dusk's rosy clouds are radiant. The coast pomegranates' bloom is about to end, The mountain cherries' blossoms haven't yet flown. Clear sounds issue from the singers' fans, Floating scents waft from the dancers' clothes. The blue-green canopy reaches all the way to the door, The golden screen half hides the gate. The gaiety of wind and flowers is infinite, At dawn the birds return to the fragrant trees. ③

① Hans H. Frankel, *The Flowering Plum and the Palace Lady: Interpretations of Chinese Poetry*, New Haven and London: Yale University Press, 1976, p. 19.

② Hans H. Frankel, *The Flowering Plum and the Palace Lady: Interpretations of Chinese Poetry*, New Haven and London: Yale University Press, 1976, pp. 73 – 74.

③ Hans H. Frankel, *The Flowering Plum and the Palace Lady: Interpretations of Chinese Poetry*, New Haven and London: Yale University Press, 1976, p. 11.

续表

原文	译文
《万岁楼》 （王昌龄），律诗 江上巍巍万岁楼， 不知经历几千秋。 年年喜见山长在， 日日悲看水独流。 猿狖何曾离暮岭， 鸬鹚空自泛寒洲。 谁堪登望云烟里， 向晚茫茫发旅愁。	*The Myriad-Year Tower* Lofty above the river, the Myriad-Year Tower, How many thousand autumns has it braved? Year after year there's joy in seeing the mountains endure, Day after day there's grief in watching the water just flow. Why did the monkeys leave the evening mountains? The cormorants aimlessly drift around the cold island. Who can bear to climb and look into the clouds and mist? Toward evening the vastness stirs the traveler's grief. ①
《白帝城怀古》 （陈子昂），排律 日落沧江晚， 停桡问土风。 城临巴子国， 台没汉王宫。 荒服仍周甸， 深山尚禹功。 岩悬青壁断， 地险碧流通。 古木生云际， 归帆出雾中。 川途去无限， 客思坐何穷。	*At White Emperor City, Cherishing the Past* The sun is setting, it's evening on the Big River. Stopping the oars, I inquire about the local atmosphere. The city looks down on the Viscount of Pa's land, The King of Han's palace has vanished from the terrace. This land, though distant and wild, belonged to the royal domain of Chou; The mountains, forbidding and deep, can still be approached through the merit of Yü. Precipices hang, green walls break off; The terrain is difficult but the jade-green river comes through. Ancient trees grow to the edge of the clouds, The home-bound sail pokes through the mist. The river route goes on without limit, The traveler's thoughts linger on without end. ②
《人月圆・春晚》 （张可久），散曲 萋萋芳草春云乱， 愁在夕阳中。 短亭别酒， 平湖画舫， 垂柳骄骢。 一声啼鸟， 一番夜雨， 一阵东风。 桃花吹尽， 佳人何在， 门掩残红。	*Spring Evening* Lush growth of fragrant grasses, a scattering of spring clouds, Sadness in the evening sun. In the low pavilion, farewell wine; On the smooth lake, a painted boat; By the drooping willow, a spirited piebald. One sound of a calling bird, One spell of evening rain, One fit of easterly wind. The peach blossoms are all blown down. The fair one, where is she? The gate is closed on fallen red blossoms. ③

① Hans H. Frankel, *The Flowering Plum and the Palace Lady: Interpretations of Chinese Poetry*, New Haven and London: Yale University Press, 1976, pp. 114－115.

② Hans H. Frankel, *The Flowering Plum and the Palace Lady: Interpretations of Chinese Poetry*, New Haven and London: Yale University Press, 1976, p. 108.

③ Hans H. Frankel, *The Flowering Plum and the Palace Lady: Interpretations of Chinese Poetry*, New Haven and London: Yale University Press, 1976, p. 175.

续表

原文	译文
《自君之出矣》 （陈叔宝） 乐府	*Since You Went Away*
自君之出矣， 房空帷帐轻。 思君如昼烛， 怀心不见明。	Since you went away, The room is empty and the curtains light. My missing you is like the daylight candle: The feeling heart does not seem bright. ①

对照阅读以上平行文本发现，傅汉思极大程度地还原了原诗词序，仅有个别处因照顾英语表达习惯或迁就译诗诗性，译诗对原诗词序有所偏离。对英语表达习惯的照顾方面，“翠帐全临户”（The blue-green canopy reaches all the way to the door）中“全”（all the way）的位置在“临”（reaches）之后，原因在于“all the way”作为状语通常位于动词之后。“风花意无极”（The gaiety of wind and flowers is infinite）中“意”（gaiety）位于“风花”（wind and flowers）之前也是由于在该语境下“of”所有格比“'s-phrase”更为适用。“古木生云际”（Ancient trees grow to the edge of the clouds）中“云际”在译文中词序调换的原因也是如此。“不知经历几千秋”（How many thousand autumns has it braved）和“猿狖何曾离暮岭”（Why did the monkeys leave the evening mountains）中译诗较原诗词序的微调不可避免，原因在于英文的疑问句句法与中文完全不同。对译诗诗性的迁就方面，“白茅包之”（Wrapped with white rushes）和“白茅纯束”（Bound with white rushes）中，译诗为分别与对应的上句“野有死麕”（In the wilderness there is a dead roe）和“野有死鹿”（In the wilderness there is a dead deer）衔接，使得译诗句法更为紧凑，而将动词提前变为过去分词修饰上句句尾的名词。“江上巍巍万岁楼”（Lofty above the river, the Myriad-Year Tower）译诗中将形容词提前作修饰状语，相比再现词序的可能译法“By the River there is a lofty Myriad-Year Tower”显然更为简洁而灵活。“荒服仍周甸”（This land, though distant and wild, belonged to the royal domain of Chou），“深山尚禹功”（The mountains, forbidding and deep, can still be approached through the merit of Yü）一联中形容词“荒”（distant and wild）和“深”（forbidding and deep）

① Hans H. Frankel, *The Flowering Plum and the Palace Lady: Interpretations of Chinese Poetry*, New Haven and London: Yale University Press, 1976, pp. 53 – 54.

从语法上看可以放在其对应名词前作修饰定语，从而还原原诗词序，之所以后置作插入语，是出于英语诗学的微妙品位。

傅汉思在以上绝大多数诗行中再现了原诗的词序。为了保留词序，他在译诗中采取了多样的处理方式以克服中英句法和语法的差异，包括词性变化、增补主语、行内标点或介词，必要时还添加了连词。如《宴东堂》中“海榴舒欲尽”（The coast pomegranates' bloom is about to end）“山樱开未飞”（The mountain cherries' blossoms haven't yet flown）中将动词“舒”和“开”分别处理为名词“bloom”和“blossoms”。如《九张机》中为下列诗句增添了不言自明的主语：“采桑陌上试春衣”（Picking mulberry leaves on the field path，I wear my new spring dress）、“风晴日暖慵无力”（The wind is clear，the sun is warm，I feel lazy and limp）、“不肯放人归”（He won't hear of my going home）、“深心未忍轻分付”（What's deep in my heart I won't lightly reveal）。再如《宴东堂》中“雨罢春光润”（The rain has stopped，the splendor of spring is fresh）和“日落暝霞晖”（The sun is setting，dusk's rosy clouds are radiant）。《秋夜》中“白露洗空河汉明”（White dew washes the air，the Milky Way is bright）、《人月圆·春晚》中“佳人何在”（The fair one，where is she），译文借助逗号将意群分割从而保留了词序。除逗号外，破折号也起到了在再现词序中的辅助功用，如《别赋》中的“况秦吴兮绝国”（Especially between Ch'in and Wu—remote lands）、“复燕赵兮千里”（Or Yen and Sung①—a thousand miles）、“掩金觞而谁御”（He covers up the golden cup—to whom can he drink）。此外，傅汉思还巧用介词保证了译诗与原诗词序的一致。如《召南·野有死麕》中“野有死麕”（In the wilderness there is a dead roe）和“林有朴樕”（In the forest there are elms）、《别赋》中“黯然销魂者”（In darkness it dissolves the soul）、《宴东堂》中“清音出歌扇，浮香飘舞衣”（Clear sounds issue from the singers' fans，Floating scents waft from the dancers' clothes）以及《秋夜》“中庭淡月照三更”（In the central courtyard a pale moon shines at midnight）。《人月圆·春晚》中“短亭别酒，平湖画舫，垂柳骄骢”（In the low pavilion，farewell wine；On the smooth lake，a painted boat；By the drooping willow，a spirited piebald）一句译文同时添加介词和逗号保留了原诗词序。

---

① 此处为误译。

汉语是意合语言，多“流水句”，句子之间乃至句子内部的逻辑关系往往隐而不示，古诗更是如此；而英语则是形合语言，句式呈“树杈型”，通过介词、连词、从属关系等体现严密的逻辑关系。这就要求古诗英译在必要时增补逻辑词。傅译的高明之处在于很多地方同时再现了词序和逻辑关系，除以上介词的添加外，还包括逻辑连词的添加，如《秋夜》“莫遣东风吹叶尽，却著无处著秋声”（Don't let the west wind blow all the leaves away，Or there will be no place for autumn sounds）中的让步关系和《白帝城怀古》中“地险碧流通”（The terrain is difficult but the jade-green river comes through）中的转折关系。

（二）修辞

修辞是文学的表现形式和风格依托，是文学性的又一组成要素。对于高度形式化的中国古诗而言，修辞对于其诗性的彰显作用不言而喻。正如张智中所言，翻译中的信息涉及语义、文体、文化、语用、修辞、审美等诸多方面，修辞信息是其中较为重要的一种，一旦消失，则会削弱原文的审美旨趣，扭曲原文的风格特征。他指出在翻译修辞格时，应当首先将其识别出来，其次应当竭力传译。① 傅汉思在古诗英译时致力于再现以平行对偶和复沓为代表的修辞手法。基于中英修辞的共性，他“以平行译平行”，“以复沓译复沓”。基于中英语言和修辞的差异，他在翻译处理中采取了灵活的调整和机动的补偿，成功地还原了平行和复沓的修辞特性，再现了古诗的诗性。

1. 平行对偶

严格来说，“平行与对偶”概念并非通适于中文和英文。中文中只有“对偶”与“排比”。“对偶”指“用字数相等、句法相似的语句表现相反或相关的意思”②，在汉诗中仅限于二元对应。“排比”亦称“排叠”或“排语”，指“三个或三个以上的结构相同或相似、意义相关、语气一致的词组或句子成串排列，形成一个整体”③，散曲中的三元对应可视为排比。英文中的“antithesis”和“parallelism”分别表示“对仗”和“平行”。

① 详见张智中《毛泽东诗词中的互文、设问、指代的英译》，《长江师范学院学报》2009年第5期。

② 李国南：《英汉修辞格对比研究》，福建人民出版社1999年版，第413页。

③ 李国南：《英汉修辞格对比研究》，福建人民出版社1999年版，第434页。

“对仗”是“由强烈对比的词项构成平行结构表达对比的意思”[①]，对仗的上下句语义相反。“平行”即“平行结构”，“由结构和意义相似的短语或句子平行并列构成”[②]。以上概念之间有较大交叉，也有不同之处。从概念的范围看，“对偶”包含“对仗”，“平行”可以统摄汉诗中常见的二元“对偶”、散曲中的三元“排比”以及不常讨论的“句内平行”现象。为了方便统一称呼，本书中将古诗中的对偶依然称为“对偶”，而将古诗中的其他平行情况称为“平行”。值得注意的是，现代英语诗歌的对仗平行不及中国古诗中的对偶排比要求严苛：中国近体诗或古体诗中的对偶排比要求呈并列结构（coordination）和字字对应（correspondence），而英文中的对仗平行只需处于并置关系（juxtaposition）和对称结构（symmetry），不仅不必词词对应，而且在句法结构的连接方式、句法层次和总体结构方面具有更大的灵活性和自由度。[③] 中英修辞要求的差别为傅汉思古诗英译中对偶平行句的再现留出了机动灵活的处理空间。

平行对偶具有丰富的修辞功能。意义层面，平行对偶的文字相互衬托照应，使得表意更为立体、凝练和确切。表达层面，平行对偶句式匀称整齐，音韵和谐，富有节奏感和音乐美，表现力强。

1.1 一般形式的平行对偶

在所有古诗修辞手法中，傅汉思最重视的便是平行对偶。他在译诗中基本上一以贯之地再现了这一修辞，有的是保留词序后“复刻”的平行，如下所示：

表 3-5 **保留原诗词序后“复刻”平行的译诗**

原文	译文
舟凝滞于水滨， 车逶迟于山侧。	The boat stops at the water's edge, The carriage lingers by the mountain side.
清音出歌扇， 浮香飘舞衣。	Clear sounds issue from the singers' fans, Floating scents waft from the dancers' clothes.
深秋帘幕千家雨， 落日楼台一笛风。	Deep autumn, screens and curtains, a thousand houses, rain; Setting sun, towers and terraces, a single flute, wind.

① 李国南：《英汉修辞格对比研究》，福建人民出版社 1999 年版，第 413 页。

② 李国南：《英汉修辞格对比研究》，福建人民出版社 1999 年版，第 434 页。

③ 有关中文对偶和英文对仗的区别，详见《英汉修辞格对比研究》，第 415—416 页；有关中文排比和英文平行的区别，详见《英汉修辞格对比研究》，第 439—446 页。

有的是微调词序后依然维持的平行，如以上“荒服仍周甸，深山尚禹功”一句将原诗中的形容词定语处理为英诗中的插入语作状语。再如以下两句，分别将场景状语（in clear weather，in the rain）、方位状语（south，in the west，east）、地点状语（in the northern region，in the Southeast）、状态词（alone，in pairs）置后：

表3－6　**微调词序后依然维持平行的译诗**

原文	译文
水光潋滟晴方好， 山色空蒙雨亦奇。	The water's brightness，vast and rippling，looks best in clear weather， The mountain's color，vague and misty，stands out even in the rain.
远人南去， 夕阳西下， 江水东来。	The distant friend is going south， The evening sun is setting in the west， The river water is coming east.
本是朔方士， 今为吴越民。	Once he was a lord in the northern region， Now he is a commoner in the Southeast.
落花人独立， 微雨燕双飞。	Falling petals，a man stands alone， Light rain，swallows fly in pairs.

傅汉思译诗的平行结构中，有部分上下联相同位置语词一一对应的机械平行：

表3－7　**上下联相同位置语词对应、机械平行的译诗**

原文	译文
冬无复襦， 夏无单衣。	No lined robe in winter， No light clothes in summer.
流波将月去， 潮水带星来。	The flowing waves go，carrying the moon， The tide water comes，bringing the stars.
鱼行潭树下， 猿挂岛藤间。	Fish swim beneath the pool's trees， Apes hang among the island's vines.

更多情况下，由于中英语言的固有差异，平行对偶句在“移植”之后无法在译诗中保持词词对应，但依然是联句结构一致、句法成分对应的严格平行。如以下第1—4句中对应中文语汇在英语表达中的简繁差异和语序差异、第5句中隐含逻辑的显化、第6句中对应中文语汇的译语在英语句中固有位置的差异、第7—8句中英文冠词的添加均破坏了一一对应的

机械平行，但仍属于英文语境中的平行结构：

表 3 – 8 **上下联无法词词对应但依然平行的译诗**

原文	译文
海榴舒欲尽， 山樱开未飞。	The coast pomegranates' bloom is about to end, The mountain cherries' blossoms haven't yet flown.
年年喜见山长在， 日日悲看水独流。	Year after year there's joy in seeing the mountains endure, Day after day there's grief in watching the water just flow.
风萧萧而异响， 云漫漫而奇色。	The wind's sighing sounds unfamiliar, The clouds' vast expanses look strange
雨罢春光润， 日落暝霞晖。	The rain has stopped, the splendor of spring is fresh, The sun is setting, dusk's rosy clouds are radiant.
岩悬青壁断， 地险碧流通。	Precipices hang, green walls break off; The terrain is difficult but the jade-green river comes through.
翠帐全临户， 金屏半隐扉。	The blue-green canopy reaches all the way to the door, The golden screen half hides the gate.
短亭别酒， 平湖画舫， 垂柳骄骢。	In the low pavilion, farewell wine; On the smooth lake, a painted boat; By the drooping willow, a spirited piebald.
一声啼鸟， 一番夜雨， 一阵东风。	One sound of a calling bird, One spell of evening rain, One fit of easterly wind.

对于个别对偶句，傅汉思在译诗中将本该再现的句间平行变为了句中平行，如下所示，“gives out”（分发）统摄“promotions”（晋升）和“prizes”（奖赏），量词均置后作为修饰：

策勋十二转，赏赐百千强。

He gives out promotions in twelve ranks,

And prizes of a hundred thousand and more.

综上，傅汉思通过保留词序或微调词序再现了原诗的对偶平行，译诗的平行结构无论是机械平行、严格平行还是句内平行，均传达了古诗工整谨严的结构形式，其带给英语读者的诗学体验不亚于原诗的对偶排比带给中国读者的体验，实现了“功能对等”的目的。这从本质上属于上文所述的比较修辞学范畴，即虽然“对偶”和“antithesis”、“排比”和“parallelism”概念不同，但“对偶”“排比”之于中国读者和“antithesis”“parallelism”之于西方读者的视觉印象和美学感受是趋同的。

傅汉思在古诗英译中对平行对偶的敏锐洞察和精准再现植根于他对这一修辞的深入研究。他在《中国诗选译随谈》第十一章和第十二章分别均用22页[①]篇幅系统探讨了中国古诗中的“平行与对偶”以及“特殊的平行现象”，洋洋洒洒，蔚为壮观。据美国汉学家魏玛莎称，这两章是据她所知英语世界对古诗平行对偶最为彻底的探讨。[②] 据康达维称，“在西方语言的著作中，真正关注中国诗歌最为重要且显著的诗学手法——平行的为数不多，而《中国诗选译随谈》则位列其中”[③]。由此足见傅汉思平行对偶研究的拓荒意义。

第一，傅汉思的平行对偶修辞观基于对中国语言的深刻认识。他总结了汉语复合词的两种构词方法——两个意义相近的词连接、一对反义词或两个组合起来指示集合或抽象观念的整体，这种简略的表达方法同样适用于诗中对偶的并置陈述，而对偶句从声音、语法和语义三个层面构建融合了相似性与差别性的平衡系统。[④] 第二，傅汉思的平行对偶修辞观拥有包罗万象的概念视域。他归纳了古诗中几乎所有的平行情况：诗行中的平行、对句间的平行、连续对句之间的平行、三元平行、诗节之间的平行。就诗行中的平行而言，他通过大量案例研究发现：4 音节诗行中有 1 种平行模式，5 音节诗行中有 5 种平行模式，6 音节诗行中有 2 种平行模式，7 音节诗行中有 22 种平行模式，[⑤] 精细程度堪比专业的中国语言学家。对于对句间的平行，他对其中的特殊情况——互文又有深入洞察。第三，傅汉思的平行对偶观拥有比较修辞学的科学视野。一方面，他认识到中西在平行对偶修辞上的共性，在探讨古诗行间对偶时引用了西班牙语、英语、德语、法语诗歌中的类似诗例，在探讨古诗行中平行时引用了西班牙语、法语和英语中的大量类似诗例；另一方面，傅汉思也洞悉了平行对偶修辞在

---

① 注：按照英文原版统计。

② Marsha L. Wagner, “Review of *The Flowering Plum and the Palace Lady*: *Interpretations of Chinese Poetry* by Hans H. Frankel”, *Chinese Literature*: *Essays*, *Articles*, *Reviews* (*CLEAR*), Vol. 1 (Jan., 1979), p. 118.

③ David Knechtges, “Hans H. Frankel, Teacher and Scholar”, *Tang Studies*, (13) 1996, p. 3.

④ 详见 Hans H. Frankel, *The Flowering Plum and the Palace Lady*: *Interpretations of Chinese Poetry*, New Haven and London: Yale University Press, 1976, pp. 144 - 148。

⑤ Hans H. Frankel, *The Flowering Plum and the Palace Lady*: *Interpretations of Chinese Poetry*, New Haven and London: Yale University Press, 1976, pp. 151 - 159.

中英诗歌中的频度和形式差异。他写道，“平行原则在西方诗歌中也有运用，不过比不上中国诗歌里用得那么频繁”①。“平行和对偶是中国古诗的重要特点，英语诗歌也偶尔使用它们。但是一系列行末停顿的诗句和太多精准的平行在英文中声律不佳。”② 对于平行对偶的语言学研究促使他对这一修辞的平衡之美偏爱有加，对于多样平行情况的发现促使他在译介时尽力一一再现，而对于中英诗学中平行对偶差异的认识使得他在翻译时灵活地选择不同的处理方式，有时避免产出过多机械对应的平行结构。

傅汉思对古诗平行对偶的高度重视还体现在当不同修辞手法同时出现时，他始终将平行对偶放在优先级完整地再现出来。下面将马致远《天净沙・秋思》的傅汉思译本与刘若愚译本对比说明之。

表 3－9 **《天净沙・秋思》译本对比**

原文	译文
天净沙・秋思 （马致远） 枯藤老树昏鸦， 小桥流水人家， 古道西风瘦马。 夕阳西下， 断肠人在天涯。	傅汉思： Withered creepers, old trees, crows at dusk. Small bridge, flowing water, flat sand. ③ Old road, west wind, skinny horse. The evening sun sets in the West. A heartbroken man at the edge of the sky. ④
	刘若愚： Withered vines, aged trees, twilight crows. Beneath the little bridge by the cottage the river flows. On the ancient road and lean horse the west wind blows. The evening sun westward goes, As a broken-hearted man stands at heaven's close. ⑤

原诗中有两种修辞——平行和押韵。全曲前三个诗行中每个诗行都由三个名词词组铺排而成，没有任何动词。除去“人家”只有中心语外，每

① Hans H. Frankel, *The Flowering Plum and the Palace Lady: Interpretations of Chinese Poetry*, New Haven and London: Yale University Press, 1976, p. 150.

② Hans H. Frankel, "English Translations of Classical Chinese Poetry since the 1950's—Problems and Achievements", *Tamkang Review*, Vol. XV, No. 1－4, 1985, p. 318.

③ 注：傅汉思选取的原文此处为“平沙”，并在脚注中说明此处为“异文”：“人家”代“平沙”。

④ Hans H. Frankel, *The Flowering Plum and the Palace Lady: Interpretations of Chinese Poetry*, New Haven and London: Yale University Press, 1976, p. 178.

⑤ James J. Y. Liu, *The Art of Chinese Poetry*, Chicago and London: The University of Chicago Press, p. 33.

个词组的结构都是“修饰词 + 中心语”，同时构成了行内平行和行间平行，九个意象勾勒出一幅简洁明快的秋郊夕照图。全曲各句句尾押“ - a”韵。观察两版译诗发现，傅译除去“昏鸦”一处采取“中心语 + 后置修饰语”结构译法之外，其余八个词组均不变语序，译为与原词相同的结构，还原了双重平行的修辞，但与此同时抛弃了原诗的韵律，采取其一贯的自由体译诗风格。相比之下，刘若愚似乎希望在译诗中同时再现平行和押韵两种修辞。其译诗前三行中除首行与傅汉思译法类同、构成行内平行外，第二、三行均采取散文化译诗策略，借助介词（Beneath，by，On）、动词（flows，blows）和连词（and）将原句隐含的逻辑关系显化，此外，译诗各句句尾押“ - s”韵，传递了原诗的押韵特质。然而，为了押韵，译诗出现了佶屈聱牙的表达——On the ancient road and lean horse，散曲最大的形式特点——行间平行丢失了，原诗意象铺排所营造静态感和疏离之美亦被打破。平行对偶和押韵在译诗中很难两全，在《天净沙·秋思》乃至大多数汉诗中，平行对偶之于原诗的诗学意义超出了押韵，尤其对于原诗曲调已经丢失、失去音乐属性的当下。傅汉思优先还原平行对偶的翻译策略使得原曲的白描风格和静态美感得到了最大程度的再现。

1.2 特殊形式的平行对偶——互文

傅汉思将互文视为特殊的平行现象之一。顾名思义，互文意为“参互成文，合而见义”。傅汉思致力于在译诗中再现互文修辞，他首先在译诗中将互文对句进行直译，然后在副文本中指出这一修辞现象，并添加对句含义的阐释，以实现“形”“辞”“义”的有机融合，从而帮助英语读者最大程度地理解和鉴赏古诗中的互文现象。下面以《木兰诗》中的四句互文对句说明。

表 3 - 10　**《木兰诗》傅汉思译本中的互文处理**

原文	傅汉思译文	傅汉思阐释
将军百战死， 壮士十年归。	Generals die in a hundred battles, Stout soldiers return after ten years.	在这十年当中发生了多次战役，许多军官阵亡，许多士兵同样牺牲，而幸存者——既有军官也有士兵——在战争结束时班师回朝①。

① Hans H. Frankel, *The Flowering Plum and the Palace Lady*: *Interpretations of Chinese Poetry*, New Haven and London: Yale University Press, 1976, p. 71.

续表

原文	傅汉思译文	傅汉思阐释
当窗理云鬓， 对镜帖花黄。	Facing the window she fixes her cloudlike hair, Hanging up a mirror she dabs on yellow flower powder.	姑娘们为了得到更多光线照明而对着门或窗工作和化妆。①
雄兔脚扑朔， 雌兔眼迷离。	The he-hare's feet go hop and skip, The she-hare's eyes are muddled and fuddled.	对雄兔的描写同样适用于雌兔，反之亦然：当两只兔子飞奔时，其中的一个根本就看不清楚另一只是雄是雌，对于忙于战事的士兵来说，情况也是这样。②
东市买骏马， 西市买鞍鞯， 南市买辔头， 北市买长鞭。	In the East Market she buys a spirited horse, In the West Market she buys a saddle, In the South Market she buys a bridle, In the North Market she buys a long whip.	为了美学效果而采取的非现实的重新分配，为奔赴战场而需要购买的四样物品被分配到了四个不同的市场上。③

相比之下，《木兰诗》其他译本中，译者对以上互文对句的处理有两种方式：一是直接在译诗中直译，不添加任何译诗注释或译后阐释，这是多数译者的做法。虽然英诗中有类似互文的修辞，但是对于一般英语读者而言，如果不做说明，很可能就此误认为是简单的陈述。二是在译诗中重写，诠释互文对句的真实意义。如汪榕培对“将军”一句的英译：Countless men die on the battlefields. While other men return with swords and shields. ④李正栓对“当窗”一句的英译：By the window and afore the mirror she combed her hair, And put on her forehead a decoration flower of yellow paper. ⑤许渊冲对“雄兔”一句的英译：Both buck and doe have lilting gait And both their eyelids palpitate. ⑥以及其对“东市”一句的英译：She buys a steed at eastern fair, A whip and saddle here and there. She buys a

① Hans H. Frankel, *The Flowering Plum and the Palace Lady*: *Interpretations of Chinese Poetry*, New Haven and London: Yale University Press, 1976, p. 71.

② Hans H. Frankel, *The Flowering Plum and the Palace Lady*: *Interpretations of Chinese Poetry*, New Haven and London: Yale University Press, 1976, p. 72.

③ Hans H. Frankel, *The Flowering Plum and the Palace Lady*: *Interpretations of Chinese Poetry*, New Haven and London: Yale University Press, 1976, pp. 166 - 167.

④ 汪榕培：《汉魏六朝诗三百首》，湖南人民出版社 1998 年版，第 543 页。

⑤ 李正栓：《乐府诗选》，湖南人民出版社 2013 年版，第 279 页。

⑥ 许渊冲：《中诗英韵探胜——从〈诗经〉到〈西厢记〉》，北京大学出版社 1992 年版，第 169 页。

bridle at the south And metal bit for the horse's mouth.[①] 其中，许译“东市”一句出于押韵目的，依然将某些装备和带有方位的场地一一对应，但是从“here and there”来看，他在翻译中是有互文意识的。三者的处理方式虽然再现了原句的实义，但舍弃了原句的修辞，可谓“得义”而“忘形”，无益于传递原诗的诗性。傅汉思的译法中，直译再现了互文修辞的语言形式，副文本部分作为译诗的补偿，一方面介绍了异质文学的修辞现象；另一方面解释了具体诗句的真实意义，这种“保留形式、揭示现象、阐发内涵”三位一体的处理方式有助于完整地呈现互文修辞的文学性，最大化地提升互文修辞的译介效果，成为译介古诗特有修辞时可供参考的范式。

傅汉思对互文修辞的认识准确精到。据他介绍：

> 互文，字面意为“互文见意”（reciprocal phrasing），更明晰的解释为“由具有彼此相关性的两部分组成的陈述”（two-part statement with mutual relevance）。换而言之，它以两个平行的陈述构成，关于第一个主题所作的陈述也适用于第二个主题，反之亦然。[②]

除去《木兰诗》中的互文对句外，傅汉思也发现了其他古诗中大量的互文现象，并坚持在翻译中使用“形”“辞”“义”结合的处理方式一以贯之地译介出来。如较为简单的互文：“出舆入辇”（句内互文）、“夏之日，冬之夜”和“冬之夜，夏之日”、“战城南，死郭北”、“使我朝行汲，暮得水来归”、“江南倦历览，江北旷周旋”；较为复杂的互文：“花径不曾缘客扫，蓬门今始为君开”“风含翠篠娟娟净，雨裛红蕖冉冉香”“绿光风度麦，白碎日翻池”，只有联系上下句发现相互隐含的影响才能理解联句的完整意义。

傅汉思对互文的执着再现源于他对这一修辞诗学和美学内涵的发掘和欣赏。他认为互文是“平行原则的极端情况”：“二者间的关系极其紧密，以至于两个个别陈述间的正常界限已被超越，对一个陈述所作的论断同时

---

① 许渊冲：《中诗英韵探胜——从〈诗经〉到〈西厢记〉》，北京大学出版社1992年版，第169页。

② Hans H. Frankel, *The Flowering Plum and the Palace Lady: Interpretations of Chinese Poetry*, New Haven and London: Yale University Press, 1976, p. 165.

也变成另一个陈述的论断。”① 他将互文视为“诗学简明性的一次胜利”：“某种给定情形中的要素从其通常所处的上下文语境中脱离，被重新安排以形成出人意料的全新组合，它并非总是符合逻辑或逼真现实，但从诗学角度讲却非常令人满意。”② 对于非现实的重新分配，在傅汉思看来是为了达到“美学效果”③。傅汉思在西方诗歌中找到了与中国古诗互文修辞类似的现象，这种修辞共性的存在赋予其互文译介以更大的意义，在一定程度上有助于提升其译介效果。他引用了包括西班牙语、拉丁语、法语、德语在内的 13 首欧洲诗歌，说明西诗中与互文类似的“互换”现象，包括三种简单互换：本质属性互换、地点互换和职业互换，以及三种复杂互换：两种事物相互形容、相互转变、两组关系并置。④ 然而，相比平行对偶而言，互换的现象在西方诗歌中较为少见，所以傅汉思在译介互文对句时总是对这一修辞概念加以说明，以消除英语读者的陌生感。

2. 复沓

“复沓”由同义语素“复”和“沓”构成，又称重章、重言、复辞、重复，是重复使用同一声母、韵母、词语、句子或句群的一种修辞方法，分为双声叠韵、韵脚、叠字、句式复沓、段式复沓、意义复沓六种形式，⑤ 是普遍出现在各种诗体中的修辞现象。傅汉思在古诗英译中传递了多数叠字的音韵美，完整地还原了句式和段式复沓的形式特点。

2.1 叠词

汉语叠词具有音、形、义三重之美，因其朗朗上口、绘声绘色而成为中国古诗常用的语言手段之一，充分演绎了诗歌的音乐性、形象性和抒情性。⑥ 由于叠词的多维向度，它的传译在古诗英译中变得十分重要。以傅汉思的所有译诗为研究对象，归纳发现，对于其中的 184 个叠词，傅汉思

---

① Hans H. Frankel, *The Flowering Plum and the Palace Lady*: *Interpretations of Chinese Poetry*, New Haven and London: Yale University Press, 1976, p. 166.

② Hans H. Frankel, *The Flowering Plum and the Palace Lady*: *Interpretations of Chinese Poetry*, New Haven and London: Yale University Press, 1976, p. 166.

③ Hans H. Frankel, *The Flowering Plum and the Palace Lady*: *Interpretations of Chinese Poetry*, New Haven and London: Yale University Press, 1976, p. 166.

④ 六种互换现象的诗例和分析分别参见傅汉思《梅花与宫闱佳丽：中国诗选译随谈》，王蓓译，生活·读书·新知三联书店 2010 年版，第 307—315 页。

⑤ 宋华英：《回环复沓——古诗之生命——〈古诗十九首〉的复沓修辞探析》，《时代文学》（下半月）2009 年第 7 期。

⑥ 详见蔡华《陶渊明诗歌叠词的翻译策略》，《外语与外语教学》2006 年第 10 期。

运用了五种翻译策略，按使用频率由高到低排列依次为：以重复译叠词（76 例），译为一个英文词（59 例），用多个英文词阐释（22 例），译为“程度词 + 中心词”的形式（18 例），以叠韵译叠词（9 例）。笔者认为，其中以重复译叠词、以叠韵词译叠词、对对句中对应位置的叠词作变通处理的做法均成功地再现了叠词的音韵、形式和语义特点。

根据以上统计，傅汉思叠词英译最常使用的策略便是“以叠词译叠词”。鉴于英诗常用重复的特点，不少学者认为“以重复译叠词”是在古诗英译中处理叠词的最佳方式，如赵彦春称：“叠字的翻译只要不影响整体的意义、意境和形式，应尽量采取直译的方法，也就是‘叠词译叠词’。”[①] 傅汉思将这一策略广泛运用于古诗中形容词、副词、动词、名词和拟声词属性的叠词，译词呈现出更为多样的词性，下表是其中的典型案例。

表 3 – 11　**以叠词译叠词**

译词为动词重复	
怆怆履霜	It hurts, it hurts to tread the frost
黄雀得飞飞	The oriole gets free, he flies and flies
长城何连连 连连三千里	The Long Wall, how it stretches, stretches, Stretches, stretches, three thousand miles
译词为动名词重复	
泪下渫渫	Tears come down, flowing, flowing
清涕累累	Clear mucus, dripping, dripping
霏霏凉露沾衣	Dripping, dripping, cold dew soaked our clothes
习习笼中鸟	Fluttering, fluttering, the bird in the cage
译词为副词重复	
冉冉老将至	Slowly, slowly old age comes upon him
落落穷巷士	Lonely, lonely, the scholar in the poor alley
去去割情恋	Away, away, cut off from those I love
译词为形容词重复	
冉冉老将至	Slowly, slowly old age comes upon him
恨悠悠	Long, long is my grief
草草鸣麑	Troubled, troubled, they call their fawns

① 赵彦春：《翻译学归结论》，上海外语教育出版社 2005 年版，第 215 页。

续表

译词为形容词重复	
晻晻日欲暝	Gloomy，gloomy，the day was about to darken
纤纤初月上鸦黄	Above the thin，thin “new moon” eyebrows she applies yellow powder
译词为拟声词重复	
唧唧复唧唧	Tsiek tsiek and again tsiek tsiek
但闻黄河流水鸣溅溅	She only hears the Yellow River's flowing water cry tsien tsien
但闻燕山胡骑鸣啾啾	She only hears Mount Yen's nomad horses cry tsiu tsiu
隐隐何甸甸	Yien yien，it went，tien tien
译词为名词重复	
翩翩伤我心	His flutter-flutter wounds my heart
恨恨那可论	Grief，grief，how can it be told?

对其中某些叠词采取重复译法时，傅汉思灵活运用了词性转换的技巧，如形容词变动词：怆怆履霜（It hurts，it hurts to tread the frost），形容词变名词：翩翩伤我心（His flutter-flutter wounds my heart），形容词变动名词：霏霏凉露沾衣（Dripping，dripping，cold dew soaked our clothes），动词变副词：行行将复行（On and on，further on he must go），拟声词变副词：磨刀霍霍向猪羊（He whets the knife，quick，quick，for pig and sheep）。叠词的语义功能之一在于强调，因而在以重复译某些形容词叠词时，傅汉思在第二个形容词前加了“so”，如：

表 3 – 12 **在以叠词译叠词时添加 so**

原文	译文
山谷眇兮路漫漫	Mountains and valleys were remote，the road long，so long
沙漠壅兮尘冥冥	A sand desert blocks it，dust is dark，so dark
北风厉兮肃泠泠	The north wind is harsh，stern and raw，so raw
冰霜凛凛兮身苦寒	Ice and frost are cold，so cold，my body bitterly chilled
天苍苍兮上无缘	Heaven is blue，so blue—no way to reach it
十六拍兮思茫茫	In the sixteenth stanza longing is vast，so vast
来时别儿兮思漫漫	Coming back，I am severed from my children，yearn for them long，so long
风霜凛凛兮春夏寒	Wind and frost chilly，so chilly，cold in spring and summer

分析发现，一部分叠词被傅汉思译为包含两个重复单词的英文短语，既保留了原诗的叠字形式，又符合地道的英文表达。其中大部分是表达时间的二字叠词，如：

表 3－13　**将时间叠词译为包含两个重复单词的英文短语**

原文	译文
年年喜见山长在	Year after year there's joy in seeing the mountains endure
日日悲看水独流	Day after day there's grief in watching the water just flow
时时犹唱	From time to time still sing
年年岁岁一床书	Year in and year out a couch of books
圣主朝朝暮暮情	The sage ruler，day after day，night after night，was brooding

某些是量词性质的叠词，如：寸寸柔肠（Inch by inch her tender heart is torn），又片片、吹尽也（And again petal after petal was blown away）。

此外，某些叠词被处理为“动词＋重复词构成的副词短语”，如：

表 3－14　**将某些叠词处理为“动词＋重复词构成的副词短语”**

原文	译文
翩翩飞鸟	Flap-flap go the bird's wings
栖栖吴楚间	And moves from perch to perch between Wu and Ch'u
栖栖徒问津	Moving from perch to perch，vainly asking about a place to ford
山川悠远路漫漫	The mountains and rivers are distant and far，the road goes on and on
孤雁归兮声嘤嘤	A lone wild goose is winging home and calling，honk honk

综上，无论是单纯的词语重复、添加“so”进行强调的形容词重复，还是包含重复词表时间的短语、动词搭配重复词构成的副词短语，都在很大程度上于译诗中实现了与原诗叠词的功能对等。

比起以重复译叠词，以叠韵词译叠词的做法相对而言更为巧妙，难度也更大。傅汉思使用的英文叠韵词中某些是近义词，某些是侧重原词语义不同方面的两个词。叠韵近义词中，有的押尾韵，如：亭亭（Straight upright）、漠漠（Quiet and silent）、冥冥（perils and hazards①）；有的既押头

① 此处为近似韵。

韵又押尾韵，如：声声（drip-drop sound）；有的既押中间韵又押尾韵，如：皇皇（hurried and scurried）、纷纷翼翼（Helter-skelter）。叠韵不同词中，有押中间韵的：冉冉（With stately，graceful steps），有尾音近似的：茕茕（orphaned and desolate）。以上处理方式同时再现了古诗叠词的音韵和语义特点，也同时实现了对译诗诗性的兼顾，展现了傅汉思扎实的语言功底。以上叠词对应的诗句如下表所示：

表 3－15 **以叠韵词译叠词**

叠韵近义词	
皇皇三十载	For thirty years I've hurried and scurried
亭亭孤艳带寒日	Straight upright，their forsaken beauty carries the wintry sun
漠漠远香随野风	Quiet and silent，their fragrance spread through the wilds with the wind
还顾邈冥冥	The distant road was full of perils and hazards
声声滴断愁肠	Its drip-drop sound can break a sorrowing heart
纷纷翼翼	Helter-skelter
叠韵不同词	
冉冉府中趋	With stately，graceful steps he moves around the office
追持我兮走茕茕	They come running after me and hold me，orphaned and desolate

对对句中对应位置叠词的处理是一种更为复杂的情况，它在古诗中营造出一种形式的对称性和音韵的和谐美。傅汉思在以下三处的处理都很好地再现了这种诗学效果，其中前两处上下联叠词均以“－ing”形式译出，第三处采用了结构统一的短语：

表 3－16 **对联句中对应位置叠词的翻译处理**

原文	译文
左亦不佯佯， 右亦不翼翼。	No more mimicking on the left， No more flapping on the right.
翩翩吹我衣， 肃肃入我耳。	Flapping as they blow on my clothes， Whistling as they enter my ears.
纷纷初疑月桂树， 耿耿独与参横昏。	In their multitude the blossoms seem moonlight hanging from the trees， In their brightness they are alone with Orion on the horizon at dusk.

2.2 句式和段落复沓

句式的复沓是指诗歌中邻近句子之间句式相同、只做少量字词变化的现象，句式复沓形成跌宕起伏、层层递进的气势，体现了情感的迂回，提升了诗歌的感染力。段落的复沓，也称重章复沓、叠章、章节的复叠，它指在一首诗里，各章之间字句基本相同，只相应地变化少量字句，形成一种在反复中略有变化的咏唱结构。复沓的运用与中华“诗乐传统”有关，情不自已，形诸歌咏，因而要反复吟唱，而为避免机械重复，反复中又略作变化。段落复沓分为只变化字词的复沓、变词杂以变句的复沓、变句为主的复沓、复沓的进一步发展四种情况。①

傅汉思在古诗英译中成功地再现了古诗的句式复沓和段落复沓，对于原诗中相同的句式和诗节，他在译诗中以相同的结构形式呈现出来，对于原诗中的字词变化，他也在译诗中做出相应的调整，有效地传递了复沓中的“变”与“不变”，展现了这一修辞的形式和谐与音乐之美。研究发现，傅汉思在译诗中对复沓修辞特点的再现优于诸多专业汉学家。下面选取句式复沓的典型诗例——《木兰诗》以及段落复沓的典型诗例——《诗经·月出》试论之。

《木兰诗》中有多处句式复沓结构，下面以“旦辞爷娘去……但闻燕山胡骑鸣啾啾”为例说明。该复沓结构中有两个固定句式：“旦辞××去，暮××××”“不闻爷娘唤女声，但闻××××××”。其中变化部分，除上节“爷娘”与下节“黄河”在构词法上无法严格对应外，其他相应位置用词均保持一致，如“宿”对“至”，“黄河”对“黑山”，都是“颜色词+中心语”架构；“黄河流水”对“燕山胡骑”，都是偏正结构短语；“鸣溅溅”对“鸣啾啾”，都是“动词+拟声叠词”形式。

对于原诗中句式的固定和短语结构的一致，傅汉思在译诗中都做到了最大程度的复刻，而倪豪士和傅德山的译本都出现了较大程度的变化。傅汉思将“旦辞”“暮”统一译为“At dawn she takes leave of”“In the evening”。而倪译中“旦”在两处分别为“At sunrise”和“Dawn”，“暮”在两处分别为“At sunset”“Evening”，“辞”在两处分别为“bade one's farewell”“took leave of”。傅德山译本中，“旦”在两处一致，均为“At the break of day”，但“暮”和“辞”在两处均不同，分别是“At evening”和

① 详见郭京春《〈国风〉复沓初探》，《广西师范学院学报》（哲学社会科学版）2009年第2期。

表 3 – 17 **《木兰诗》三个译本对复沓结构的处理**

原文	译文
旦辞爷娘去， 暮宿黄河边。 不闻爷娘唤女声， 但闻黄河流水鸣溅溅。 旦辞黄河去， 暮至黑山头。 不闻爷娘唤女声， 但闻燕山胡骑鸣啾啾。	傅汉思： At dawn she takes leave of Father and Mother, In the evening camps on the Yellow River's bank. She doesn't hear the sound of Father and Mother calling, She only hears the Yellow River's flowing water cry tsien tsien. At dawn she takes leave of the Yellow River, In the evening she arrives at the Black Mountain. She doesn't hear the sound of Father and Mother calling, She only hears Mount Yen's nomad horses cry tsiu tsiu. ①
	倪豪士： At sunrise she bade her parents farewell, At sunset she camped by the Yellow River; She couldn't hear her parents calling her, She heard only the Yellow River's flow surge and splash. Dawn she took leave of the Yellow River, Evening she was atop the Black Mountains; She couldn't hear her parents calling her, She heard only the Tartar horse on the Swallow Mountain whinny and blow. ②
	傅德山： At break of day she took leave of her father and mother, At evening camped on the banks of the Yellow River. She did not hear her father and mother calling for their daughter, She only heard the Yellow River's flowing waters murmuring. At break of day she left the Yellow River, At dusk she came to the edge of the Black Hills. She did not hear her father and mother calling for their daughter, She only heard the nomad horses whinnying on the hills of Yen. ③

"At dusk" "took leave of" 和 "left"。傅汉思译本将"黄河流水"和"燕山胡骑"均译为"–'s"的所有格形式，力图还原原文复沓变化中的一致性，而倪译则分别将二者处理为"–'s"和"中心语 + 地点修饰状语"，傅德山译本更是把第二处的地点修饰状语置于句子末尾，对复沓结构的偏离更大。此外，傅汉思对"鸣溅溅"（cry tsien tsien）"鸣啾啾"（cry tsiu

① Hans H. Frankel, *The Flowering Plum and the Palace Lady: Interpretations of Chinese Poetry*, New Haven and London: Yale University Press, 1976, p. 69.

② William H. Nienhauser, Jr., "The Ballad of Mulan", in *Sunflower Splendor: Three Thousand Years of Chinese Poetry*, Bloomington and New York: Indiana Univ. Press and Anchor Press / Doubleday, 1975, pp. 77 – 80.

③ John D. Frodsham, *An Anthology of Chinese Verse: Han, Wei, Chin and the Northern and Southern Dynasties*, Oxford: Clarendon Press, 1967, pp. 104 – 106.

tsiu）的处理相比其他两个译本更能传递复沓中的一致性。倪译此处的不足在于未将“鸣啾啾”译为两个押韵的词对，与“鸣溅溅”（surge and splash）中的叠韵保持一致。选段通过整齐划一的复沓结构，烘托出木兰行军的紧迫感，表现出前方战事的急迫，傅汉思再现复沓结构一致性的译本很好地传递了这一语义效果。

下面以《诗经·陈风·月出》为例说明傅汉思对段落复沓的再现：

表 3－18 **《诗经·陈风·月出》三个译本对复沓结构的处理**

原文	傅汉思译本	高本汉译本	韦利译本
月出皎兮， 佼人僚兮， 舒窈纠兮， 劳心悄兮！	The moon rises glistening— The fair girl is sweet, Slow-moving and graceful— My troubled heart is sad.	The moon comes forth bright; how handsome is that beautiful one, how easy and beautiful; my toiled heart is grieved.	A moon rising white, Is the beauty of my lovely one. Ah, the tenderness, the grace! Heart's pain consumes me.
月出皓兮， 佼人懰兮， 舒忧受兮， 劳心慅兮！	The moon rises bright— The fair girl is lovely, Slow-moving and lithesome— My troubled heart is grieved.	The moon comes forth brilliant; how handsome is that beautiful one, how easy and tranquil; my toiled heart is anxious.	A moon rising bright, Is the fairness of my lovely one. Ah, the gentle softness! Heart's pain wounds me.
月出照兮， 佼人燎兮， 舒夭绍兮， 劳心惨兮！	The moon rises shining— The fair girl is illuminated, Slow-moving and lissome— My troubled heart is upset. ①	The moon comes forth shining; how brilliant is that beautiful one, how easy and handsome; my toiled heart is pained. ②	A moon rising in splendour, Is the beauty of my lovely one. Ah, the delicate yielding! Heart's pain torments me. ③

原诗共三个章节，每一节的结构均是“月出×兮，佼人×兮，舒××兮，劳心×兮!”，各节对应位置处的“×”各不相同，尽管某些对应词互为近义词。全诗聚焦于一位月光下的美女，各节第一句以月起兴，第二句写女子容貌之美，第三句写女子形容姿态之美，末句写诗人心生爱慕不能自宁的状态。相应地，傅汉思译诗各节均采用“The moon rises _ _ —，/ The fair girl is _ _ ，/ Slow-moving and _ _ —/ My troubled heart is _ _ .”

① Hans H. Frankel, *The Flowering Plum and the Palace Lady: Interpretations of Chinese Poetry*, New Haven and London: Yale University Press, 1976, p. 51.

② Bernhard Karlgren, *The Book of Odes*, Stockholm: Museum of Far Eastern Antiquities, 1950, pp. 90－91.

③ Arthur Waley, *The Book of Songs: The Ancient Chinese Classic of Poetry*, New York: Grove Press, 1987, p. 41.

结构，各节对应位置的“_ _”亦在忠实原意的基础上选取不同词语，从而很好地再现了复沓修辞中的一致性和变化性。而相较之下，高本汉的译本将第一节“佼人僚兮”和第二节“佼人懰兮”均译为“how handsome is that beautiful one”，韦利的译本将第一节“佼人僚兮”和第三节“佼人燎兮”均译为“Is the beauty of my lovely one”，对复沓修辞中变化性的再现打了折扣。“僚”“懰”“燎”意义虽然相近，但仍有不同侧重。其中“僚”和“燎”语义侧重不同，“僚”表示整体上“美好的样子”（sweet），“燎”侧重外表的“光鲜亮丽”（illuminated）。“僚”和“懰”虽然都用于形容美好的样子，但从再现复沓修辞的角度考虑不宜在译诗中译为相同词。此外，在认可“忧受”和“夭绍”是双音节词的不同变体[①]的基础上，傅汉思匠心独运地以词形、发音、语义极其相似的“lithesome”“lissome”翻译之，足见其对原诗形式的高度重视。原诗中，诗人对女子的爱慕一是通过一致的句式反复吟唱来表达，二是借助辞藻的变化来体现——为表倾心，他必定会“绞尽脑汁”使用多样的语言描绘对方的美好，傅译更好地再现了复沓结构的变化性。综上，在以上两例的三个译本中，傅汉思是对复沓结构再现的最为完整的译者，体现在一致性和变化性两个方面，他的处理方式传递了原诗的语义效果和风格特点。

通过以重复译叠词以及再现句式和段落复沓，傅汉思在译诗中制造了大量的重复，而重复亦是英语诗歌的基本技法之一，这是傅汉思在译诗中再现复沓修辞的诗学基础。美国诗人西奥多·罗特克（Theodore Roethke，1908—1963）称：“单词、短语和想法的重复是诗歌的精髓所在。”[②] 美国诗人和评论家爱德华·赫希（Edward Hirsch，1950— ）称，“重复是所有诗歌——不论是口头诗歌还是书面诗歌最显著的特点之一，它是我们识别诗歌的主要方式之一”[③]。英语诗歌的重复修辞包括词汇重复、句式重复、韵律重复等。很多英语世界的知名诗人常使用重复营造气势，烘托感情。如“诗歌之父”沃尔特·惠特曼（Walt Whitman，1819—1892）在

① Hans H. Frankel, *The Flowering Plum and the Palace Lady: Interpretations of Chinese Poetry*, New Haven and London: Yale University Press, 1976, p. 52.

② Theodore Roethke, “Some Remarks on Rhythm”, *Poetry*, Vol. 97, No. 1 (Oct., 1960), p. 40.

③ Edward Hirsch, *A Poet's Glossary*, Boston and New York: Houghton Mifflin Harcourt, 2014, p. 1297.

《走出永不休止地摇晃着的摇篮》(*Out of the Cradle Endless Rocking*)中充分利用词语的重复来抒发其澎湃的豪情和洋溢的自由思想：

Shine! shine! shine!
Pour down your warmth, great sun!
Blow! blow! blow!
Blow up sea-winds along Paumanok's shore;
Soothe! soothe! soothe!
Close on its wave soothes the wave behind,
Loud! loud! loud!
Loud I call to you, my love!

再如埃德加·爱伦·坡(Edgar Allan Poe, 1809—1849)在《钟声》(*The Bells*)一诗中用词语、诗行、韵律重复来创造催眠效果：

Keeping time, time, time,
In a sort of Runic rhyme
To the Paean of the bells—
Of the bells: —
Keeping time, time, time,
In a sort of Runic rhyme,
To the throbbing of the bells—
Of the bells, bells, bells—
Keeping time, time, time,
As he knells, knells, knells,
In a happy Runic rhyme,
To the rolling of the bells—
Of the bells, bells, bells: —
To the tolling of the bells—
Of the bells, bells, bells, bells.
Bells, bells, bells—
To the moaning and the groaning of the bells.

傅汉思对复沓修辞的坚持再现源于对这一修辞，尤其是其中句式和段落复沓的发现和研究。他将句式复沓定义为“每一步都存在部分变化的类似语句的渐进序列”（a progressive sequence of analogous statements, partly varied at each step）[①]、“有变化的重复”（repetitions with variation, varied repetitions）[②]，将段落复沓解释为“较大规模的多重对应”（multiple coordination on a larger scale）[③]。

傅汉思对复沓的研究嵌入其平行对偶研究和口头传统诗歌研究两个维度之中，并且具有比较文学的视角。首先，他将段落复沓视为一种“特殊的平行现象”，置于有关散曲诗句三元平行的讨论之后。他认识到《诗经》是段落复沓的典型，称“《诗经》当中有一大部分诗篇都贯彻了这一组织原则，即在连续的诗节中重复大多数内容而只在固定的地方发生细微的变化”[④]。他详述了段落复沓的组织形式：“形式结构上体现出相似与差别的交替：在连续的段落中，某些诗行和词语一字不差地重复，而另一些则在每段中都发生了变化。有时变化非常细微。”[⑤] 他指出了复沓结构的声学效果——声音（以及语义）的完全匹配，“听者的耳朵很容易就能觉察到一联对句的两行在韵律结构上独立于句法和语义平行之外的一致性”[⑥]，发现了复沓的常见诗体——诗经、乐府、词、曲四类源于歌曲的诗歌形式。其次，傅汉思将句式复沓视为中国口头叙事诗的特点之一。他联系普实克对坠子书中重复的研究，发现了口头诗歌中复沓的两种形式：一种是非对话中的复沓，用于构建叙述和描述；另一种是对话中的复沓，即讲话者重复

---

① Hans H. Frankel, “Some Charateristics of Oral Narrative Poetry in China”, *Etudes d'Histoire et de Litterature chinoises offertes au Professeur Jaroslav Prusek*, Paris: Bibliotheque de l'Institut des Hautes Etudes chinoises, 1976, p. 100.

② Hans H. Frankel, “English Translations of Classical Chinese Poetry since the 1950's—Problems and Achievements”, *Tamkang Review*, Vol. XV, No. 1 -4, 1985, p. 323, p. 324.

③ Hans H. Frankel, *The Flowering Plum and the Palace Lady: Interpretations of Chinese Poetry*, New Haven and London: Yale University Press, 1976, p. 179.

④ Hans H. Frankel, *The Flowering Plum and the Palace Lady: Interpretations of Chinese Poetry*, New Haven and London: Yale University Press, 1976, p. 180.

⑤ Hans H. Frankel, *The Flowering Plum and the Palace Lady: Interpretations of Chinese Poetry*, New Haven and London: Yale University Press, 1976, p. 97.

⑥ Hans H. Frankel, *The Flowering Plum and the Palace Lady: Interpretations of Chinese Poetry*, New Haven and London: Yale University Press, 1976, p. 146.

另一位讲话者或叙述者先前所说的话语。① 对于非对话中的复沓，傅汉思列举的诗例包括：《陌上桑》中“行者见罗敷，下担捋髭须。少年见罗敷，脱帽著帩头。耕者忘其犁，锄者忘其锄”、汉乐府《江南》中“鱼戏莲叶间。鱼戏莲叶东，鱼戏莲叶西，鱼戏莲叶南，鱼戏莲叶北”、《木兰诗》中“东市买骏马……北市买长鞭”“爷娘闻女来……磨刀霍霍向猪羊”。而《木兰诗》中“问女何所思……女亦无所忆”被他选作对话复沓的案例。最后，傅汉思的复沓研究具有比较修辞学的视野。他指出复沓是欧洲民谣的常见现象，并引用了苏格兰民谣《儿童戏水》（*Child Waters*）② 中的诗句。针对对话中的复沓，他列举了西语民谣《劳拉的婴儿》（*Los Infantes de Lara*）、德语民谣《法尔肯斯坦先生》（*Es reit der Herr von Falkenstein*）③ 中的片段，说明复沓是欧洲民谣中推进动作的常见诗学手法。

由此可见，傅汉思对复沓一贯而完整的翻译再现源于对其声学和形式美的高度认可，西方诗歌中类似修辞的存在成为其译介效果的有力保障。

（三）意象

诗歌的解读离不开意象。象是一切物理形态的客观存在物，包括视觉不可见的物质和人自身的一切外在表现，如声音、风和人的情态行为等。意是诗人一切主观的意识活动，如感情、志向、认识、幻觉等。意象的本质在于寄托隐含，委婉不露而将意寄于象中，因而意象具有双重意义，即外意和内意，也称字面意义和隐意。④ 意象是中西文论和诗学的共同概念，呈现异源同流的趋向。据张保红研究，从文本角度看，意象大致分为语词意象、意象组合和意象系统，⑤ 分别表示单独存在的意象、某些诗行组合起来寄托同一寓意的意象以及整首诗歌中不同组合的意象所构成的具有张

① 详见 Hans H. Frankel, “Some Charateristics of Oral Narrative Poetry in China”, *Etudes d'Histoire et de Litterature chinoises offertes au Professeur Jaroslav Prusek*, Paris: Bibliotheque de l'Institut des Hautes Etudes chinoises, 1976, p. 100。

② 详见 Hans H. Frankel, “Some Charateristics of Oral Narrative Poetry in China”, *Etudes d'Histoire et de Litterature chinoises offertes au Professeur Jaroslav Prusek*, Paris: Bibliotheque de l'Institut des Hautes Etudes chinoises, 1976, p. 101。

③ Hans H. Frankel, “Some Charateristics of Oral Narrative Poetry in China”, *Etudes d'Histoire et de Litterature chinoises offertes au Professeur Jaroslav Prusek*, Paris: Bibliotheque de l'Institut des Hautes Etudes chinoises, 1976, pp. 103 – 104.

④ 参见屈光《中国古典诗歌意象论》，《中国社会科学》2002 年第 3 期。

⑤ 详见张保红《意象与汉诗英译——以陶渊明诗〈归园田居〉（其一）英译为例》，《解放军外国语学院学报》2005 年第 4 期。

力的体系。

意象是诗性的关键要素，古诗英译中意象的再现至关重要。许渊冲先生的“三似说”（意似、音似、形似）和“三美说”（意美、音美、形美）是国内古诗英译的经典理论，其中“三似”是“三美”的基础。尽管许先生和傅汉思在“形似”上观点完全相反，将其置于“三似说”的末位，认为当“三似”无法兼得时可以舍弃“形似”，但是他和傅汉思在传递原诗意象上立场一致，将“意美”置于“三美”之首。“意美”不仅指代诗歌的意思和内容，更重要的是诗歌内涵的意象乃至意境。意象、意境是“意美”的核心。

研究发现，傅汉思在译诗中完整、准确而充分地再现了原诗语词、组合和系统三个层次的意象，凸显了意象的语义重点、情感色彩和风格旨趣，很好地传递了诗作的意境。

下面以四例说明。如张祜《宫词》：

表 3 – 19 **《宫词》译本对比**

原文	译文
故国三千里， 深宫二十年。 一声何满子， 双泪落君前。	傅汉思： Three thousand miles from her old country, Deep in the palace these twenty years, At the first sound of "Ho Man-tzu", A pair of tears fall in front of her lord. ①
	陶友白、江亢虎： A Lady of the palace these twenty years, She has lived here a thousand miles from her home— Yet ask her for this song and, with the first few words of it, See how she tries to hold back her tears. ②

该诗表达了一位去国远嫁、久居异国深宫的女子由哀婉的音乐而勾起的无限怅惘之情。诗歌巧妙地运用夸张的意象凸显人物的情感：第一句言

① Hans H. Frankel, *The Flowering Plum and the Palace Lady*: *Interpretations of Chinese Poetry*, New Haven and London: Yale University Press, 1976, p. 60.

② Witter Bynner and Kiang Kang-hu, *The Jade Mountain*: *A Chinese Anthology*, *Being Three Hundred Poems of the T'ang dynasty*, Garden City: Anchor Books/Doubleday, 1964, p. 8.

数量之大，以“三千里”强调女子距离故土之远，以“二十年”强调其身陷深宫之久，衬托出其思乡之情的浓烈、后宫生活的凄冷。学界公认“何满子”为唐朝教坊曲名，是一位叫何满子的乐工在临刑前创作的，而张之为（2012）考察发现其与敦煌曲谱的联系。由此可见女子之所以闻曲伤情，不仅是因为曲调本身哀婉，引发其对自身身世的自怜，而且很可能是由于曲调源于其故乡，勾起了她沉痛的思乡情愫。第二句言数量之小，只要故国哀音一响起，女子便两泪双行。第二句的“一”和“双”之小与第一句的“三千”和“二十”之大形成鲜明的对比。正如傅汉思所言，“当日积月累的大量悲苦之情却只能展现出其中极小的一部分时，令人惊叹的效果就被制造出来了”①。

以上两个译本对意象中的量词处理方法不同。二者都完整地再现了“二十年”（twenty years），言禁锢之久，但对“三千里”而言，傅译为“three thousand miles”（三千英里），陶译为“a thousand miles”（一千英里）。显然，陶译是将原诗“三千里”作为数量的确指而进行了严格的单位换算。这种方法不利于诗性的传达：一方面，“三”是中国古诗惯用的表达夸张的虚指数字；另一方面，陶译经过换算，数量较小，不如傅译夸张效果好。对“一声”和“双泪”而言，陶译为“first few words”和“tears”，意为“何满子”的演唱者唱完几个字后，女子便不禁落泪。前者对意象的再现不够准确，后者则不够完整，从而失去了此句的夸张语义以及上下句对照而成的张力效果。相较之下，傅汉思准确再现了“一声”（first sound）和“双行”（a pair of）。可以想见，女子对故国哀音再熟悉不过，当配乐响起，她便泪下涟涟，更具戏剧效果。傅汉思的译诗中完整准确地再现了意象中对表意至关重要的量词。而对于“何满子”核心意象而言，陶译“this song”，十分模糊，没有表意重点，而傅译“Ho Mantzu”则采取音译的异化策略，传达了其曲名中的异域风情，和上文的“old country”相对，引人遐思。总体上，故国之思、身世之伤在傅译中得到了充分表达。

再如李白《长相思·其三》：

① Hans H. Frankel, *The Flowering Plum and the Palace Lady: Interpretations of Chinese Poetry*, New Haven and London: Yale University Press, 1976, p. 61.

表 3 – 20　　**《长相思·其三》译本对比**

原文	译文
美人在时花满堂， 美人去后余空床。 床中绣被卷不寝， 至今三载闻余香。 香亦竟不灭， 人亦竟不来。 相思黄叶落， 白露湿青苔。	傅汉思： When the fair one was here, flowers filled the courtyard; Since she left there is an extra empty bed. On the bed the embroidered covers are rolled up and not slept under; Even now, after three years, you can still smell the fragrance. The fragrance, in the end, does not diminish; The woman, in the end, does not return. As I long for her, all the yellow leaves have fallen, White dew moistens the green moss. ① 斯科特： Her presence was a roomful of flowers; Her absence is an empty bed. The brocade coverlet rolled up, unslept in; But the perfume left three years ago still lingers. Though the scent remains; In person she'll not come again. A love that is yellow leaves falling; Or white dew wet on the green moss②.

该诗表达了男主人公对心上人的思念。诗中运用了四个表示分离的意象：空床、黄叶、白露、青苔，构成意象组合。诗中满床花、绣被、香又构成一组寓意美好的意象，与以上意象组合形成鲜明对比，共同形成整首诗的意象系统，烘托人去楼空、美人不再的落寞之情。其中，“香”是十分重要的意象，“将花、被子和也已离去的美人联系在一起”③。

以上两个译本中，斯科特对意象的处理存在较大的问题。意是象的表征，而他却将意和象等同，以“满床花”（a roomful of flowers）和“美人相伴”（Her presence）对等，以“空床”（empty bed）和“美人离去”（Her absence）对等，以“黄叶落”（yellow leaves falling）“青苔上潮湿的白露”（white dew wet on the green moss）和“男主人公的相思”（A love）等同，失去了意象本身隐晦模糊的美感。此外，他将“香”分别处理为“perfume”和“scent”，不够准确，亦没有统一性。诗中之“香”应当涵

① Hans H. Frankel, *The Flowering Plum and the Palace Lady: Interpretations of Chinese Poetry*, New Haven and London: Yale University Press, 1976, pp. 54 – 55.

② John Scott, *Love and Protest*, *Chinese poems from the sixth century B. C. to the seventeeth century A. D.*, New York, Evanston, San Francisco, London: Harper Colophon Books, 1972, p. 233.

③ Hans H. Frankel, *The Flowering Plum and the Palace Lady: Interpretations of Chinese Poetry*, New Haven and London: Yale University Press, 1976, p. 55.

盖多个层次：花香、被子之香、女子的体香、总体而言是男主人公“情人眼里出西施”的一种合理投射，译为“perfume”太过肤浅，缺乏美感，表意中性的“scent”更不可取，处理为较为笼统的“fragrance”更为贴切。此外，末行意象组合“白露湿青苔”中的动词“湿”也十分重要：男主人公苦盼女子归来，从黑夜等到清晨，眼看着白露打湿了青苔，只有像傅译“moistens”一样将这种动态感译出，才能凸显出男主人公爱慕之深和相思之痛，而斯译的形容词静态表达没有这种语义效果。比较而言，傅汉思在译诗中准确传达了意象的含义，充分再现了意象的状态。

再如李煜《虞美人·春花秋月何时了》：

表3－21　**《虞美人·春花秋月何时了》译本对比**

原文	译文
春花秋月何时了？ 往事知多少。 小楼昨夜又东风， 故国不堪回首月明中。 雕栏玉砌应犹在， 只是朱颜改。 问君能有几多愁？ 恰似一江春水向东流。	傅汉思： Spring blossoms and autumn moon—when will they end? How much has happened in the past! On the balcony last night, again an east wind, The moon was so bright, I couldn't bear to look toward the old land. The carved galleries and jade steps must still be there, Only the rosy cheeks have changed. I ask you, how much sorrow can there be? It's just like a whole rive full of eastward flow in spring. ①
	白英引熊丁（音译，Hsiung Ting）： Spring blossoms, autumn moons, will you never cease to come? O what immeasurable memories! Last night when the east wind again blew through my towered chamber, How unbearable to see the ghosts of lost kingdoms in the moon! The carved balustrades, the marble steps must still be there: What has changed only is their delightful youth! Tell me, has anyone suffered such vast woes as mine, Endless as a river in spring which forever flows to the east. ②

该诗是南唐后主李煜的绝命词，通过今昔交错对比，表达了亡国之君的哀思。和上首一样，该词中亦存在意象系统：一方面是代表昔日宫廷美好的意象：春花、秋月、小楼、月明、雕栏、玉砌、朱颜；另一方面是代

① Hans H. Frankel, *The Flowering Plum and the Palace Lady: Interpretations of Chinese Poetry*, New Haven and London: Yale University Press, 1976, p. 88.

② Robert Payne, *The White Pony: an anthology of Chinese poetry from the earliest times to the present day newly translated*, London: Gerge Allen & Unwin, 1949, p. 281.

表今日国破家亡的意象：东风（代表改革）、改变的朱颜、一江向东流逝的春水。意象“朱颜”的变化也暗示着国家由兴盛向衰败的转变。傅汉思准确把握了意象的感情色彩，使得译诗的情绪浓淡得宜。如他将“小楼”灵活地处理为“balcony”，能够更好地再现出“小”中传达的儿女情长、不闻窗外事的语义，让人联想到昔日李后主与宫妾在阳台上沐浴春风、饮酒作乐的欢快场景。而相比之下，熊译“towered chamber”（高耸的宫室），言宫殿之伟岸，与原意象之“小”毫无关系。再如傅汉思对意象“一江春水向东流”的翻译，“a whole river full of eastward flow”句法紧凑，信息密集，具有视觉上的冲击力和节奏上的紧迫感，且“whole”“full of”言程度之深，成功营造出滚滚长江东逝水、大势已去无法挽回的语义效果。而熊译“Endless as a river in spring which forever flows to the east”虽然也表达了意象的表面意义，但句法拖沓，节奏缓慢，在与原诗的风格对等方面远不及傅译。除此之外，熊译中另有四处对意象的失败处理：月亮只有一个，“秋月”不可能是复数（autumn moons）。“故国”译为“the ghosts of lost kingdoms”（亡国的幽灵），给原本充满淡淡哀愁的诗歌徒增了一种哥特式的恐怖。虽然“marble”（大理石）也是名贵的石材，能够体现昔日宫殿的繁华，但是诗歌毕竟是诗性的、夸张的语言，再现“玉”（jade）效果更好。诗歌意象的妙趣在于以形象的事物隐喻抽象的情感。熊丁将具象的“朱颜”译为抽象的“delightful youth”，丢失了意象，表意变得直白寡淡，远不及傅译“rosy cheeks”传神。相较而言，傅汉思对原诗意象的理解更为透彻，使得他能够在精准再现之外灵活处理。

再如白朴《天净沙·秋思》：

表 3-22 **《天净沙·秋思》译本对比**

原文	译文
孤村落日残霞， 轻烟老树寒鸦， 一点飞鸿影下。 青山绿水， 白草红叶黄花。	傅汉思： Lone village, setting sun, remnants of colored clouds, Light mist, old tree, jackdaw. A single dot—a flying goose—casts a shadow below. Blue mountains, green water, White grass, red leaves, yellow flowers. ①

① Hans H. Frankel, *The Flowering Plum and the Palace Lady: Interpretations of Chinese Poetry*, New Haven and London: Yale University Press, 1976, pp. 177-178.

续表

原文	译文
孤村落日残霞， 轻烟老树寒鸦， 一点飞鸿影下。 青山绿水， 白草红叶黄花。	许渊冲： At sunset over lonely village rainbow clouds glow; Over mist-veiled old trees flies a cold crow. The shadow of a dot of swan in flight; Overgreen hills and bluish rills. Sees leaves red, flowers yellow and dewy grass white. ①

此首曲子刻画秋景，象征秋天的组合意象铺陈开来，起到渲染氛围和烘托情感的作用。前两行六个意象的修饰词“孤”“落”“残”“轻”“老”“寒”至关重要，烘托出秋景的萧瑟气氛。第三行“一点飞鸿影下”是全曲唯一一句动态意象，画面由静转动，暗示着诗人情绪的变化。最后两行亦是五个秋天意象的铺陈，但不同的是，意象的颜色修饰词“青”“绿”“白”“红”“黄”勾勒出深秋明朗绚丽之景，曲人心情由暗变明。傅译准确完整地再现了意象的修饰词，在意象组织上，前两行和后两行意象间均以逗号分隔，保留了原文的铺陈形式和白描风格，分别烘托出环境的清冷和心情的失落以及环境的明快和心情的舒畅。中间一行以动词再现了动态意象，并借用破折号提升画面的连续性和动态感。而相比之下，许译没有完整地传递意象，如“glow”虽表“微光”但语义重点仍是发光，没有凸显“残”这一意象特点，“轻烟”之“轻”漏译。此外，许译使用大量介词显化了意象之间的逻辑关系，破坏了原诗意象铺排所形成的风格特点，而且加重了读者的认知负担。末行虽保留白描，但画蛇添足地添加“Sees”，在美好的意象组合中引入了观景之人，破坏了画面的纯净和美感。

以上研究说明，傅汉思在古诗英译中十分重视意象的再现，他准确、透彻、灵活的处理方式成功地传达了语词意象的语义重点、意象组合的情感色彩和意象系统的风格张力，在译诗中再现了原诗的意境。

综上，傅汉思利用多样的翻译策略和灵活的处理方式，成功地再现了词序、平行对偶、复沓以及意象四个中国古诗中的核心诗学元素，很好地传递了中国古诗在形式、风格、意境等方面的诗性。对以上诗学要素一以贯之的再现体现了他对中国诗学的精准把握：词序和意象分别是古诗基本

① 许渊冲英译、杨昕中文注释：《汉英对照元曲三百首》，中国对外翻译出版公司 2009 年版，第 57 页。

和关键的诗学要素，而平行对偶和复沓亦是古诗中最为常见的修辞手段。

傅汉思在古诗英译时之所以放弃其他诗学元素，客观上是由于各种诗学元素在译诗中再现时存在的矛盾。正如他所言：

> 没有译诗能够再现原诗所有的方面和细节。……要强调押韵和/或完美的诗歌节奏，就不得不牺牲措辞和词序的忠实度；要再现音节数或印刷版面上诗行的相对长度，就不得不到处调整、删减和扩写；要标记句读，就会发现英文句子无法总是在和中文句子相同的地方划分开来；要保留原诗词序，就不得不面对中英句法的顽固差异；忽略英文句法或对其重塑，则可能使译诗变得模糊、晦涩或别扭；太过于紧跟中文的对偶和重复模式，则可能使译诗听起来单调枯燥，但忽视这些模式又会破坏原诗。①

以上观点基于傅汉思对20世纪50—80年代西方中国古诗英译实践的全面考察。在论文《自20世纪50年代以来中国古诗的英译：问题与成就》（*English Translations of Classical Chinese Poetry Since the* 1950*s*：*Problems and Achievements*）中，傅汉思将中国古诗的诗学元素分为韵律、词序句法、平行对偶、重复四大类以及更为细致的小类，条分缕析地梳理了不同译者对多种诗学元素的处理方式，字里行间反映了他本人翻译中国古诗的立场：他倾向于以自由体和跳跃韵译诗，主张保持原诗词序，再现平行对偶，再现意义重要的重复，如顶真和复沓。傅汉思之所以放弃严格意义上的韵律再现，选择以自由体译诗，源于其对古诗英译理论与实践的深入思考。如以上引文所示，他清醒地认识到，对“音似”的执着追求必将削弱甚至大幅破坏译诗对于原诗的忠实，导致词序、修辞和意象等诗学要素的扭曲甚至丢失。为了再现一个诗学元素而破坏其他多个重要的诗学要素，是不足取的。傅汉思注意到了西方中国古诗英译界对韵律的态度转变：20世纪早期之前，多数英译古诗都采用韵体形式。但自20世纪下半叶起，自由体译诗已经超越韵体译诗，成为大多数译者的选择。② 此外，从译入语诗学风尚来看，自“诗歌复兴运动”起，自由体英语诗歌便开始大行其

① Hans H. Frankel, “English Translations of Classical Chinese Poetry since the 1950s：Problems and Achivements”, *Tamkang Review*, Vol. XV, No. 1 -4, 1985, p. 324.

② Hans H. Frankel, “English Translations of Classical Chinese Poetry since the 1950s：Problems and Achivements”, *Tamkang Review*, Vol. XV, No. 1 -4, 1985, p. 307, p. 309.

道。翟理斯（James Legge，1845—1935 年）、弗莱彻（W. J. B. Fletcher，1879—1933 年）、许渊冲、汪榕培等是以韵体译诗的代表，两位外国译者以韵体诗译古诗，应当是出于对古诗韵律的重视，也可能受到了当时西方诗学风尚的影响，四位的韵体译诗在得到肯定的同时，也遭受了一定程度的诟病。而对傅汉思而言，他虽然放弃了严格再现原诗整体的韵律，但并没有彻底无视这一重要的诗学要素。他在译诗中适时地再现和创造局部的韵律，适度地营造译诗整体的节奏，可谓是对古诗韵律的照顾和补偿，不失为较好的权宜之策，下文将详细论述之。

二　再现原诗文体特色

中国古诗博大精深，大体分为古体诗、近体诗、词、曲。而古体诗又有自身的发展轨迹，上至《诗经》下至新乐府。不同诗体有着不同的作诗法，形式和风格各异。傅汉思曾表示，为理解和欣赏诗歌的本意，需要尽可能多地了解其运用的语言，而此处的“语言”含义宽泛，诗体所决定的文学语言便是其中之一，[①] 由此可见他对诗歌文体的高度重视。研究发现，傅汉思在译诗时拥有高度的文体意识，试图向西方世界传递中国古诗诗学共性之外的诗体差异。文体特点基于诗学要素，是多种诗学要素综合作用而形成的文体风格。文体意识是不少专业汉学家译诗的共性，植根于他们深入系统的文体研究。如康达维表示，“若想翻译中古文学的作品，译者首先要熟悉这一时期全部的文学体裁。……为了能够充分了解这些文类，以及如何着手翻译这些作品，我花了很长的时间研究这些文类的历史和背景，以充分了解其文体结构和风格”[②]。下面以辞赋和乐府为例，从中国诗学本体出发，详细考察傅汉思在古诗英译中对原诗文体特色的再现。

（一）辞赋

根据赋体研究权威学者龚克昌的研究，汉赋是韵散参半的文学体裁，它汲取了诗歌的韵律美而扬弃了其过于谨严的句式，吸收了散文的灵活自由而舍弃了其过于散漫的形式，从而形成了一种华丽端庄、铺张扬厉的独特文体，并直接哺育生成了六朝的俳赋、唐朝的律赋和宋以后的文赋。[③]

---

① 参见 Hans H. Frankel，*The Flowering Plum and the Palace Lady*：*Interpretations of Chinese Poetry*，New Haven and London：Yale University Press，1976，p. xi。

② 康达维：《玫瑰还是美玉——中国中古文学翻译的一些问题》，李冰梅译，见于赵敏俐、佐藤利行编《中国中古文学研究》，学苑出版社 2005 年版，第 27—28 页。

③ 参见龚克昌《论汉赋》，《文史哲》1981 年第 1 期。

总体而言，辞赋具有三大特点：文采华丽，辞藻丰富；句式错落，追求排偶；音节铿锵，声律谐协。

傅汉思所译三篇赋文——《七发》《梅花赋》《别赋》均很好地体现了以上三大特点。《七发》是汉赋发端之作，出自枚乘，诗中吴客利用精神心理疗法，分别描述音乐、饮食、乘车、游宴、田猎、观涛六件乐事，最后向其引荐方术之士，结果太子霍然而愈，诗人借此表达对权贵阶层的不满和劝诫。《别赋》是南朝江淹所作，通过对戍人、富豪、侠客、游宦、道士、情人别离的刻画，反映了齐梁时代社会动荡的侧影。《梅花赋》梗概已在上文论及，不再赘述。

1. 文采华丽，辞藻丰富

首先，傅汉思以形式多样、语义丰蕴的选词和搭配在译诗中再现了辞赋文辞藻饰的特点。如《梅花赋》中：

层城之宫，	In the many walled palace's
灵苑之中，	Sacred garden:
奇木万品，	Wondrous trees, myriad kinds,
庶草千丛。	And countless plants in thousand profusion. ①

此句描写梅花所处的环境，极言宫苑草木之奇特多样。译诗以“wondrous”“myriad”分别译“奇”“万”，富有文学色彩，以“countless”译“庶”，反义词型凸显数量之多，以“in thousand profusion”对应“千丛”，名词短语十分正式，加之译诗用跨行、冒号、逗号三种手段将词与词之间的停顿缩小，营造了铺排的华丽质感。又如《别赋》中：

日出天而耀景，	The sun rises in the sky with sparking light,
露下地而腾文，	The dew falls on the ground in glittering patterns.
镜朱尘之照烂，	Red dust is reflected in brilliance,
袭青气之烟煴。	The life-force of spring bursts out in profusion.
攀桃李兮不忍别，	Plucking peach and plum prigs, he cannot bear to leave;

① Hans H. Frankel, *The Flowering Plum and the Palace Lady: Interpretations of Chinese Poetry*, New Haven and London: Yale University Press, 1976, p. 1.

送爱子兮沾罗裙。At the beloved's farewell, tears soak her silk skirt. ①

选段描绘征战之人与爱人离别前的场景，极言春天自然万物——日出、露珠、雾霭、草木之气之美好，反衬出别情之悲。原诗“耀”“腾”“（照）烂”均表光彩之夺目，译诗不拘于原诗词性，选用了形容词“sparking”“glittering”和名词“brilliance”，绘声绘色，生动形象。又以“burst out in profusion”译“袭”和“烟煴”（同“氤氲”），首先搭配十分灵活，其次语义饱满的动词“burst out”和名词短语“in profusion”都将春天万物生长、草木之气喷薄而出的勃勃生机表现到了极致。此段中还有两处别致的译法，一是以“life-force”译“青气”，复合词构词新颖，表意深刻；二是“farewell”作名词表示送别的仪式，不是该词通常的用法，却十分巧妙。以上种种选词组织起来，再现了原诗似织锦般华美夸饰的语言风格。再如《七发》中：

表 3－23　**《七发》片段译本对比**

原文	译文
混混庉庉， 声如雷鼓。 发怒屋沓， 清升逾跇， 侯波奋振， 合战于藉藉之口。	傅汉思： Worse confounded confusion, It sounds like thunder and drums. In an outburst of wrath it foams at obstacles; Limpidly swelling it leaps across. Giant billows, rising in awful majesty, Join battle at the Harbor of Tumult. ②
	苏文三： It booms and crashes, like rolls of thunder. It bursts into anger, is blocked, starts to foam; limpid water rises and then escapes. The Wave God is aroused; He does battle at the mouth of Chieh-chieh. ③

① Hans H. Frankel, *The Flowering Plum and the Palace Lady: Interpretations of Chinese Poetry*, New Haven and London: Yale University Press, 1976, p. 76.

② Hans H. Frankel, *The Flowering Plum and the Palace Lady: Interpretations of Chinese Poetry*, New Haven and London: Yale University Press, 1976, p. 200.

③ David R. Knechtges and Jerry Swanson, Seven Stimuli for the Prince: The Ch'i-Fa of Mei Ch'eng, Monumenta Serica, 1970－1971, Vol. 29 (1970－1971), p. 115. 注：康达维教授在与笔者的往来邮件中称，此译本为苏文三主要负责翻译。

选段刻画江涛轰隆作响、汹涌奔腾的画面，异常壮观。傅汉思译诗以"in an outburst of wrath" 译"发怒"，"an outburst of" 极言情绪之丰沛。以短语"in awful majesty" 译具有副词词性的"奋"，"awful" 程度词修饰本身就能表达气势恢宏之意的"majesty"，将渲染效果最大化。此外，最后两句中大量形象化的动词密集出现（swell，leap across，rise，join），"动词-ing" 作状语修饰动词，展现了原诗语言的繁丽和语义的张力。相比之下，苏文三译本从文采上则逊色不少。首先，译诗的选词（rise，escape）缺乏力量感和画面感；其次，被动语态（be aroused）带来停滞柔和的语感，与惊涛骇浪的气势背道而驰；最后，大量动词简单铺陈，只做谓语而缺乏词型和位置的变化，寡淡无味，很难再现出原诗的竞争感和冲击力。

2. 句式错落，追求排偶

其次，傅汉思以散文化灵活善变的英语句式再现了赋体句式错落的特点，以具有严谨对应关系的平行结构再现了赋体言语骈俪的特点。

以篇幅较短的《梅花赋》为例，经笔者梳理，全诗共有四种字数的句子：四言句、五言句、六言句、七言句。其中五言句有两句，即为最后一联"花色持相比，恒愁恐失时"的特殊句式。七言句亦仅有一联两句："春风吹梅畏落尽，贱妾为此敛蛾眉"。

四言句有23句，分为5种句法结构，包括：

①偏正结构：层城之宫，灵苑之中

②主谓结构：奇木万品，庶草千丛，寒圭变节，冬灰徙筒，并皆枯悴，梅花特早，偏能识春，夹衣始薄，罗袖初单

③动宾结构：折此芳花，举兹轻袖，顾影丹墀，弄此娇姿，洞开春牖，四卷罗帷

④两个主谓或动宾结构并列：光分影杂，条繁干通，年归气新，摇云动尘，貌婉心娴

⑤其他句法结构：色落摧风

六言句有24句，分为6种句法结构，包括：

①"或……乍……"类特殊句式联句，主干为由"而"串联的两个二字动宾或主谓短语：或承阳而发金，乍杂雪而被银，乍开花而傍巘，或含影而临池，或插鬓而问人，或残枝而相授，既玉缀而珠离，且冰悬而雹布

②二字动宾结构+四字地点状语：吐艳四照之林，舒荣五衢之路

③一字主语+由"而"连接的两个二字谓语：叶嫩出而未成，枝抽心

而插故，摽半落而飞空，香随风而远度

④“一字动词 + 偏正短语性质五字宾语”构成的动宾结构：挂靡靡之游丝，杂霏霏之晨雾，争楼上之落粉，夺机中之织素，怜早花之惊节，讶春光之遣寒，恨鬟前之太空，嫌金钿之转旧

⑤三字动宾短语 + “而” + 二字动宾短语：向玉阶而结彩，拂网户而低枝

⑥其他句法结构：于是重闺佳丽

相应的，译诗句式也十分多样。其中简单句包括“主谓”“主谓宾”和“主系表”结构，复杂句涵盖：

表 3 – 24　**《梅花赋》傅汉思译本中的复杂句**

句式结构	例句
“V + ing”状语前置	Stretching toward jade steps, she forms brilliant patterns; / Gently brushing a carved door, she lowers her branches. Now, receiving yang, she brings forth gold, / Now, mingling with snow, she wears a cloak of silver. Now, opening into flower, she leans on a hillside; / Now, reflecting her own image, she overhangs a pool.
“V + ing”状语后置	The year turns, the ether is new, / Rousing the plants and stirring the earth. She plucks the fragrant blossoms, / Raising her dainty sleeve.
“V + ed”状语结构	Their beauty falls, destroyed by the wind. Her lined gown is thinner now, unwadded.
“with”状语结构	With lights diffused and shadows mingled, / Twigs abound and trunks are everywhere.
定语从句	Loves the early blossoms that spur in the season.
时间状语从句	When the cold sundial marks the change of season/ And wintry ashes move in the calendar pipes, / They all wither and fade, / Their beauty falls, destroyed by the wind. ①

此外还有省略句等诗歌中典型的句式变异，如上述“层城之宫”一句的译诗，不是传统意义上语法完整和句法严谨的句子，但依靠标点串联依然能构成完整的语义。上述句式有的单独成行，有的跨越两行（如 The year turns, the ether is new, /Rousing the plants and stirring the earth.），有的

① 以上译诗均参见 Hans H. Frankel, *The Flowering Plum and the Palace Lady: Interpretations of Chinese Poetry*, New Haven and London: Yale University Press, 1976, pp. 1 – 3。

甚至占据四行（如“When the cold sundial marks the change of season...”一句），多样的跨行现象和句式的多变、句式的诗学变异，共同塑造了译诗句法错落有致的特点。

《梅花赋》中拥有大量的句内平行和句间对偶。其中11个诗行为行内平行，包括“光分影杂”“条繁干通”“年归气新”“摇云动尘”“貌婉心娴”“或承阳而发金”“乍杂雪而被银”“既玉缀而珠离”“且冰悬而雹布”“乍开花而傍巘”“或含影而临池”。其平行模式包含：四音节诗句中的音节1对应音节3、音节2对应音节4，六音节诗句中的音节2对应音节5、音节3对应音节6。傅汉思在译诗中保留了大部分的行内平行现象，如“光分影杂”（With light diffused and shadows mingled）、“条繁干通”（Twigs abound and trunks are everywhere）、“年归气新”（The year turns, the ether is new）、“摇云动尘”（Rousing the plants and stirring the earth）、“貌婉心娴”（Her appearance delicate and her mind refined）、“既玉坠而珠离”（As jade are joined and peals strewn）、“既且冰悬而雹布”（So ice is hung and hail spread）。全诗52个诗行中，除去“并皆枯悴，色落摧风”“年归气新，摇云动尘”“梅花特早，偏能识春”“于是重闺佳丽，貌婉心娴”“顾影丹墀，弄此娇姿”以及最后四行散文化句子外，其他28个对句均为对偶。以上表中“‘V + ing’状语前置”的句子为例，傅汉思的译诗成功再现了大多数对句中的对偶，传递了辞赋严整的形式和磅礴的气势。再如《七发》中：

今夫贵人之子，	The young men of the best families,
必宫居而闺处，	Invariably lives in palaces, reside in sheltered quarters.
内有保母，	With protective nurses within,
外有傅父，	And magisterial tutors without,
欲交无所。	There is no chance for social mingling.
饮食则温淳甘膬，	Drinks and foods are pleasantly flavored, sweet and crisp,
脭醲肥厚；	Meat and wine are fat and strong.
衣裳则杂沓曼暖，	Clothes are of many kinds and plentiful, light yet warm,
燂烁热暑。	Melting hot, sweltering and scorching.①

此段中，吴客分析楚太子疾病的原因，描述彼时权贵之士养尊处优、

① Hans H. Frankel, *The Flowering Plum and the Palace Lady: Interpretations of Chinese Poetry*, New Haven and London: Yale University Press, 1976, p. 188.

衣食靡费的腐败生活，为后文以精神疗法治病劝谏作铺垫。选段包括四言句、六言句和七言句。其中四言句又分四类结构：状语 + 动宾结构："内有保母，外有傅父"；谓语 + 补语结构："欲交无所"；主谓结构："醒醲肥厚"；形容词并列："燂烁热暑"。六言句有两种结构：发语词 + 偏正短语："今夫贵人之子"；状语 + 两个由"而"串联的动宾倒装结构："必官居而闺处"。七言句为主语 + "则" + 两个形容词谓语并列："饮食则温淳甘膬""衣裳则杂沓曼暖"。可见句法结构复杂多变。与此同时，"内有保母"与"外有傅父"、"饮食则温淳甘膬"与"衣裳则杂遝曼暖"分别构成句间对偶，"（必）宫居而闺处"构成句内平行。相应地，译诗使用了主谓宾结构、主系表结构、"with"状语、"there be"句型等多种句法，"lives in palaces"与"reside in sheltered quarters"、"protective nurses within"与"magisterial tutors without"、"Drinks and foods are pleasantly flavored, sweet and crisp"与"Clothes are of many kinds and plentiful, light yet warm"均构成了平行结构，成功地再现了原诗句式上的多样性和一致性。再如《别赋》中：

表 3 – 25　**《别赋》片段译本对比**

原文	译文
是以别方不定， 别理千名， 有别必怨， 有怨必盈， 使人意夺神骇， 心折骨惊。 虽渊云之墨妙， 严乐之笔精， 金闺之诸彦， 兰台之群英， 赋有凌云之称， 辩有雕龙之声， 谁能摹暂离之状， 写永诀之情者乎！	傅汉思： Thus the ways of separation are unpredictable, The causes of separation have a thousand names. Those who are separated will grieve without fail, Their grief will be abundant without fail. As a result, men's feelings are violated, their minds are terrified, Hearts are splintered, and bones dismayed. Not even the superb ink of Wang Pao and Yang-Hsiung, The fine brushes of Yen An and Hsu Lo, The dignitaries of the Golden Horse Gate, The assembled flower①of the Orchid Terrace, Though their writing skill were said to pierce the clouds And their eloquence were likened to carving dragons, None could depict the aspects of temporary separation Or describe the feelings of irrevocable parting. ②

① 此处为误译。

② Hans H. Frankel, *The Flowering Plum and the Palace Lady: Interpretations of Chinese Poetry*, New Haven and London: Yale University Press, 1976, p. 78.

续表

原文	译文
是以别方不定， 别理千名， 有别必怨， 有怨必盈， 使人意夺神骇， 心折骨惊。 虽渊云之墨妙， 严乐之笔精， 金闺之诸彦， 兰台之群英， 赋有凌云之称， 辩有雕龙之声， 谁能摹暂离之状， 写永诀之情者乎！	华兹生： So it is that parting knows no fixed form； Patterns of parting bear a thousand names. But where there's parting there will surely be regret, And where there are regrets they must overflow, Making men dazed in mind, stricken in spirit, Broken-hearted, pierced to the bone. Though I possessed the matchless ink of Wang Pao or Yang Hsiung, The deft brushes of Yen An and Hsü Yüeh, All the finest writers of the Golden Chamber, Numberless masters of the Orchid Terrace, Whose rhyme-prose is said to lift one soaring over clouds, Whose eloquence earns the name of dragon-carving, Who could describe the form of these temporary partings, Who could catch the likeness of these long farewells?①

此段是全诗最后一节，总结别情之形式多样、苦痛之深以至于难以描摹。句法上有四言句、五言句、六言句、七言句，句法结构上亦颇为复杂，几乎每两个对句（除去连接词、语气词）均为对偶结构，形成排偶。观察傅译发现，其句法结构有主系表、主谓宾，语法结构中有定语从句、省略结构、让步状语从句，同样十分多变。对比傅汉思与华兹生的译本发现，傅汉思译诗中的平行结构较为严格，句法成分一一对应，华兹生译诗中平行句的对应关系则较为松散。如对于句内平行“心折骨惊”而言，傅汉思译为：Hearts are splintered, and bones dismayed，而华兹生译为：Broken-hearted, pierced to the bone；对于句间对偶“赋有凌云之称，辩有雕龙之声”而言，傅汉思译为：（Though）their writing skill were said to pierce the clouds and their eloquence were likened to carving dragons，而华兹生译为：Whose rhyme-prose is said to lift one soaring over clouds, Whose eloquence earns the name of dragon-carving。傅译中成对铺陈的严谨平行有助于将赋体排偶的特点最大化地再现出来，让西方读者充分感受到赋体的对称性以及恢宏气势，而华译平行中的变化虽然符合英语自由诗的风格取向，有助于提升大众传播效果，但不可避免地减损了赋体骈俪特色的传达。

① Burton Waston, *Chinese Rhyme-Prose*, Hong Kong：The Chinese University of Hong Kong Press, 2015, p. 121.

3. 音节铿锵，声律谐协

最后，赋体的韵律特点体现在声韵和音律两个方面。声韵方面，其押韵要求较为宽泛，有的通篇一韵到底，有的分段换韵，有的几句一换韵。押韵过程中，有押整句的，有押分句的，也有间断未全押韵的。音律方面，赋体讲求但不过分追求声律，其格律要求比格律诗词宽松，更多追求整句的抑扬顿挫。即两个分句和两个分句组成对偶句式时，在分句结构有抑有扬。两分句对两分句的声律情况有平仄—平仄、平仄—仄平、仄平—仄平、仄平—平仄、平平—仄仄、仄仄—平平等多种形式。律动对于赋体的行文十分重要，声调的交替带来明显的律动，会使得全篇抑扬顿挫，即使全篇不押韵，也会带来整体的音律和谐之美。英语诗歌的韵律通常表现为押韵和格律。音韵可以通过诗节中句尾的押韵表现，也可以借由句中或邻句词语之间的押韵传达。格律方面，重读音节和非重读音节的组合构成了音步（foot），不同数目重读和非重读音节通过不同组合方式构成了不同音步，统一的音步在诗篇各句中有规律重复，形成了英诗的各种格律，如抑扬格、扬抑格、扬抑抑格、抑抑扬格和抑扬抑格等。

傅汉思的译诗采用自由体形式，译诗整体上没有精确的押韵和严格的格律。但是在翻译辞赋时，他依然通过其他多种方式在细节处采取补偿措施，比如叠韵词的大量使用、句中和句间邻近词的押韵、部分诗句间押近似韵即宽韵、动词在平行句中铺陈、主被动语态的交替等，再现赋体音韵的美感。以《七发》为例：

纷纷翼翼，	Helter-skelter,
波涌云乱，	The billows swell and spread like clouds,
荡取南山，	Rush upon the southern hills,
背击北岸。	Strike in the rear at the northern shore,
覆亏丘陵，	Topple hillrocks and mounds,
平夷西畔。	Flatten the western embankment;
险险戏戏，	Perilously steep they rise,
崩坏陂池，	And collapse the sloping banks.
决胜乃罢。	Not until the foe is drowned do they halt.
瀄汩潺湲，	Striking and pushing they roil and roll,
披扬流洒。	Swelling and rising they splash and dash,

横暴之极， Perverse and cruel in the extreme.
鱼鳖失势， Fish and turtles lose their powers,
颠倒偃侧， Upside down and topsy-turvy,
沈沈湲湲， Out of balance and control,
蒲伏连延。 They float and crawl along.
神物怪疑， The magical phenomena and miracles,
不可胜言。 Cannot be told in full.
直使人踣焉， They only make one stumble,
洄暗凄怆焉。 In giddy perplexity and fright. ①

此段刻画洪涛汹涌澎湃的气势以及对周边环境和其中设施与动物的巨大破坏。原文行文铿锵有力，其中句尾粗体部分押“an”韵，整段的声律情况为：仄仄平仄平仄仄平仄平仄平仄仄平平平平平平，此外段中的“AABB”式叠词（险险戏戏、沈沈湲湲）、行中平行（波涌云乱）、动词并列（澥汩潺湲、披扬流洒、蒲伏连延）也创造了一定的节奏感。傅汉思在译诗中综合采用了多种补偿办法来传递原诗的韵律效果，如英语中固有的叠词：纷纷翼翼（Helter-skelter）、偃侧（topsy-turvy），相邻或邻近韵词：涌—乱（swell and spread）、潺湲（roil and roll）、流洒（splash and dash）、澥汩（striking and pushing）、披扬（swelling and rising），近似押韵：行中—丘陵（hillrocks and mounds）、行间（rise-banks）。“波涌云乱，荡取南山，背击北岸”一句的译诗使用了大量以辅音“s”打头的单词（swell-spread-southern-strike-shore②），读起来朗朗上口。“澥汩潺湲，披扬流洒”一句译文中的音韵情况更为复杂。除采用上述相邻的韵词外，句中也出现了大量以辅音“s”打头的单词（striking-swelling-splash-dash），此外两行起始单词开头辅音“s”押韵、结尾元音“ing”押韵，两行句法一致，对应工整：“striking and pushing”对“swelling and rising”、“roil and roll”对“splash and dash”，从而形成了行中、行间、句中多元一体的韵律谐协效果，集中展现了傅汉思对赋体音韵的充分关照。除此之外，他将倒

① Hans H. Frankel, *The Flowering Plum and the Palace Lady: Interpretations of Chinese Poetry*, New Haven and London: Yale University Press, 1976, pp. 200 – 201.

② “shore”的首字母辅音“sh”与其他单词不同但相似。

数第二句“神物怪疑，不可胜言”译为被动语态，句子重心在前，将末句“直使人踣焉，洄暗凄怆焉”译为主动语态，句子重心在后，且前句句首和后句句尾名都是名词词对，营造了回环曲折、往复的节奏感。

苏文三：
In turmoil and confusion,
the waves swell, scatter like clouds.
They dash into the southern mountains,
smash the northern shore.
They topple the hills and mounds,
flatten the western bank.
Dangerous, perilous,
they collapse the embankments.
Finally victorious, it gradually subsides.
Waves clashing, rapids roiling,
the water spreads and swells, flows and drenches.
At the peak of violence,
fish and turtles lose their strength,
are toppled over, turned on their sides.
They are thrown back by the waves,
grovelling and crawling continuously.
Such magical things are eerie and baffling
and cannot be described completely.
It only makes one stumble,
confused, and apprehensive. ①

如上所示，苏文三的译本也采取类似方法从一定程度上再现了原诗的音韵美。然而，除首句中大量选用首字母辅音相同的单词（swell-scatter-southern-smash-shore）外，其余基本是以相邻或邻近韵词传递韵律：涌—

① David R. Knechtges and Jerry Swanson, “Seven Stimuli for the Prince: The Ch'i-Fa of Mei Ch'eng”, *Monumenta Serica*, 1970–1971, Vol. 29 (1970–1971), p. 116.

乱（swell-scatter）、险险戏戏（Dangerous，perilous）、披扬（spreads and swells）、蒲伏连延（grovelling and crawling...）、clashing-roiling、toppled-turned，缺乏对更大单位——句中和句间韵律的考量和处理，因而其译诗整体的韵律感和节奏性不及傅汉思。再如《别赋》中：

居人愁卧，　The one left behind reclines in sorrow,
怳若有亡。　Deprived of her senses，like one bereaved.
日下壁而沉彩　Submerging its brilliance，the sun sets below the house wall,
月上轩而飞光。Splendidly soaring，the moon rises above the balcony.
见红兰而受露，She observed dew on the red orchid;
望青楸之离霜。She sees frost on the green catalpa.
巡层楹而空掩，She checks the lofty rooms and vainly closes them,
抚锦幕而虚凉。She strokes the embroidered curtains and finds them empty and cold.
知离梦之踯躅，She knows the departed one's dreams are unsteady,
意别魂之飞扬。She realizes the absent one's soul is soaring high. ①

本段描写留守家中的离人心中挥之不去的悲凉怅惘之情。如原文句尾粗体字所示，隔行押“ang”韵，律动模式为：仄平仄平仄平仄平平平。傅译中对音韵的传递集中体现在“日下壁而沉彩，月上轩而飞光”一句，和上段“澌汩潺湲，披扬流洒”一句类似，其押韵模式有：行内相邻韵词：日下（sun sets）、飞光（splendidly soaring），行间首词押首字母辅音韵：submerging-splendidly，对句中出现大量首字母辅音相同的单词：Submerging-sun-sets-splendidly-soaring，也有利于增强节奏效果。末句两联相同位置出现同一实词“one”，亦对协调音韵有一定作用。

康达维：

The one left behind lies abed，sad at heart;

① Hans H. Frankel，*The Flowering Plum and the Palace Lady*：*Interpretations of Chinese Poetry*，New Haven and London：Yale University Press，1976，p. 74.

She is bewildered, as if having lost something.
The sun sets behind the wall, plunging its brilliance downward;
The moon rises above the veranda, sending forth its flying beams.
She sees red thoroughwort soaked with dew,
Gazes at green catalpas struck by frost.
She walks about the towering hall, leaving the doors unclosed;
Strokes the brocade curtains, which feel empty and cold.
She knows that the distant one still pauses and paces in his dream,
And imagines that the departed one's soul has flown away. ①

如上所示，康达维的译本也传递了原诗的音律特性，但其处理方式与傅汉思不同。除邻近韵词“sun-sets”外，康达维注意到原文中有韵律效果的复音词“踯躅”，并以同时押头韵和尾韵的词对“pauses and paces”译之。此外，“见红兰而受露，望青楸之离霜”以及“知离梦之踯躅，意别魂之飞扬”两句译文中，他分别都在上下行对应位置处选用了押头韵的单词相对，即“受（soaked）——离（struck）”“离（distant）——别（departed）”，十分有力地再现了选段工整的押韵特点。相比傅译，赋体的韵律在康译中得到了更大范围的体现，展现了康达维作为辞赋译研宗师应有的高超水准。但不可否认，以上傅译中诸多音韵的表现形式仍旧说明了其赋体英译时强烈的文体意识。

再如《梅花赋》，原诗的押韵、律动、大量句内平行和句间对偶的铺陈均构成了原诗谐悦的听觉效果。傅汉思亦借助不同方式尽力传递了这一特性。总体上分为三类：第一，行中韵，即邻近词的押韵。例如“动词 - ing”押韵：摇云动尘（Rousing the plants and stirring the earth）；相邻或邻近词押韵或近似韵：且冰悬而雹布（So ice is hung and hail spread）、花色持相比（Blossoms and beauties are all alike）、摽半落而飞空（Petals from the treetop fall halfway and fly in the air）、光分影杂（With light diffused and shadows mingled）。第二，行间韵，即上下联对应位置语词的押韵。如：“动词 - ing”押

① David R. Knechtges, *Wen xuan or Selections of Refined Literature Volume Three: Rhapsodies on Natural Phenomena, Birds and Animals, Aspirations and Feelings, Sorrowful Laments, Literature, Music, and Passions*, Princeton University Press, 1996, p. 203.

韵：或承阳而发金，乍杂雪而被银（Now，receiving yang，she brings forth gold，/ Now，mingling with snow，she wears a cloak of silver.）；辅音首字母押韵：寒圭变节，冬灰徙筒（When the cold sundial marks the change of season / And wintry ashes move in the calendar pipes）；尾词近似韵：吐艳四照之林，舒荣五衢之路（She exhales glamour and lights up the grove on all four sides，/ She spreads splendor at the meeting of five roads）。第三，隔行句尾的近似韵。即在论及再现赋体辞藻特点时所举之例："层城之宫，灵苑之中。奇木万品，庶草千丛"，译文首句句尾"palace's"和第三句句尾"kinds"近似押韵，第二句句尾"garden"和第四句句尾"profusion"近似押韵。

以上举证和比较研究说明，傅汉思的译诗借助各种变通方式，很好地再现了赋体文辞夸饰、句式多样且多骈俪的特点，较好地传递了赋体音律和谐的特点，让西方读者充分领略到了赋体精工秾丽、铺张扬厉的风格。特别值得肯定的是，从技术处理上看，在自由体译诗中再现韵律难度很大，因为要照顾音韵难免损伤语义，所谓"因韵害意"，然而傅汉思却依然在忠实原诗语义、保留词序和平行对偶等诗学要素的前提下创造出多种声律表现形式，颇见其古诗英译时文体意识之强。除以上特点外，赋体的其他特点——如虚词的使用，也在傅译中得到了突出强调。在《中国诗选译随谈》中，他将三篇辞赋中表示过渡的虚词全部以醒目的斜体标出，以凸显其特殊功能，包括《梅花赋》中将描写梅花的上片与描写宫闱佳丽的下片分开的"于是"（Thereupon）、《别赋》中大部分小段开头的过渡词"是以"（Thus）"故"（Therefore）"乃有"（Then there are）"或乃"（Or else）"至如"（Now consider）"又若"（Again，suppose）"傥有"（If there is）"下有"（In the world below there are）"以"（Thus）以及第十段段中的过渡词"至乃"（As for）、《七发》中表示过渡的 6 个"于是"和 3 个"于是使"（其中除"于是使射千镒之重"中"于是使"译为"Thereupon let there be"外，其他 8 个虚词均译为"Thereupon"）。其中，thereupon 是老式英语，古色古香，以其译"于是（使）"是"以古译古"的做法，实现了语域的对等，值得称道。

傅汉思译介辞赋时强烈的文体意识植根于他对该文体的深入研究。他在《中国诗选译随谈》附录《诗歌形式》中揭示了辞赋总体的文体特点：

赋是一种混杂的文体，通常来说或为描述性或为哲学性，抑或二者兼具。一般篇幅相当长，风格华丽，并且常常与散文混合在一起。赋在公元前二世纪成为地位突出的文体，它源于出现在《楚辞》选集中的一种早期的诗歌形式。赋的韵律体现出诸多变化和不规则之处，其典型的特征（但无需总表现出来）在于对单个音节“兮”的使用、功能性词语在固定位置的运用、额外的起始词和词组的添加以及虚词的成对出现。①

又在该书《平行与对偶》一章指出了赋体对虚词的使用——即额外添加的起始性短语和表示并置的虚词词对。他写道：“‘赋’的一个新的段落开始时会以一个起始性的虚词或是包括一个或更多虚词的短语作为引导……这种起始性短语构成了散文元素对诗歌篇章的侵入”②，进而指出了以上三篇辞赋中的具体起始词。傅汉思将辞赋中指示并列的虚词词对与希腊语中的“μέν... δέ”类比，并指出了《梅花赋》中的词对“或……乍……”“乍……或……”“或……或……”“既……且……”以及《别赋》中的词对“或……乍……”。此外，在译介具体诗篇时，他又详述了各自的文体特点。如他指出了《梅花赋》中围绕单一主题而采用的对偶手法和额外添加的词组“于是”，并具体标明了其中的句式部分和韵脚部分。傅汉思将对辞赋的文体研究发现转化为翻译时的文体意识，在译诗中将其三大文体特点展现得淋漓尽致。

（二）乐府

乐府诗歌尤其是民间乐府具有叙事性和音乐性两大文体特点。一方面，两汉乐府叙事诗标志着中国古代叙事诗的成熟。叙事性体现为故事情节的戏剧性和场景人物的细节性两个方面，而戏剧性又通过人物之间的对话、人物的自白、第三人的旁白、一连串的动作等展现；细节性主要是通过特写形式调整“焦距”，放大镜头，对核心人物进行精描细绘，对核心事件展开追踪捕捉；③ 另一方面，乐府的起源是西汉时期“乐府”官署的成立，负责采集民谣和整理改编，用于配乐演唱。乐府的音乐性体现为诗篇本身的韵律以及特殊构词、句式和修辞所创造的韵律。傅汉思在译诗中

① Hans H. Frankel, *The Flowering Plum and the Palace Lady: Interpretations of Chinese Poetry*, New Haven and London: Yale University Press, 1976, p. 212.

② Hans H. Frankel, *The Flowering Plum and the Palace Lady: Interpretations of Chinese Poetry*, New Haven and London: Yale University Press, 1976, p. 163.

③ 有关乐府的叙事性，详见钟婉萍《谈汉乐府的叙事艺术》，《语文学刊》2015 年第 9 期。

很好地再现了乐府诗的叙事性和音乐性。下面以“乐府双璧”——《木兰诗》和《孔雀东南飞》为例试析之。前者是北朝乐府，讲述了木兰女扮男装、替父从军的故事。后者是汉乐府，讲述了刘兰芝和焦仲卿反抗家长制婚姻、以死殉情的故事。

1. 叙事性

首先，傅汉思精准而审慎地洞察到了乐府诗中的人物对话或独白，对人物对话的翻译注重措辞的地道和简洁，并完整传神地还原了细节性的描写，从而全面立体地再现了乐府诗的叙事性。

（1）人称变化

乐府诗中经常伴随叙述视角即人称的变化，以第三人称向第一人称转变居多，即由旁观者的客观报道转变为人物的角色扮演，这种角色扮演可以是人物独白，也可以是人物的对话。如在《孔雀东南飞》中，以第一人称代词“我”的出现为标志，全诗中共出现三次人称的变化，如下所示：

傅汉思：

鸡鸣外欲曙，	The cock crowed, outside it was about to get bright,
新妇起严妆。	The young wife rose and made up carefully.
着我绣夹裙，	“I put on my embroidered lined skirt.”
事事四五通。	Every piece she tried on four or five times.
手巾掩口啼，	Her handkerchief she pressed to her mouth and cried,
泪落便如泻。	Her tears fell as if poured.
移我琉璃榻，	“I moved my crystal-adorned couch
出置前窗下。	And place it below the window”
奄奄黄昏后，	Gloomy, gloomy, after dusk,
寂寂人定初。	Quiet, quiet, when everyone had settled down.
我命绝今日，	“My life will be cut off today,
魂去尸长留！	My soul will depart, only my corpse will remain.”①

① Hans H. Frankel, “The Chinese Ballad ‘Southeast Fly the Peacocks’”, *Harvard Journal of Asiatic Studies*, 34 (1974), pp. 251, 256, 258.

第一处，刘兰芝早起准备离开焦家，自述悉心梳妆打扮的细节——“着我绣夹裙”。第二处，刘兰芝听到母亲催促，悲痛不已，但不得不开始为出嫁作准备，无奈自述行动——“移我琉璃榻，出置前窗下”。第三处，时至黄昏，婚宴结束，刘兰芝作绝命自白——“我命绝今日，魂去尸长留”。比较《孔雀东南飞》的多个译本发现，傅汉思是唯一一位同时将这三处自白都翻译出来的译者，而其前辈译者——韦利、白英以及其后辈译者——华兹生、汪榕培均忽略了前两处较为隐蔽的第一人称，只译出了最后一处明显的第一人称。[①] 对于这四位译者为何未将前两处引语翻译出来，我们不得而知，但这三处自述对于叙事性的构建至关重要，比平铺直叙更能凸显出兰芝的人物性格，即第一处对家长制的顽强抗争、第二处的通情达理、第三处对爱情的忠贞不渝。

再如，《木兰诗》中不少地方的叙述视角存在模糊性，读者很难判断人称在哪里发生了转变。但傅汉思依然结合人称代词标志和叙事理解等做出了精到而审慎的引语处理，如下所示：

表 3－26　**《木兰诗》傅汉思译本对模糊叙述视角的处理**

原文	译文
问女何所思，问女何所忆。 女亦无所思，女亦无所忆。 昨夜见军帖，可汗大点兵， 军书十二卷，卷卷有爷名。 阿爷无大儿，木兰无长兄， 愿为市鞍马，从此替爷征。	. . . “No one is on Daughter's heart, No one is on Daughter's mind. Last night I saw the draft posters, The Khan is calling many troops, The army list is in twelve scrolls, On every scroll there's Father's name. Father has no grown-up son, Mu-lan has no elder brother. I want to buy a saddle and horse, And serve in the army in Father's place.”
可汗问所欲， 木兰不用尚书郎， 愿驰千里足，送儿还故乡。	. . . “Mu-lan has no use for a minister's post. I wish to ride a swift mount To take me back to my home.”

① 韦利译本详见 Arthur Waley, *A Hundred and Seventy Chinese Poems*, London: George Allen & Unwin, 1946, pp. 89－100；白英译本详见 Robert Payne, *The White Pony: an anthology of Chinese poetry from the earliest times to the present day newly translated*, London: George Allen & Unwin, 1949, pp. 132－143；华兹生译本详见 Burton Waston, *The Columbia Book of Chinese Poetry: From Early Times to the Thirteenth Century*, New York: Columbia University Press, 1984, pp. 82－92；汪榕培译本详见汪榕培《英译〈孔雀东南飞〉》，《外语与外语教学》1996 年第 5 期。

续表

原文	译文
小弟闻姊来，磨刀霍霍向猪羊。 开我东阁门，坐我西阁床， 脱我战时袍，着我旧时裳。	... "I open the door to my east chamber, I sit on my couch in the west room, I take off my wartime gown And put on my old-time clothes."
同行十二年，不知木兰是女郎。 雄兔脚扑朔，雌兔眼迷离； 双兔傍地走，安能辨我是雄雌。	... "The he-hare's feet go hop and skip, The she-hare's eyes are muddled and fuddled. Two hares running side by side close to the ground, How can they tell if I am he or she?"①

以上四句分别是木兰自陈替父从军的缘由、表达对高位的拒绝和请求迅速返乡的愿望、自述在家休息打扮回归女儿身的场景以及向战友解释在战事中男女难辨的事实。相应的，译诗的人称变化顺序为：第三人称（"唧唧复唧唧……问女何所忆"）——第一人称（"女亦无所思……从此替爷征"）——第三人称（"东市买骏马……可汗问所欲"）——第一人称（"木兰不用尚书郎……送儿还故乡"）——第三人称（"爷娘闻女来……磨刀霍霍向猪羊"）——第一人称（"开我东阁门……着我旧时裳"）——第三人称（"当窗理云鬓……不知木兰是女郎"）——第一人称（"雄兔脚扑朔……安能辨我是雄雌"）。以上四处中，傅汉思十分确定"开我东阁门……着我旧时裳""雄兔脚扑朔……安能辨我是雄雌"为木兰的自述。他认为：

> 在该诗中的大部分，我们难以分辨是叙述者还是木兰在讲述。但在诗尾画圈处②，当第一人称"我"的字眼出现时，则清晰地表明是主人公在讲述。这里，她的话语是直接传达给听众的，而不是由叙述者介绍的。全诗结句所用之"我"则不同，此处她讲话的对象是战友，而非听众。③

虽然"女亦无所思……从此替爷征"和"木兰不用尚书郎，愿驰千里

① 以上参见 Hans H. Frankel, *The Flowering Plum and the Palace Lady: Interpretations of Chinese Poetry*, New Haven and London: Yale University Press, 1976, pp. 69－70。

② 傅汉思在该文诗例中标志第一人称的表达下画圈，《木兰诗》结尾部分"开我东阁门……着我旧时裳"中四个"我"字下都被画圈。

③ Hans H. Frankel, "The Relation between Narrator and Characters in Yuefu Ballads", *CHIOPERL Papers*, 1984－85 (13), p. 124.

足，送儿还故乡”中没有“我”这种明确的指示代词，但是无论从语境还是人物形象考虑，都适合将其处理为第一人称直接引语。从语境上看，“女亦无所思……从此替爷征”紧跟“问女何所思，问女何所忆”，“木兰不用尚书郎……送儿还故乡”紧跟“可汗问所欲”，两处在结构上都可作为前句的答句，且“愿为市鞍马”和“愿驰千里足”中的“愿”字也在表达主人公木兰的主观意愿。从人物形象上看，自述自陈的方式不仅形象生动，富有戏剧性和画面感，而且更能凸显出主人公的主题形象。将“女亦无所思……从此替爷征”处理为直接引语，木兰痛陈兵事之紧急、家庭处境之艰难，并表达替父从军的决心，比第三人称更能烘托出其孝顺懂事和英勇无畏的巾帼英雄形象。将“木兰不用尚书郎，愿驰千里足，送儿还故乡”处理为直接引语，木兰亲口拒绝权力的诱惑，毫不拖泥带水，完成替父从军的使命后，迅速完成身份的转换，表达出心中唯一的牵挂——家乡和亲人，这比第三人称更能体现出其孝心的纯粹和深切。

相比之下，傅汉思译诗时参考的译本中，韦利未译出“开我东阁门……”以及“雄兔脚扑朔……”中的引语，傅德山未译出“雄兔脚扑朔……”中的引语，而这两处又都有明显的人称指示词“我”。此外，任泰和美国华裔剧作家赵健秀（Frank Chin，1940—）的译本①是将原诗句子处理为引语最多的译本，两版译诗各 62 个诗行中均有 32 行被译为引语，大部分为直接引语。布茂林（Charles Budd）的改写版本②从头到尾都使用第三人称口吻，没有一句处理为角色扮演的引语形式，是另一个极端的译本。过多的引语使乐府本身的诗歌属性减弱，戏剧表演成分过重；而引语的完全缺失则使译诗失去了乐府诗本有的文体特点，生活气息减弱。两者都是对原诗文体的无视，是盲目归化的处理，相比之下傅汉思对人称转化审慎而精到的处理值得提倡，恰到好处地彰显了原诗的叙事性。

（2）引语处理

在发现引语后，傅汉思注重以地道的表达和简洁的方式翻译其中的人物对话，以还原原汁原味的口头性，从而模拟戏剧性，构建叙事性。如在《孔雀东南飞》中：

---

① 任泰译本参见李伟荣《学人寻踪：任泰（Jen Tai）是谁?》，2021 年 5 月 14 日，360 个人图书馆，http：//www.360doc.com/content/21/0514/11/75273272_977112763.shtml。

② 参见 Charles Budd，*Chinese Poems*，London：Oxford University Press，pp. 124 – 129。

表 3 – 27 **《孔雀东南飞》傅汉思译本片段 – 1**

原文	译者	译文
奉事循公姥， 进止敢自专？	傅汉思	I worked for the old lady and took orders from her; How would I dare to insist on having my own way?①
	韦利	I obeyed my mistress in every task I plied②
	白英	I performed my duties, was submissive to your parents, In nothing at all exercising a will of my own. ③

此句是刘兰芝对焦仲卿自陈在此段婚姻中孝顺焦母的表现。傅译的上联使用动词并列，简洁明了，下句使用了“have my own way”这个英语中对等的口语表达，十分地道。而相比之下，韦译中定语从句不及傅译的并列处理符合口语的风格，且他省译了第二行，使得原话的抗争意味降低。白译的表达过于正式，句法过于繁复。他使用了“submissive”“exercise a will of my own”这些文学色彩过于厚重的表达，且动宾和系表并列、“动词 – ing”状语长句、倒装结构都不符合口语的语域。再如：

表 3 – 28 **《孔雀东南飞》傅汉思译本片段 – 2**

原文	译者	译文
不嫁义郎体， 其往欲何云？	傅汉思	If you don't marry that fine gentleman, What will become of you hereafter?④
	韦利	But if you will not be married to this fine lord, What refuge have you, where else shall you turn?⑤
	白丽儿	Not to wed this lord now, What will happen in the future?⑥

① Hans H. Frankel, "The Chinese Ballad 'Southeast Fly the Peacocks'", *Harvard Journal of Asiatic Studies*, 34 (1974), p. 251.

② Arthur Waley, *A Hundred and Seventy Chinese Poems*, London: George Allen & Unwin, 1946, p. 91.

③ Robert Payne, *The White Pony: an anthology of Chinese poetry from the earliest times to the present day newly translated*, London: George Allen & Unwin, 1949, p. 134.

④ Hans H. Frankel, "The Chinese Ballad 'Southeast Fly the Peacocks'", *Harvard Journal of Asiatic Studies*, 34 (1974), p. 254.

⑤ Arthur Waley, *A Hundred and Seventy Chinese Poems*, London: George Allen & Unwin, 1946, p. 95.

⑥ Anne Birrell, "A Peacock Southeast Flew".

此句中，刘兄得知兰芝拒绝了县令的求婚，因而对其责备和奉劝。比较而言，傅译使用“become of”（发生……情况），更为地道简洁，而韦译则过于冗长，白译不够准确地道。再如：

表 3 – 29　**《孔雀东南飞》傅汉思译本片段 – 3**

原文	译者	译文
理实如兄言。	傅汉思	Surely Elder Brother talks good sense. ①
	韦利	Brother, there is good sense in what you say. ②
	白英	Brother, you have good reason to say this. ③

此句是刘兰芝回应上句的答句。同样的，傅汉思的译文比韦利和白英简洁精到。在《木兰诗》中：

表 3 – 30　**《木兰诗》傅汉思译本片段**

原文	译者	译文
木兰不用尚书郎， 愿驰千里足， 送儿还故乡。	傅汉思	Mu-lan has no use for a minister's post. I wish to ride a swift mount To take me back to my home. ④
	韦利	Mulan asks not to be made A Counsellor at the Khan's court I only beg for a camel that can march A thousand leagues a day, To take me back to my home. ⑤
	傅德山	Oh, I do not want to be a court official. But lend me a camel will go a thousand leagues a day. To take me back to my old home. ⑥
	汪榕培	High posts at court are not what I pursue. All I want is a camel with its crew To send me home to start my life anew. ⑦

① Hans H. Frankel, “The Chinese Ballad ‘Southeast Fly the Peacocks’”, *Harvard Journal of Asiatic Studies*, 34 (1974), p. 255.

② Arthur Waley, *A Hundred and Seventy Chinese Poems*, London: George Allen & Unwin, 1946, p. 95.

③ Robert Payne, *The White Pony: an anthology of Chinese poetry from the earliest times to the present day newly translated*, London: George Allen & Unwin, 1949, p. 139.

④ Hans H. Frankel, *The Flowering Plum and the Palace Lady: Interpretations of Chinese Poetry*, New Haven and London: Yale University Press, 1976, p. 70.

⑤ Arthur Waley, *The Temple and Other Poems*, London: G. Allen & Unwin, 1923, p. 129.

⑥ John D. Frodsham, *An Anthology of Chinese Verse: Han, Wei, Chin and the Northern and Southern Dynasties*, Oxford: Clarendon Press, 1967, p. 105.

⑦ 汪榕培：《汉魏六朝诗三百首》，湖南人民出版社 1998 年版，第 545 页。

此句中，傅汉思对“不用”的翻译十分精妙，英语的口语表达“have no use for”与古汉语“不用”字面对等，实义相同，再巧合不过。而相比之下，此处韦利的译法稍显啰唆，傅德山的译法不够地道，汪榕培倒装的译法不符合现代英语口语的语域。而对“千里足”的处理而言，其他译者都因其文化负载词的属性对其详细阐释，导致其在对话中显得过于冗长，不太符合实际场景。再如“阿爷无大儿，木兰无长兄，愿为市鞍马，从此替爷征”一句，上文傅汉思的翻译简洁有力，和原句木兰的口吻一致，而韦利的译文则因使用不必要的重复“men”以及较长的短语“let me to”“ride with the soldiers”而使得译文变得臃肿，节奏缓慢，语气也因此显得拖沓，不符合木兰勇挑重任替父从军的巾帼孝女形象：

My father's sons are not grown men,
And of my brothers, none is older than me.
Oh let me to the market to buy saddle and horse,
And ride with the soldiers to take my father's place. ①

（3）细节刻画

对于生活细节的细致刻画有助于增加故事情节的生动感和人物形象的丰满性，是乐府叙事性的重要组成要件。傅汉思在译诗中使用各种策略将这些细节完整、准确而生动地再现出来。如《孔雀东南飞》中：

青雀白鹄舫，	A boat decorated with blue birds and white snow-geese,
四角龙子幡。	With dragon pennants at the four corners,
婀娜随风转。	Flap, flap, banners fluttering in the wind,
金车玉作轮。	A gold carriage with wheels of jade,
踯躅青骢马，	Staggering piebald horses,
流苏金镂鞍。	Tasseled saddles with gold filigree,
赍钱三百万，	Three million in gift coins,
皆用青丝穿。	All strung on green silk strings,
杂彩三百匹，	Three hundred bolts of colored silks.

① Arthur Waley, *The Temple and Other Poems*, London: G. Allen & Unwin, 1923, p. 128.

交广市鲑珍。　Fish and meat dishes bought in Chiao and Kuang,
从人四五百，　Four and five hundred attendants,
郁郁登郡门。　Crowding up to the prefect's gate.①

该段刻画府君准备迎亲的场景，极言其奢华和盛大，其中细节众多，涉及不同物件的颜色、形状、形态、材质、数量，展现出府君对婚事的重视和婚事的影响力之大，暗示了此桩婚事对于兰芝和其家庭的不可逆性。傅译将所有细节事无巨细悉数译出，并灵活使用了词性转换的技巧，如形容词变动词：婀娜（flap，flap），模拟龙子幡随风飘扬的轻盈姿态；郁郁（crowding up to），增强画面的动态感。再如动词变形容词：踯躅（staggering），与上下文名词短语形式保持一致，形成磅礴的铺陈语势，突出迎亲排场之豪华。而对于百科知识要求很高的文化负载词，傅汉思也基本精准传达，如：青骢马（piebald horses）、金镂鞍（saddles with gold filigree）。特别是"金镂鞍"的翻译突出体现了傅汉思对叙事细节的精准再现。"filigree"表传统的花丝镶嵌工艺，而其他译者的处理都与原意相去甚远，如韦利的译法"saddles fretted with gold"（金回纹的马鞍）、白英的译法"saddles threaded with gold"（穿着金丝的马鞍）、华兹生类似的译法"gold-threaded saddles"（穿着金丝的马鞍）。"交广"表示古时的交州、广州，现广东、广西一带，具体地名、人名的罗列有助于提升叙事性，傅汉思亦将此于译诗中保留，而未选择模糊处理。相比之下，以下许渊冲译本在细节的再现方面则不尽如人意：

They painted with bird designs the boat,
And with dragons the flag afloat.
A golden cab with wheels trimmed with jade,
And golden saddles for steeds were made.
Three thousand strings of coins were sent,
And silks to the bride with compliment.
Delicacies from land and sea,

① Hans H. Frankel, "The Chinese Ballad 'Southeast Fly the Peacocks'", *Harvard Journal of Asiatic Studies*, 34 (1974), p. 255.

Were brought by two corteges or three. ①

细读后不难发现，许译舍弃了大量细节信息，包括龙子幡的形状“四角”、其转动的形态“婀娜”、马的姿态“踯躅”和花色“青骢”、马鞍的工艺“镂”、礼钱穿丝的颜色“青”、杂彩的数量“三百匹”、海味的购置地点“交广”等。某些细节进行了泛化处理，如“青雀白鹄”以“bird designs”替代，“四五百”和“郁郁”以“two corteges or three”处理。礼钱的数量亦不够准确，是“三百万”，而不是“three thousand”。由于大量细节的缺省，迎亲准备的精细、考究和靡费之意也得到了一定程度的损失，整体的叙事性减弱。汪榕培的译本对细节的还原度比许渊冲高，但依然有缺省之处：

青雀白鹄舫：The fancy boat is painted with bird design
交广市鲑珍：And delicacies of seafood bought from afar
从人四五百：a retinue of four hundred and more②

如上所示，汪译在三行中均做了泛化处理。“青雀白鹄”的意象没有在译诗中得到完整的再现，亦是用上域意“bird designs”代替，以“fancy”（华丽的）定性，“交广”的具体名称以“from afar”（远处）定性，“四五百”也未以实数译出，而是模糊处理为“four hundred and more”。以上中文表达很可能是夸张修辞，但在译诗中只作泛化或定性处理，难以给读者留下深刻具体的印象，无益于叙事性的彰显。

再如《木兰诗》中：

表 3－31 **《木兰诗》三个译本对细节刻画的处理**

原文	译文
万里赴戎机， 关山度若飞。 朔气传金柝， 寒光照铁衣。	傅汉思： She goes ten thousand miles on the business of war, She crosses passes and mountains like flying. Northern gusts carry the rattle of army pots, Chilly light shines on iron armor. ③

① 许渊冲：《中诗英韵探胜：从〈诗经〉到〈西厢记〉》，北京大学出版社 1998 年版，第 141 页。

② 汪榕培：《英译〈孔雀东南飞〉》，《外语与外语教学》1996 年第 5 期。

③ Hans H. Frankel, *The Flowering Plum and the Palace Lady: Interpretations of Chinese Poetry*, New Haven and London: Yale University Press, 1976, p. 69.

续表

原文	译文
	丁韪良： . . . The sun shines cold, and the wintry blast, It pierce through and through. ①
	理查德·斯托达德： "Where have you been, Moulan, these twelve long years?" We marched and fought our way ten thousand miles. Swift as a bird I cleared the gulfs and hills. The north-wind brought the night bell to my ear; The moonlight fell upon my iron mail. ②

此句是对艰辛战事的细节刻画，突出战线之长、战事之紧、环境之恶劣。相比之下，丁韪良（W. A. P. Martin，1827—1916）的译本中细节大量缺省，叙事性大大减弱，女英雄人物形象的立体感大打折扣。理查德·斯托达德的译本采用了增译策略，添加了父母慰问木兰的直接引语（Where have you been，Moulan，these twelve long years?）——远在战场的木兰因为思乡情切，似乎听到了家中父母对她的关怀。此行的添加增强了诗歌的叙事性，使得木兰的孝顺形象更加丰满，但它属于创译，逾越了本书中受到严格限定的"翻译"概念范畴。

2. 音乐性

作为古体诗，乐府诗没有严格的格律要求。其用韵较宽，可以使用韵音相近的邻韵，可以不规则跨行押韵，也可以换韵。一般要求平仄交替，但很多地方并不严格。其音乐性更多由句式的平行对偶、复沓、重复等构建。傅汉思在译诗中以多样的方式传递了乐府的音乐性。如《孔雀东南飞》中：

---

① W. A. P. Martin, *The Chinese: Their Education, Philosophy and Letters*, New York: Harpers & Brothers, p. 318.

② Richard Henry Stoddard, *The Book of the East and Other Poems*, Boston: James R. Osgood and Company, 1867, p. 236.

表 3－32 《孔雀东南飞》三个译本片段对音乐性的处理－1

原文	译者	译文
十三能织素， 十四学裁衣， 十五弹箜篌， 十六诵诗书， 十七为君妇。	傅汉思	At fourteen I could weave silk, At fourteen I knew how to tailor clothes, At fifteen I played the harp, At sixteen I could recite the Classic of Songs and the Classic of Documents, At seventeen I became your wife. ①
	白英	When I was thirteen I could weave silk, At fourteen I learned to make clothes, At fifteen I could play the zither with twenty-five strings, At sixteen I knew the classics and the songs. In the center of my heart are often sorrows and cares. ②
	许渊冲	"I could weave", said Lanzhi, "at thirteen And learned to cut clothes at fourteen; At fifteen to play music light; At sixteen to read and to write. At seventeen to you I was wed. "③

以上组句意为刘兰芝自陈教养经历。组句没有押韵，也非平仄相对，其音乐性完全由复沓结构构成。傅译是以上三个译本中对复沓结构的再现最为完整的，译诗形成谨严的平行结构。而相比之下，白译将首行的“十三”处理为时间状语从句，与其他行的介词状语有所不同，此外译诗又省略了“十七为君妇”一行，均对复沓结构的完整性产生了一定的破坏。许译中第三行和第四行形成平行结构，加上“AABB 式”的句尾押韵，创造了朗朗上口的听觉效果，可谓从另一个角度传递了原诗的音乐性，单从音乐性角度看损伤不大，但其译诗始终无法摆脱“因韵害意”的问题。综合而言，傅汉思在忠实基础上对音乐性的完整再现值得提倡。《孔雀东南飞》中另有“十三教汝织，十四能裁衣，十五弹箜篌，十六知礼仪，十七遣汝

① Hans H. Frankel, "The Chinese Ballad 'Southeast Fly the Peacocks'", *Harvard Journal of Asiatic Studies*, 34 (1974), p. 249.

② Robert Payne, *The White Pony: an anthology of Chinese poetry from the earliest times to the present day newly translated*, London: George Allen & Unwin, 1949, p. 132.

③ 许渊冲：《中诗英韵探胜：从〈诗经〉到〈西厢记〉》，北京大学出版社 1998 年版，第 133 页。

嫁”一句复沓结构，与上句类似，傅汉思亦采取了平行结构的处理方式，音乐性完整再现，此处不再引述。再如：

两家求合葬，	The two families asked for a joint burial.
合葬华山傍。	Jointly they were buried by the side of Mount Hua.
东西植松柏，	East and west were planted pines and cypresses,
左右种梧桐。	Left and right were set wu-t'ung trees.
枝枝相覆盖，	The branches covered each other,
叶叶相交通。	The leaves crossed each other.
中有双飞鸟，	In the trees there was a pair of flying birds
自名为鸳鸯。	Called mandarin ducks.
仰头相向鸣，	Raising their heads they called to each other
夜夜达五更。	Every night until the fifth watch.
行人驻足听，	Travelers stopped and listened,
寡妇起彷徨。	Widows were roused and stirred.
多谢后世人，	Mark this, people of later generations,
戒之慎勿忘。	Take heed, be sure not to forget.[①]

此段意为刘兰芝和焦仲卿合葬后墓穴周围出现的奇异现象，象征着其爱情的不朽和永恒的悲愤。选段存在不规则跨行押韵现象：“葬—傍”押“ang”韵，“桐—通”押“ong”韵，“鸯—徨—忘”押“ang”韵。此外，选段的音乐性还由对偶、叠词、联绵词、[②] 顶真等构建，傅汉思通过对以上表现手法的再现和变通处理，以行间平行、行内平行、重复词、近似韵塑造了译诗的音乐性。其中，“行人驻足听”（. . . stopped and listened）“寡妇起彷徨”（. . . roused and stirred）两行的译文均是行内动词平行，又构成近似押韵。“东西植松柏，左右种梧桐”一句译文构成行间平行，又形成句尾押韵（cypresses-trees）。“枝枝相覆盖，叶叶相交通”一句译文中出现重复词“each other”，对应位置谓词“covered”和“crossed”

① Hans H. Frankel, “The Chinese Ballad ‘Southeast Fly the Peacocks’”, *Harvard Journal of Asiatic Studies*, 34 (1974), p. 258.

② 联绵词指两个音节连缀成义而不能拆开来讲的单纯词。

又形成首尾押韵。选段首句“两家求合葬，合葬华山傍”运用了顶真修辞，译文试图再现，在句首即出现了重复词“jointly”。选段尾句并非对偶，但译文有意创造了对应关系：“Mark this”对“Take heed”，都表“多加注意”。相较而言，其他译者对此句的处理都不及傅汉思，如下所示：

表 3－33　**《孔雀东南飞》三个译本片段对音乐性的处理－2**

原文	译者	译文
多谢后世人，戒之慎勿忘。	韦利	This tale is a warning for the men of the afterworld; May they learn its moral and hold it safe in their hearts. ①
	白英	May there be a grace for those who follow after: Learn of this story and never forget it!②
	华兹生	And this I say to you of later ages: take warning and never forget this tale!③

不难发现，以上三者的音乐性都不及傅汉思。此外，韦利和白英使用“May”表希冀的句式，显得正式，不符合作者叮咛后人的口吻。华兹生的译本虽然有作者与读者面对面谆谆教诲的意味，但节奏性依然不敌傅译。傅译做到了音乐性和口头性的统一。以上方法很好地展现了原诗的音乐性。而相比之下，傅汉思参考的白英译本在音乐性上则逊色不少：

The two families desired they should be buried together,
A common grave on the slopes of a flowering mountain.
East and west they planted firs and cypresses,
Left and right they planted wu-t'ung trees.
The boughs were intertwined,
The leaves were joined together.
Two birds nest there who only fly together.

① Arthur Waley, *A Hundred and Seventy Chinese Poems*, London: George Allen & Unwin, 1946, p. 100.

② Robert Payne, *The White Pony: an anthology of Chinese poetry from the earliest times to the present day newly translated*, London: George Allen & Unwin, 1949, p. 143.

③ Burton Watson, *The Columbia Book of Chinese Poetry: From Early Times to the Thirteenth Century*, New York: Columbia University Press, 1984, p. 92.

These birds are known as True Felicity.
With raised heads they call one another
All night long to the time of the fifth watch.
The passers-by stay to listen to them;
Lonely widows pause as they wander their rooms.
May there be a grace for those who follow after:
Learn of this story and never forget it!①

除去译诗中的平行结构——三四行和五六行外，诗歌的韵律表现形式单一，音韵效果较差。

在《孔雀东南飞》整首译诗中，傅汉思综合运用了各种策略构建音乐性，除去以上方式外，还包括：

表 3－34　**《孔雀东南飞》傅汉思译本中构建音乐性的其他方法**

方法	原文	译文
重复词	婀娜随风转	Flap flap, banners fluttering in the wind.
	晻晻日欲暝	Gloomy, gloomy, the day was about to darken.
	恨恨哪可论	Grief, grief, how can it be told?
	奄奄黄昏后， 寂寂人初定。	Gloomy, gloomy, after dusk, Quiet, quiet, when everyone had settled down.
相邻韵词	逆以煎我怀	When I think of it my bosom boils
	四体康且直	May your four limbs be strong and straight.
自创的押韵或平行结构	纤纤作细步， 精妙世无双。	Minutely she took tiny steps, Perfectly beautiful, without equal.
	入门上家堂， 进退无颜仪。	She entered the door of her house, In a dilemma and with a loss of face. ②
	窈窕世无双 便言令多才	Handsome, without equal Eloquent, with many talents③

① Robert Payne, *The White Pony: an anthology of Chinese poetry from the earliest times to the present day newly translated*, London: George Allen & Unwin, 1949, p. 143.

② 第二行句内平行，两行押尾韵。

③ 以上分别参见 Hans H. Frankel, "The Chinese Ballad 'Southeast Fly the Peacocks'", *Harvard Journal of Asiatic Studies*, 34 (1974), pp. 255, 256, 257, 258, 253, 257, 251, 253, 253。

再如《木兰诗》中：

开我东阁门，	“I open the door to my east chamber,
坐我西阁床，	I sit on my couch in the west room,
脱我战时袍，	I take off my wartime gown
着我旧时裳。	And put on my old-time clothes.”
当窗理云鬓，	Facing the window she fixes her cloud like hair,
对镜帖花黄。	Hanging up a mirror she dabs on yellow flower-powder.
出门看火伴，	She goes out the door and sees her comrades,
火伴皆惊忙：	Her comrades are all amazed and perplexed.
同行十二年，	Traveling together for twelve years,
不知木兰是女郎。	They didn't know Mu-lan was a girl.
雄兔脚扑朔，	“The he-hare's feet go hop and skip,
雌兔眼迷离；	The she-hare's eyes are muddled and fuddled.
双兔傍地走，	Two hares running side by side close to the ground,
安能辨我是雄雌？	How can they tell if I am he or she?”①

此段刻画木兰凯旋、回归女儿身的场景。原诗亦是不规则的跨行押韵，即“床—裳—黄—忙—郎”押“ang”韵。此外，选段的音乐性还由复沓、对偶、顶真、叠韵联绵词②等共同塑造。译诗则以大量平行结构、大量叠韵词以及重复重构了音乐性。其中，“开我东阁门，坐我西阁床”“脱我战时袍，着我旧时裳”“当窗理云鬓，对镜帖花黄”“雄兔脚扑朔，雌兔眼迷离”的上下行译文分别都构成谨严的平行，形成成分一一对应的关系，再现了原句的节奏感。傅汉思以叠韵词“muddled and fuddled”译叠音联绵词“迷离”，再现原词的韵律效果。又以叠韵词“（go）hop and skip”译“扑朔”，以叠韵词“flower powder”译“花黄”，以近似韵词“amazed and perplexed”译“惊忙”，创造了原词没有的音韵属性。同时，“出门看火伴，火伴皆惊忙”中顶真所创造的节奏也通过英语中的重复

① Hans H. Frankel, *The Flowering Plum and the Palace Lady*: *Interpretations of Chinese Poetry*, New Haven and London: Yale University Press, 1976, p. 70.

② 叠韵联绵词指两个音节的韵母相同或相近的联绵词。

(her comrades) 再现。值得一提的是，傅汉思对“扑朔”和“迷离”的译法影响了后代的译者。在《木兰诗》英译史中，傅汉思是首位以韵词翻译以上词组的译者，他的处理方式得到了此后译者的纷纷效仿，如下表所示：

表3-35　**《木兰诗》其他三个译本对傅汉思译本中韵词翻译的效仿**

译者	译文
汪榕培	The male rabbit hops and skips on the ground; The female rabbit winks and blinks around. ①
张颂南	They say the male rabbit liked to hop and leap, while the female rabbit prefers to sit still. ②
柳无忌	The male hare, his feet skipping and limping, The female hare, her eyes bleary and bewildering. ③

其中大连外国语大学英语教授、典籍英译专家汪榕培选用了“hops and skips”和“winks and blinks”，旅加华人画家张颂南使用“hop and leap”来译“扑朔”。印第安纳大学教授、诗人、翻译家柳无忌选用了“skipping and limping”和“bleary and bewildering”，其中“skipping”表示跳跃，“limping”表示跛行，不是近义词，但也能表示兔子时而跳跃时而慢行的姿态（兔子的前后腿不一样长，很可能给人“跛行”的印象）。总体上看，傅汉思在译诗中再现并创造了强烈的节奏性和音韵感，其程度和多样性与原诗相当。而相比之下，其他自由体译本的音乐性均不及傅汉思。

以高度的文体意识为指导，傅汉思完整地再现了《木兰诗》中的四处复沓结构。除上文讨论过的“东市买骏马，西市买鞍鞯，南市买辔头，北市买长鞭”和“旦辞爷娘去，暮宿黄河边，不闻爷娘唤女声，但闻黄河流水鸣溅溅。旦辞黄河去，暮至黑山头，不闻爷娘唤女声，但闻燕山胡骑鸣啾啾”之外，还包括以下两处：

① 汪榕培：《汉魏六朝诗三百首》，湖南人民出版社1998年版，第545页。

② Song Nan Chang, *The Ballad of MULAN*, Union City: Pan Asian Publications, 1998.

③ 柳光辽编：《教授·学者·诗人：柳无忌》，社会科学文献出版社2004年版，第240页。

表 3 - 36 **《木兰诗》傅汉思译本对复沓结构的再现**

原文	傅汉思译文
问女何所思， 问女何所忆。 女亦无所思， 女亦无所忆。	They ask Daughter who's in her heart, They ask Daughter who's on her mind. No one is in Daughter's heart, No one is on Daughter's mind. ①
爷娘闻女来， 出郭相扶将； 阿姊闻妹来， 当户理红妆； 小弟闻姊来， 磨刀霍霍向猪羊。	When Father and Mother hear Daughter is coming The go outside the wall to meet her, leaning on each other. When Elder Sister hears Younger Sister is coming She fixes her rouge, facing the door. When Little Brother hears Elder Sister is coming He whets the knife, quick quick, for pig and sheep. ②

在《木兰诗》的 27 个英译本③中，傅汉思对复沓结构一致性的再现优于其他译者，修辞中的音乐性得到更大程度的彰显。如原文“何所思”“何所忆”句法一致，傅汉思译为“who's in her heart”“who's on her mind”，英文句式相同，介词短语对应，这比其他多数译者将“思”和“忆”译为不同动词短语的处理（如韦利译为“thinking of your love”“longing for your dear”）要更贴近复沓整齐划一中有小幅变化的形式特点。

顶真修辞对于提升叙事性和音乐性均有助益，它使诗句之间语气贯通，节奏轻快，并营造事件环环相扣、情节引人入胜的效果。在文体意识指导下，傅汉思一以贯之地再现了《木兰诗》中的三处顶真句。除上述“出门看火伴，火伴皆惊忙”外，还包括：

表 3 - 37 **《木兰诗》傅汉思译本对顶真修辞的再现**

原文	傅汉思译文
军书十二卷， 卷卷有爷名	The army list is in twelve scrolls, On every scroll there's Father's name. ④

① Hans H. Frankel, *The Flowering Plum and the Palace Lady*: *Interpretations of Chinese Poetry*, New Haven and London: Yale University Press, 1976, p. 69.

② Hans H. Frankel, *The Flowering Plum and the Palace Lady*: *Interpretations of Chinese Poetry*, New Haven and London: Yale University Press, 1976, p. 70.

③ 详见刘碧林《〈木兰诗〉在英语世界的百年译介》，《中国社会科学报》2021 年 7 月 5 日第 7 版。刘碧林称《木兰诗》有 25 个英译本，笔者则发现了另外 2 个英译本，分别是其最早的英译版本——理查德·斯托达德（1867）的译本以及冯欣明的译本。

④ Hans H. Frankel, *The Flowering Plum and the Palace Lady*: *Interpretations of Chinese Poetry*, New Haven and London: Yale University Press, 1976, p. 69.

续表

原文	傅汉思译文
归来见天子， 天子坐明堂	On her return she sees the Son of Heaven, The Son of Heaven sits in the Splendid Hall. ①

其他大多数译者的处理都舍弃了这一修辞形式。在改写倾向较为严重的译本中，有对顶真的上下联进行合并的，如翁显良、丁祖馨、赵健秀、黄福海、赵彦春对"军书十二卷，卷卷有爷名"的处理，以翁译为例：Time and again my father was named。② "归来见天子，天子坐明堂"和"出门看火伴，火伴皆惊忙"中的顶真是人称名词的重复，前者被《木兰诗》的大多数英译者处理为另一种称呼和定语从句，后者多被处理为代词。如威廉·斯坦顿将上下联的"天子"分别译为"the Emperor"和"His Majesty"，柳无忌处理为"the Son of Heaven"和"His majesty"，韦利和赵健秀均处理为"the Emperor"和"the Son of Heaven"。任泰、汪榕培、袁杰克、黄福海和李正栓均将"天子"重复处理为定语从句，以黄译为例：So come she does to stand in sight / Of Khan who chairs the Hall of Bright。③ 威廉·斯坦顿、傅德山、丁祖馨、胡时光、汪榕培、柳无忌、袁杰克、王克难和赵彦春均将第二个"火伴"译为"They"。如此种种，均是为求细节表达的简洁性或多样性而不顾原诗音乐性和叙事性的表现。

不可否认，其他译者在叙事性和音乐性的再现上亦有可取之处。如《孔雀东南飞》中：

原文：隐隐何甸甸

傅汉思：*yien yien*, it went, *tien tien*④

韦利：A pattering of hoofs, a thundering of wheels⑤

---

① Hans H. Frankel, *The Flowering Plum and the Palace Lady*: *Interpretations of Chinese Poetry*, New Haven and London: Yale University Press, 1976, p. 69.

② 翁显良：《古诗英译》，北京出版社 1985 年版，第 8 页。

③ 黄福海：《木兰辞》，上海人民美术出版社 2010 年版，第 16 页。

④ Hans H. Frankel, "The Chinese Ballad 'Southeast Fly the Peacocks'", *Harvard Journal of Asiatic Studies*, 34 (1974), p. 252.

⑤ Arthur Waley, *A Hundred and Seventy Chinese Poems*, London: George Allen & Unwin, 1946, p. 93.

华兹生：bump-bump，rumble-rumble went the wheels①

白丽儿：Clatter-clatter，how it rumbled，rumbled!②

原句“隐隐”和“甸甸”为拟声词，模拟府君迎亲马车转动的声音。傅汉思以音译方式处理，读者只得到模糊的听觉印象，而其他三位译者都使用英文中地道的对等拟声词翻译，实现了功能对等，显然效果更佳。

然而白璧微瑕，综上所述，傅汉思在乐府诗英译中通过对引语、口头性和细节性的成功再现，还原了乐府诗的叙事性，通过对译诗韵律和节奏的再现与创造，传递了乐府诗的音乐性，从而凸显了乐府独树一帜的文体特色，反映了其古诗英译时强烈的文体意识。

傅汉思是海外汉学界乐府专题译介与研究的奠基者，他译介乐府诗时高度的文体意识源于其对该诗体深入的研究，特别是在涉及叙事性的人称变化方面。受到时代环境的影响，傅汉思将其乐府研究置于民谣的视角。对于人称转化而言，首先，他总结了包括乐府在内的世界民谣的人称类别：通篇第三人称，通篇第一人称，第三人称与第一人称相互转换。其次，他探究了这一现象的本质成因：乐府诗源于口头传统，具有表演属性。表演者可以扮演叙述者，从远处观察人物角色，并客观地报告他们的外表、动作和言论（第三人称）。表演者可以隐藏叙述者的角色，扮演一个角色或者轮流扮演多个角色（第一人称）。表演者可以在不加提醒的前提下突然改变角色，在客观描述与角色扮演之间自如切换（第一、第三人称转换）。③ 第一人称的使用展现了民谣的直接性和即时性，④ 视角的切换与民谣风格中的不确定性和模糊性有关。⑤ 最后，傅汉思的乐府人称研究具有比较文学的视野。他总结了乐府与西方民谣在人称使用上的异同：三种人称模式在中西民谣中共同存在，但一首诗篇中人称的多重性和转换性

① Burton Waston, *The Columbia Book of Chinese Poetry: From Early Times to the Thirteenth Century*, New York: Columbia University Press, 1984, p. 85.

② Anne Birrell, "A Peacock Southeast Flew", Poetry Nook, www.poetrynook.com/poem/peacock-southeast-flew.

③ 参见 Hans H. Frankel, "The Relation between Narrator and Characters in Yuefu Ballads", *CHINOPERL Papers*, 1984–85 (13), p. 107。

④ Hans H. Frankel, "Yueh-fu Poetry", *Studies in Chinese Literary Genres*, University of California Press, 1974, p. 91.

⑤ Hans H. Frankel, "Yueh-fu Poetry", *Studies in Chinese Literary Genres*, University of California Press, 1974, p. 92.

在乐府中更为普遍，欧洲民谣中多是单一的第一人称或第三人称。[①] 人称的多变也衍生出了西方民谣，如西班牙英雄传奇中时态混杂等的特质。[②] 以上三点是傅汉思乐府人称研究中最为重要的发现，代表了当时西方世界在相关问题上的研究前沿。正是由于中西民谣人称共性的存在，傅汉思在翻译时对乐府人称转换的再现才更易于西方读者接受。例如，对于第一人称向第三人称的转变，傅汉思就列举了美国民谣《芭芭拉·艾伦》（Barbara Ellen）、德国民谣《吟游诗人的儿子》（*Der Spielmannsohn*）[③] 和苏格兰民谣《威利的宝贝美人儿》（*Willy's Rare and Willy's Fair*）[④] 加以说明。

通过对《梅花赋》《别赋》《七发》的译本分析和对比说明，傅汉思成功再现了辞赋文辞藻饰、句式错落并多骈偶、音律谐协的诗体特点。通过对《木兰诗》《孔雀东南飞》的译本分析和对比说明，他成功地再现了乐府诗叙事性和音乐性的诗体特点。除此之外，从上述大量译诗案例中也不难看出，傅汉思对不同诗体各自典型特质的再现也是一以贯之的，如律诗的结构严整、诗经的音乐美等。傅汉思的文体意识源于他对各诗体的广泛考察和深入研究，从《中国诗选译随谈》附录1《诗歌形式》[⑤] 中可见一斑，其文体特色鲜明的译诗展现了中国古诗内部诗性的差异性和多样性。

三　傅译两版“梅花诗”比较研究

考察傅汉思的译路历程发现，他的古诗英译理念是随着古诗研究的纵深而臻于完善的。在对译本的润色中，他致力于不断再现原诗的诗性。下面以其《梅花赋》和其他“梅花诗”译本的变化阐述之。

---

① 参见 Hans H. Frankel，“The Relation between Narrator and Characters in Yuefu Ballads”，*CHINOPERL Papers*，1984－85（13），pp. 126－127。

② 详见 Hans H. Frankel，“Some Characteristics of Oral Narrative Poetry in China”，*Etudes d'Histoire et de Litterature chinoises offertes au Professeur Jaroslav Prusek*，Paris：Bibliotheque de l'Institut des Hautes Etudes chinoises，1976，p. 102。

③ 参见 Hans H. Frankel，“Yueh-fu Poetry”，*Studies in Chinese Literary Genres*，University of California Press，1974，p. 92。

④ 参见 Hans H. Frankel，“The Relation between Narrator and Characters in Yuefu Ballads”，*CHINOPERL Papers*，1984－85（13），pp. 124－125。

⑤ Hans H. Frankel，*The Flowering Plum and the Palace Lady*：*Interpretations of Chinese Poetry*，New Haven and London：Yale University Press，1976，pp. 212－217.

表 3 - 38 《梅花赋》傅汉思三版译文

原文	1952 版译文[1]	1976 版译文[2]	1984 版译文[3]
层城之宫 灵苑之中	In the many-walled palace's Sacred garden:	In the many-walled palace's Sacred garden:	In the many-walled palace's Sacred garden:
奇木万品 庶草千丛	Wondrous trees, a myriad kinds, And countless plants in thousandfold profusion	Wondrous trees, myriad kinds, And countless plants in thousandfold profusion	Marvelous trees, a myriad kinds, And smaller plants in thousandfold profusion
光分影杂 条繁干通	With light split and shadows mingled, Twigs numerous and branches in all directions—	With lights diffused and shadows mingled, Twigs abound and trunks are everywhere	With lights diffused and shadows mingled, Twigs abound and trunks are everywhere
寒圭变节 冬灰徙筒	When the cold sundial marks a change of season And wintry ashes move in the calendar tubes	When the cold sundial marks the change of season And wintry ashes move in the calendar pipes	When the cold sundial marks the change of season And wintry ashes shift in the tubes
并皆枯悴 色落摧风	They all wither and fade, Their brightness gone before the shaking wind (摇)	They all wither and fade, Their beauty falls, destroyed by the wind	They all wither and fade. Their loveliness falls, destroyed by the wind
年归气新 摇云动尘	The new year, the fresh season Rouses the plants and stirs the dust	The year turns, the ether is new, Rousing the plants and stirring the earth	The year turns, the air is new, Rousing the plants and stirring the earth
梅花特早 偏能识春	The plum breaks into blossom earlier than others, She alone has the gift of knowing spring	The plum breaks into blossom before other trees, She alone has the gift of recognizing spring	The flowering plum is the earliest to blossom, She alone has the gift of recognizing spring

① Hans H. Frankel, "The Plum Tree in Chinese Poetry", *Asiatische Studien*, 6 (1952), pp. 99 - 101.

② Hans H. Frankel, *The Flowering Plum and the Palace Lady*: *Interpretations of Chinese Poetry*, New Haven and London: Yale University Press, 1976, pp. 1 - 3.

③ Hans H. Frankel, "Poems about the Flowering Plum", in *Bones of Jade*, *Soul of Ice*: *The Flowering Plum in Chinese Art*, ed. Maggie Bickford, Woodstock: Arthur Schwartz Sales Co., 1984, pp. 151 - 191.

续表

原文	1952 版译文	1976 版译文	1984 版译文
或承阳而发金 乍杂雪而被银	Receiving sunlight she brings forth golden splendor, Mingling with snow she wears a silvery coat	Now, receiving yang, she brings forth gold, Now, mingling with snow, she wears a cloak of silver	Now, receiving yang, she brings forth gold, Now, mingling with snow, she wears a cloak of silver
吐艳四照之林 舒荣五衢之路	She exhales glamour to shine on the surrounding grove, She extends splendor at the meeting of five roads	She exhales glamour and lights up the grove on all four sides, She spreads splendor at the meeting of five roads	She exhales glamour and lights up the grove all around her, She spreads splendor at the meeting of five roads
既玉缀而珠离 且冰悬而雹布	Here are jades joined and pearls strewn, There is ice hanging and hail spread out	As jades are joined and pearls strewn, So ice is hung and hail spread	As jades are joined and pearls strewn, So ice is hung and hail spread
叶嫩出而未成 枝抽心而插故	Tender leaves sprout, not yet formed; The branches pull out fresh shoots and stick them onto old twigs	Tender leaves sprout, not yet formed; Branches pull out fresh shoots and stick them onto old twigs	Tender leaves sprout, not yet formed; Branches pull out fresh shoots and stick them onto old twigs
摽半落而飞空 香随风而远度	Half of the tree top's petals have dropped and float in the air; Sweet scent is borne by the wind to faraway places	Petals from the treetop fall halfway and fly in the air, Sweet scent goes with the wind to faraway places	Petals from the treetop fall halfway and fly in the air, Sweet scent goes with the wind to faraway places
挂靡靡之游丝 杂霏霏之晨雾	Slow-drifting gossamer is suspended, Damp, driving morning mist is blended in	She suspends slow-drifting gossamer, And mingles with the heavy morning mist	She suspends slow-drifting gossamer And mingles with heavy morning mist
争楼上之落粉 夺机中之织素	The plum vies with the beauty powder falling from a window And surpasses the silk on the loom in sheer whiteness	She vies with the cosmetic powder falling from upstairs And surpasses the silk on the loom in sheer whiteness	She competes with cosmetic powder dropped from upstairs And surpasses silk on the loom in sheer whiteness

续表

原文	1952 版译文	1976 版译文	1984 版译文
乍开花而傍巘 或含影而临池	Opening into flower, she leans on a hillside; Holding out her form, she gazes into a pool	Now, opening into flower, she leans on a hillside; Now, reflecting her own image, she overhangs a pool	Now, breaking into flower, she leans on a hillside, Now, reflecting her own image, she overhangs a pond
向玉阶而结彩 拂网户而低枝	Stretching toward jade steps, she forms brilliant ornaments; Gently brushing a carved door, she lowers her branches	Stretching toward jade steps, she forms brilliant patterns; Gently brushing a carved door, she lowers her branches	Stretching toward jade steps, she forms brilliant patterns; Gently brushing a carved door, she lowers her branches
于是重闺佳丽 貌婉心娴	And then, In the innermost apartments an exquisite beauty, Delicate in appearance and refined in spirit	*Thereupon*, in the many-cloistered ladies' quarters an exquisite beauty, Her appearance delicate and her mind refined	Thereupon, in the many-cloistered ladies' quarters an exquisite beauty, Her appearance delicate and her mind refined
怜早花之惊节 讶春光之遣寒	Appreciates the early flowering tree's sense of season And marvels at glorious spring's expulsion of cold	Loves the early blossoms that spur in the season, And welcomes glorious spring's putting the cold to flight	Loves the early blossoms that spur in the season And welcomes glorious spring's putting the cold to flight
夹衣始薄 罗袖初单	Wearing for the first time a thin lined gown With newly light silk sleeves	Her lined gown is thinner now, unwadded, Her silk sleeves are now of single thickness	Her lined gown is thinner now, unpadded, Her silk sleeves are now of single thickness
折此芳花 举兹轻袖	She plucks this fragrant flower, Raising that dainty sleeve	She plucks the fragrant blossoms, Raising her dainty sleeve	She plucks those fragrant blossoms, Raising this dainty sleeve
或插鬓而问人 或残枝而相授	She may stick it in her hair and ask how it looks; She may break off a twig and give it away	She'll either stick some in her hair and ask how it looks, Or break off some branches and give it away	She'll stick some in her hair and ask how it looks Or break off a branch and give it away

续表

原文	1952 版译文	1976 版译文	1984 版译文
恨鬓前之太空 嫌金钿之转旧	She dislikes too much bareness in front of her hair-knot, She is averse to the golden hairpin turning old	She hates too much bareness in front of her hair-knot, And is tired of the golden hairpin she has worn so long	She hates too much bareness in front of her knot And is tired of the golden hairpin she has worn so long
顾影丹墀 弄此娇姿	She looks back at her shadow on the red steps And posing, fondly eyes her graceful carriage	She looks back at her own shadow on the red lacquered steps And posing, fondly eyes her graceful carriage	She looks back at her shadow on the red steps And, posing, fondly eyes her graceful carriage
洞开春牖 四卷罗帷	Wide she opens the spring windows, On all sides she rolls up the silk curtains	She opens wide the spring windows, She rolls up the silk curtains on all four sides	She opens wide the spring windows, She rolls up the silk curtains on all four sides
春风吹梅畏落尽 贱妾为此敛蛾眉	The spring wind blows plum petals-I fear they all will fall, For this I, humble woman, knit my brows	The spring wind blows plum petals-I'm afraid they all will fall, So I knit my moth-antenna eyebrows	The spring wind blows plum petals, I fear they all will fall, So I knit my moth-antenna eyebrows
花色持相比 恒愁恐失时	If flowers and beauties are alike, We ever worry for fear of missing our time	Blossoms and beauties are all alike, We always worry that time will pass us by	Blossoms and beauties are alike, We always worry that time will pass us by

（一）《梅花赋》译本对比

如上表所示，傅汉思的三版《梅花赋》译文各不相同，其中 1984 年版译文基于 1976 年版译文，改动很小，二者与 1952 年版译文相比有明显变化。三个译本的润色过程充分体现了傅汉思古诗英译理念的不断完善，即对原诗诗性的最大化再现，主要体现在保留词序、再现特殊句式、改进表达三个方面。下面以 1984 年版译文为参照系展开译本比较分析。

1. 保留词序

为了更好地再现原诗诗性，傅汉思在 1952 年初译中就十分重视保留原文的词序和句法，在 1984 版译文中更是如此。上文说到，虽然译文重组语序句法后传达的总体语义与原文无甚差别，但是在古诗英译中，原诗语序的改变常常导致语义重点的丢失、风格的变化乃至整体诗性的破坏。下面以五个例子说明：

年归气新，摇云动尘。

1952 版：The new year，the fresh season / Rouses the plants and stirs the dust.

1984 版：The year turns，the air is new，/ Rousing the plants and stirring the earth.

分析：该句上下联都是四言短句，节奏轻快跳跃，上联是两个主谓结构并列，下联是两个动宾结构并列，句法赋予语义以动态感：冬去春来，气象更新，万物复苏，生机勃发。1984 版译文以主谓结构和主系表结构还原了上联两个并列的主谓结构，下联巧妙地运用“动词 - ing”结果状语，原句整体的节奏感和动态感得到很好的再现。而 1952 版译文将上联的动词变为形容词，译文上联作下联的主语成分，不仅与原句的风格相去甚远，而且整句的节奏在上下联均为完整句子的上下文之间显得格格不入，破坏了英文诗篇的节奏。

梅花特早

1952 版：The plum breaks into blossom earlier than others.

1984 版：The flowering plum is the earliest to blossom.

分析：1984 版译文以主系表结构再现了原文的主谓结构，保留了对“早”的强调。在万物凋零的冬末春初，梅花先于百花之前凌寒绽放。相比之下，1952 版译文就是对语义细节不加区分的事实陈述。

貌婉心娴

1952 版：Delicate in appearance and refined in spirit.

1984 版：Her appearance delicate and her mind refined.

分析：1984 版译文以主（系）表结构移植了原文的主谓结构，清晰明了。而 1952 版译文将形容词提前，虽然依然构成行内平行，但读起来徒增了一种抽象感。

挂靡靡之游丝，杂霏霏之晨雾。

1952 版：Slow-drifting gossamer is suspended, / Damp, driving morning mist is blended in.

1984 版：She suspends slow-drifting gossamer / And mingles with heavy morning mist.

分析：此句描述梅枝上挂着轻柔的蛛丝、梅树浸沐在清晨浓雾中的美态。从上文的“或承阳而发金”起到后文的“拂网户而低枝”止，都在浓墨重彩地刻画梅树的颜色、形态和香气等，句法上均由梅（或其组成部分）作主语，形成一泻千里的磅礴气势，更凸显其美态。1952 版译文破坏了齐整的句子结构与和谐的诗歌节奏，从而影响了风格和语义的传达，而且同样的信息，该句处理为被动语态则失去了美感。

夹衣始薄，罗袖初单。

1952 版：Wearing for the first time a thin lined gown / With newly light silk sleeves.

1984 版：Her lined gown is thinner now, unpadded, / Her silk sleeves are now of single thickness.

分析：该句位于全诗第二部分的开头，与“年归气新，摇云动尘”一样，表现的是气候和时节的变化。句法上上下联均为四字主谓结构，对偶严整，节奏轻快，营造出天气日渐变暖的愉快氛围。1984 版译文上下联以主系表结构模仿了原句的句法结构，保留了原句的对偶修辞和谐协节奏，风格对等。而 1952 版译文将此句处理成“-ing 伴随状语”以及“with 修饰状语”，与下句“折此芳花，举兹轻袖”英译中的主语“She”呼应，一方面整个英文句子“ - ing 状语”过多；另一方面成分关系略显繁复，破坏了英文诗篇的节奏感。

2. 再现赋体特殊句式

傅汉思在 1984 版译诗中努力再现了赋中的特殊句式，体现了其文体意识的不断增强：

或承阳而发金，乍杂雪而被银。

1952 版：Receiving sunlight she brings forth golden splendor, / Mingling with snow she wears a silvery coat.

1984 版：Now, receiving yang, she brings forth gold, / Now, mingling with snow, she wears a cloak of silver.

既玉缀而珠离，且冰悬而雹布。

1952 版：Here are jades joined and pearls strewn, / There is ice hanging and hail spread out.

1984 版：As jades are joined and pearls strewn, / So ice is hung and hail spread.

乍开花而傍巘，或含影而临池。

1952 版：Opening into flower, she leans on a hillside; / Holding out her form, she gazes into a pool.

1984 版：Now, breaking into flower, she leans on a hillside, / Now, reflecting her own image, she overhangs a pond.

“或……乍……”“乍……或……”是赋的特殊句式，用于列举。用“ - ing 状语”并列的形式起不到强调作用，用“Now... now”（时而……时而……）对应颇为合适。“既……且……”虽然也是表示列举的句式，但句中另含有比喻的意义——梅花花蕾既像玉珠连缀在一起，而又是一朵朵地生长在枝条上，像冰粒悬挂枝头而又如同冰雹那样散布，因此用“As... So...”更为对应。

3. 改进表达

除了不断再现词序和文体特点之外，傅汉思也注意不断对表达进行润色，对细节进行调整，以尽可能地产出准确传神的译诗，最大化地还原原诗的原貌，凸显原诗的诗性。

表达方面，首先，1984 版译文纠正了先前版本对部分字理解的错误。"庶草千丛"的"庶"由"countless"改为"smaller"，取"普通"之意，"庶"与"奇"相对，如理解为"众多"则与"千"语意重复。"摇云动尘"的"尘"由"dust"改为"earth"，此句形容春天草木发芽破土，是泥土而非灰尘。"偏能识春"的"识"由"know"改为"recognize"，正如傅汉思在此联想到的诗句"兔园标物序，惊时最是梅"[①] 所表达的含义一样，"识"侧重表示当春天到来时敏感地"察觉"。"摽半落而飞空"的"半"是指树梢的花瓣落到"半空"（halfway），而非初译时理解的树梢处一半（half of）的花瓣。"或含影而临池"的"临池"与上句"傍巘"相对，"临"表示"位于……之上"，因而由"gaze into"改为"overhang"。"向玉阶而结彩"的"彩"是梅枝交错蔓生形成的"造型"，改为"patterns"（图案）比"ornaments"（装饰）更为贴切。"怜早花之惊节，讶春光之遣寒"表现了丽人盼春的心情，其中"怜"表"爱"，"讶"通"迓"，表"欢迎"，因而分别由初译的"appreciates"和"marvels at"改为"loves"和"welcomes"。

其次，1984 版译文对先前版本的用词进行了优化，使之更为贴近原文的幽微语意、情感色彩和文学韵味。"奇木万品"的"奇"由"wondrous"改为"marvelous"，因"wondrous"含有敬畏之意。"色落摧风"的"色"由"brightness"和"beauty"改为"loveliness"，"色"指花朵的整体魅力，应当包含花朵的颜色、形态和香味，不局限于侧重颜色的"brightness"和视觉的"beauty"。"杂霏霏之晨雾"的"杂"是指梅花与周围厚重的晨雾和谐交融，而不是两者混合，因而由"blend"改为"mingle"更为恰切。"争楼上之落粉"是指梅花的香气可以和绣楼上散发下来的脂粉香相媲美，而楼上的香味不是主动猛烈下落，而是由于楼上的绣女走动或者做工时，香气弥散下来，因而由"falling"改为"dropped"。"乍杂雪而

① Hans H. Frankel, "The Plum Tree in Chinese Poetry", *Asiatische Studien*, 6 (1952), n. 47, p. 100.

被银”的“被”由“a coat of silver”变为“a cloak of silver”更为贴切，表示冬梅披上了一层披风。“乍开花而傍巘”中的“开花”由“open into”改为“break into”亦更为生动，展现了梅花绽放的壮观画面。“折此芳花”和“花色持相比”中的“花”均由“flower”变为“blossom”，侧重“花朵”。“或插鬓而问人，或残枝而相授”一句，上联的“花”由单数（it）改为了复数（some），下联的“枝”由“a twig”先后改为了“some branches”和“a branch”，似也出自傅汉思的仔细思忖。正如前文“既玉缀而珠离”中所说，梅花在枝头一般丛生在一起，因此插鬓之梅应当不止一朵。而根据文学传统，作为信物的梅花通常是一枝，如《赠范晔》中有“聊赠一枝春”，《说苑》中越使根据越国习俗赠送梁王一枝梅。[①]“嫌金钿之转旧”的“转旧”由“turning old”改为“she has worn so long”。重闺佳丽衣食无忧，金钿不一定是真正客观上变旧，而是女子爱美，追求风尚，钟情梅花的装饰效果而主观上“喜新厌旧”。

值得注意的是，1984 版译文中文化负载词的处理也进行了改进。所谓文化负载词，即语言系统中最能体现语言承载的文化信息、反映人类的社会生活的词汇。由于文化内涵丰富，所以多采取“翻译 + 注释”的形式处理。傅汉思也是如此，如“冬灰徙筒”的“筒”。“筒”是中国古代独特的历法工具，三版译文都加上了言简义丰的注释，说明其使用场合——皇宫、功用——历法工具以及用法——将芦苇膜烧成的灰放入律管，其各种运动形态代表时节的变化。[②] 不同的是各版在译诗中选取的表达，先后由 1952 版的“calendar tubes”改为 1976 版的“calendar pipes”，再改为 1984 版的“tubes”。用“tubes”更为准确，因为它比“pipes”直径小，用于占卜历法的律管相对较细。舍弃“calendar”应当是为了原文的简洁，直接将它的功用放在注释中说明，避免重复，且“calendar tubes”并非英文中固有的概念表达。再如“或承阳而发金”中的“阳”，不局限于阳光，而应当是中国哲学中“阴阳”之“阳”或中医学中所说的“阳气”，因此由

---

① Hans H. Frankel, “The Plum Tree in Chinese Poetry”, *Asiatische Studien*, 6 (1952), pp. 90 – 91.

② 分别参见 Hans H. Frankel, “The Plum Tree in Chinese Poetry”, n. 46, pp. 99 – 100; Hans H. Frankel, *The Flowering Plum and the Palace Lady*: *Interpretations of Chinese Poetry*, New Haven and London: Yale University Press, 1976, p. 2; Hans H. Frankel, “Poems about the Flowering Plum”, in *Bones of Jade*, *Soul of Ice*: *The Flowering Plum in Chinese Art*, ed. Maggie Bickford, Woodstock: Arthur Schwartz Sales Co., 1984, n. 3, p. 155。

初译直接用“sunlight”改为了后两版中的音译“yang”加注释：通过阳光和春天表现光亮原则。[①] 但笔者认为，这样的注释依然不够全面，至少在“光亮”（light）之外应加上“温暖”（warmth）。世卫组织中医术语库中对“阳”的解释值得参考：In Chinese philosophy, the masculine, active and positive principle (characterized by light, warmth, dryness, activity, etc.) of the two opposing cosmic forces into which creative energy divides and whose fusion in physical matter brings the phenomenal world into being。[②] “重闺佳丽”中的“重闺”由“innermost apartments”改为“many-cloistered ladies' quarters”有两点好处：首先，准确表达了“重”的内涵，深宫大院，重重回廊（many-cloistered）；其次，“闺”的翻译（ladies' quarters）恰到好处，它专指佳丽的居所，“quarter”与“apartment”相比，强调某一类人共同居住的区域以及较大建筑的一部分。因为正文中已经充分表意，所以该文化负载词没有加注。

对其他细节的处理也处处体现了傅汉思对原作诗性的重视，如拟人修辞、语域、词性、意象等。如“香随风而远度”一句运用了拟人的修辞手法，其中的“随”在初译中处理为“is borne by”，虽达意但舍弃了修辞，改为“goes with”再现了香味“驾着”春风四处弥散的生动图景。在全赋上下部分过渡句“于是重闺佳丽”中，“于是”由通俗的“And then”改为老式词“Thereupon”，古色古香，符合原文的语域。“怜早花之惊节，讶春光之遣寒”中的“惊”和“遣”在原文中是动词，初译分别处理为“the early flowering tree's sense of season”和“glorious spring's expulsion of cold”，弱化了“惊”，并将“遣”名词化；相比之下，1984 版做到了与原文词性相对严格的对应：“the early blossoms that spur in the season”“glorious spring's putting the cold to flight”，再现了原文中的动态感。“顾影丹墀”里的“丹墀”，先后由 1952 版的“red steps”改为 1976 版的“red lacquered steps”再回到 1984 版的“red steps”，最终选择省略红色石阶的成因——“刷漆”，应当是在像原文一样给读者留下想象的空间。“贱妾为

---

① 参见 Hans H. Frankel, *The Flowering Plum and the Palace Lady: Interpretations of Chinese Poetry*, New Haven and London: Yale University Press, 1976, p. 2; *Bone of Jade, Soul of Ice: The Flowering Plum in Chinese Art*, n. 4, p. 155。

② WHO Regional Office for the Western Pacific, *WHO International Standard Terminologies on Traditional Medicine in the Western Pacific Region*, 2007, Code. 1. 1. 8, pp. 13 – 14.

此敛蛾眉”中的“蛾眉”一直是难倒不少翻译家的文化负载词。傅汉思的初译舍弃了意象，直接翻成“brows”，在后两版译文中处理为保留意象的直译“moth-antenna eyebrows”加注释：美女的眉毛常被比作蛾子的触角。[①] 这样处理的初衷在于让外国读者感受原汁原味的中国文化，正如傅汉思在自述译诗理念时所言，“试着原封不动地保持一种重要却难以捉摸的现象：意象”[②]，但是收效如何仍待商榷。正如旅港传教士、爱尔兰汉学家唐安石（John Turner，1909—1971）所言，“蛾”的意象会引起西方人的极度不适。[③] 此外，“蛾眉”之“蛾”实为蚕蛾（silk moth），而非飞蛾（moth），因中国乃蚕丝故乡，蚕蛾触角呈羽状和弧形，粗黑美丽，酷似人眉，相比之下，飞蛾的触角纤细但不美。关于“蛾眉”的译法，唐安石的建议是“dainty brow”[④]，中国学者李贻荫的建议是“（brow）delicate as a silk moth's antennae”[⑤]。然而前者抛弃了中国文化意象，后者在译诗中过于冗长。此外，英文中也没有与“蛾眉”对等的固有表达，不像可用“sweet as a lily or a rose”翻译“美人如玉”、可用“as strong as a horse”翻译“力大如牛”一样。意象的翻译时常需要面对意象和意义难以两全的情况，而对“蛾眉”意象翻译的思考也告诉我们，由于不同文化和文学体验的差异，傅汉思过分关照原文风貌的翻译理念也存在一定的弊端。再如原文“折此芳花，举兹轻袖”一句，除了 1976 版弱化了代词“此”和“兹”外（She plucks the fragrant blossoms，Raising her dainty sleeve.），其余两版分别处理为“this fragrant flower / that dainty sleeve”和“those fragrant blossoms / this dainty sleeve”，实在有种强行对应之嫌，导致译文很不自然。

（二）其他“梅花诗”译本对比

值得注意的是，傅汉思在三次“梅花诗”译介中，除《梅花赋》以外，《山驿梅花》和《再用前韵》的 1984 版译文比 1952 版译文在形式与内容上也与原文更为贴近。

---

① Hans H. Frankel, *The Flowering Plum and the Palace Lady*: *Interpretations of Chinese Poetry*, New Haven and London: Yale University Press, 1976, p. 3.

② Hans H. Frankel, *The Flowering Plum and the Palace Lady*: *Interpretations of Chinese Poetry*, New Haven and London: Yale University Press, 1976, p. xi.

③ John Turner, "Translating Chinese Poetry—My Aim and Scope", *RENDITIONS*, Autumn 1975, p. 54.

④ John Turner, "Translating Chinese Poetry—My Aim and Scope", *RENDITIONS*, Autumn 1975, p. 54.

⑤ 李贻荫：《“珠帘”与“蛾眉”的英译》，《中国翻译》1984 年第 12 期。

表 3－39 **其他“梅花诗”傅汉思两版译文对比**

原文	1952 版译文	1984 版译文
《山驿梅花》		
生在幽崖独无主	She grows on a remote mountain slope, alone and untended	It grows on a remote slope, alone, untended
溪萝涧鸟为俦侣	The creeping plants of the brook and the birds of the creek are her companions	The creepers of the brook and the birds of the creek are its companions
《再用前韵·罗浮山下梅花村》		
麻姑过君急扫洒	The fairy Ma-ku is coming to see me, quickly I must sweep and clean.	"Magu is coming to see you, quickly sweep and sprinkle!"
耿耿独与参横昏	In their brightness they blend only with Orion on the horizon	In their brightness they are alone with Orion on the horizon at dusk
蓬莱宫中花鸟使，绿衣倒挂扶桑暾。	Like the Flower-Bird Emissary in the Fairyland Palace, A cockatoo, dressed in green, hangs on the Sunrise Tree.	From Penglai Palace a Flower-Bird emissary, A cockatoo, dressed in green, hangs upside down on the Sunrise Tree.
抱丛窥我方醉卧	Looking at me from among the branches, he sees me lying in drunkenness	Through the branches he looks at me and sees me lying drunk.
天香国艳肯相顾	(In their heavenly fragrance and world-renowned beauty,) the blossoming plums are a comforting sight	(Heavenly scent and the land's foremost beauty:) a comforting sight!
酒醒人散山寂寂	As I recover from my drunkenness, every one is gone, lonely is the mountain.	As I recover from my drunkenness, every one is gone, the mountain is still.

形式方面，《山驿梅花》中，古诗语言高度意合，“独无主”中无连词，后译也省去“and”。后译改“creeping plants”为“creepers”，意在译文中更精确地再现原文行内平行：溪（brook）对涧（creek），萝（creepers）对鸟（birds）。《再用前韵·罗浮山下梅花村》中，“麻姑”一句，前文第一人称叙述视角中突然引入第三人称“花鸟使”的催促。后译保留了直接引语，再现了“花鸟使”俏皮可爱的形象。前文说到，中国古诗中第一人称与第三人称的转换是一个特有的诗学现象，尤其是在乐府诗中十分明显。而在“扫洒”一词的改译上，“sweep and sprinkle”中的头韵修辞显然能更好地再现原文叠韵联绵词“扫洒”所营造出的音韵美。“蓬莱宫中花鸟使”“抱丛窥我”“山寂寂”在后译中都尽量保留了原文词序，再现了原诗的句法结构。内容方面，后译对《再用前韵·罗浮山下梅花村》中

“肯相顾”的处理与原文一样简洁，并分别补充了“独与参横昏”和“绿衣倒挂扶桑暾”中前译的漏译“昏”和“倒”。

通过对《梅花赋》三版译文和其他“梅花诗”两版译文的对比研究发现，傅汉思再现原诗诗性的古诗英译理念经历了不断完善的过程。考察三次“梅花诗”翻译的时间发现，1952 年傅汉思在古诗研究方面初出茅庐，1976 年已经完成其古诗译研的代表作《中国诗选译随谈》，1984 年已近荣休，[①] 说明其古诗研究促进了其古诗英译理念的完善。

正如康达维所言，“纵观傅汉思的学术生涯，他孜孜不倦地致力于解决中国诗歌何以为诗的问题”[②]。傅汉思不仅在研究工作中探索中国古诗的诗性，还坚持通过再现原诗核心诗学要素和文体特点于译诗中传递古诗的诗性。

傅汉思“再现原诗诗性”的古诗英译理念与同时期俄裔美国作家、翻译家和翻译理论家弗拉迪米尔·纳博科夫（Vladimir Nabokov，1899—1977）的翻译理念有一定关联之处。纳博科夫是长篇小说《洛丽塔》（*Lolita*，1955）的作者，也曾把普希金的诗体小说《叶甫盖尼·奥涅金》译为英文。他在 1955 年发表的论文《翻译的问题：奥涅金的英译》（*Problems of Translation*：“*Onegin in English*”）中提到了译文“准确性”和“可读性”的问题，康达维认为“傅汉思一定读过这篇文章”[③]。该文质疑了自由式翻译的可读性，认为其带有欺骗和专横的意味，是对作者的背叛。文中主张以极端直译的方式再现原作，表示“最艰涩的逐字翻译要比最流利的意译好上千倍”[④]，并指出，“想把一部文学杰作翻译成另一种语言的翻译家只有一项职责必须履行，那就是绝对准确地复制整个文本，除了文本，没有别的”[⑤]。纳博科夫过分强调“准确性”的翻译理念虽然过于偏激，但也是出于其再现本国文学经典的译者初衷。

傅汉思的译诗准确还原了原诗的风貌，从而实现了欧阳桢提出的文学

---

① 据耶鲁大学藏傅汉思档案显示，他于 1987 年 5 月获得荣誉教授头衔。

② David R. Knechtges：《Knechtges 教授在傅汉思追思仪式上的悼词》，《水》复刊第 24 期——张元和、傅汉思纪念特刊，2004 年 7 月 15 日，第 31 页。

③ 摘自笔者与康达维的来往邮件，2021 年 1 月 12 日。

④ 康达维：《玫瑰还是美玉——中国中古文学翻译的一些问题》，李冰梅译，见于赵敏俐、佐藤利行编《中国中古文学研究》，学苑出版社 2005 年版，第 28 页。

⑤ 康达维：《玫瑰还是美玉——中国中古文学翻译的一些问题》，李冰梅译，见于赵敏俐、佐藤利行编《中国中古文学研究》，学苑出版社 2005 年版，第 28 页。

翻译标准——“透明”。欧阳桢是当代美籍华裔比较文学教授、翻译家和翻译理论家。在其代表作《透明之眼：对翻译、中国文学和比较诗歌的反思》（*The Transparent Eye*：*Reflections on Translation*，*Chinese Literature*，*and Comparative Poetics*，1993）中，他引用作家艾默生的表达，将译者和译作比作“透明之眼”：翻译得越准确，透视原文的眼睛便越透明，否则就会妨碍我们的视线，阻止我们对原文的充分审视。[①] 他提出了“透明”的标准：好的译文应当能反映原著的特点，即读者完全可以透过译文看到原著。由此看来，傅汉思通过逼肖原作的传译，创造了“透明”的译诗。

第二节　兼顾译诗的诗性

傅汉思在充分再现原诗诗性的同时兼顾了译诗的诗性，即抛开原文，译诗作为独立的个体亦符合英文诗歌的某些诗法规范，具体体现在诗学韵律、诗化语汇和诗学句法三个方面。[②]

一　再现和创造韵律

韵律方面，傅汉思对译诗韵律的照顾是通过两种途径实现的。一是对原诗韵律的再现。如上文所示，傅汉思以英语重复词或叠韵词译原诗叠词的做法、以英语叠韵词译原诗叠韵联绵词的做法、对原诗句式和段落复沓、平行对偶、顶真的再现一方面再现了中国古诗原有的韵律；另一方面也赋予英诗本身以音韵和谐、节奏铿锵的悦耳效果。除以上案例外，再如其对双声叠韵词[③]的翻译：我舞影零乱（I dance，and Shadow runs helter-skelter）、辗转不相见（I tossed and turned，he could no longer be seen）。二是对译诗韵律的创造。具体分为两个方面：一方面，傅汉思在原诗不存在押韵的地方创造了押韵，如行尾押韵、行间对应词押韵、行间紧邻词押韵等，从而同时实现了对原诗韵律的有机补偿和对译诗韵律的充分照顾，除以上赋和乐府诗中的案例外，又如：

---

① Eugene Eoyang，*The Transparent Eye*：*Reflections on Translation*，*Chinese Literature*，*and Comparative Poetics*，Honolulu：University of Hawaii Press，1993，p. xv.

② 有关英诗的语言特点，详见周求知《英语诗歌的语言特点》，《外语与外语教学》1994 年第 3 期。

③ 双音节词的两个字的声母相同。

表 3 - 40　　**傅汉思在译诗中创造韵律**

蕊黄无限当山额	Yellow flower-powder boundless on her forehead
铅华不御得天真	She added no paint or flower-powder to her natural self
又恐琼楼玉宇	I only fear among the jasper towers and jade roofs
起舞弄清影	I start to dance and play with the bright moonlight
胭脂泪	Tears smear the rouge
计策弃不收	His plans and proposals are rejected, never accepted
圣贤几凋枯	How many worthies and sages have perished!
往来成古今	They come and go, becoming past and present.
天淡云闲今古同	Heaven is placid, clouds are lazy, present and past unite
美人赠我锦绣段	She gave me a set of embroidered brocade
挼尽梅花无好意	I'll crush the plum blossoms with ill will

以上大多数译诗中都是相邻词押韵，也有邻近词押韵的，如琼楼玉宇（jasper towers and jade roofs）。译词押韵形式有头韵（jasper towers and jade roofs）、尾韵（worthies and sages）、头韵加尾韵（plans and proposals, past and present）、中间韵加尾韵（flower-powder, bright moonlight, ill will）、中间韵[①]（Tears smear, embroidered brocade）。此外，傅汉思对译诗韵律的创造另一方面体现在译诗整体的节奏，他的译诗虽然是自由体，但是整体上做到了轻重音交替，抑扬顿挫。以一首五言诗和一首七言诗为例：

表 3 - 41　　**傅汉思在译诗中重视节奏**

<table>
<tr><th>原文</th><th>译文</th></tr>
<tr><td>《山居秋暝》王维</td><td>"Living in the Mountains, on an Autumn Evening"</td></tr>
<tr><td>空山新雨后，</td><td>– – ˊ – ˊ – – ˊ – ˊ
On the em | pty moun | tain just af | ter rain | ,</td></tr>
<tr><td>天气晚来秋。</td><td>– ˊ – ˊˊ – – – ˊ –
The air | toward | Eve | ning is autum | nal.</td></tr>
<tr><td>明月松间照，</td><td>– ˊˊˊ – ˊ – ˊ
The bright | moon | shines | among | the pines | ,</td></tr>
<tr><td>清泉石上流。</td><td>– ˊˊ – ˊˊ – – ˊ
The clear | fountain | flows o | ver the stones.</td></tr>
<tr><td>竹喧归浣女，</td><td>– ˊ – ˊ – – ˊ – ˊ – ˊ –
The bam | boo ra | ttles: return | ing wa | sher wo | men;</td></tr>
<tr><td>莲动下渔舟。</td><td>– ˊ – ˊˊ – ˊˊ – ˊ
The lo | tus stirs: | fi | shing boats | go | ing home | .</td></tr>
<tr><td>随意春芳歇，</td><td>ˊˊ – ˊ – – ˊˊ – ˊ
Spring fra | grance ends | at the sea | son's | command | ,</td></tr>
<tr><td>王孙自可留。</td><td>– ˊ – ˊ – ˊ – ˊ – – ˊ
But you | , my prince | , can stay | as long | as you like | .</td></tr>
</table>

① 又称半谐音（assonance）：一段语言里重复相同或相似的元音，元音押韵，辅音不押韵。

续表

原文	译文
《赠别》杜牧	"Presented at Parting"
多情却似总无情，	´´ _ ´ _ ´´ _ _ ´ Great pa ǀ ssion seems ǀ like no ǀ pa ǀ ssion ǀ at all ǀ ,
唯觉樽前笑不成。	_ ´ _ ´´ _ _ ´ _ _ ´ _ ´ We on ǀ ly feel ǀ , o ǀ ver the cups ǀ , that we can ǀ not smile ǀ .
蜡烛有心还惜别，	_ ´ _ ´ _ ´ _ ´ _ _ ´ _ ´ _ The can ǀ dle has ǀ a heart ǀ , it pi ǀ ties our se ǀ para ǀ tion.
替人垂泪到天明。	_ _ ´ _ ´´ _ ´ _ ´ _ ´ For our sake ǀ it sheds ǀ tears ǀ until ǀ the sky ǀ is light ǀ .

可以看出，他的译诗格律使用方法多样，在局部采用了跳韵、抑扬格和抑抑扬格等节律形式，使译文整体读起来节奏鲜明，情感充沛。

二　善用诗化语汇

傅汉思对译诗诗性的兼顾还体现在译诗表达的文学性上，他善于用诗意、精到、凝练的表达再现原诗的意境，实现与原诗的风格对等，详见下表：

表 3－42　**傅汉思在译诗中使用诗化语汇**

译词类别	原文	译文
名词	风花意无极	The gaiety of wind and flowers is infinite
	孤村落日残霞	Lone village, setting sun, remnants of colored clouds
	林花谢了春红	The flowering trees of the grove have dropped their spring red
	一池萍碎。春色三分，二分尘土，一分流水。	All over the pond, a scattering of duckweed. Of all the colors of spring, Two thirds become dust, One third flowing water.
	寻潇洒	I seek the unconventional.
形容词	天气晚来秋	The air toward evening is autumnal
	风帆明日远	The wind-driven sail will be far off tomorrow
	樽前更有忘机友	Facing the cup there is still more: a friend aloof from the world
	弱柳青槐拂地垂，佳气红尘暗天起。	Supple willows and green locust trees droop, sweeping the ground; Balmy air and red dust rise in the darkening sky.
	归帆出雾中	home-bound sail pokes through the mist
	归帆去棹残阳里	The homebound sailboats rests its oars in the setting sun

续表

译词类别	原文	译文
动词	柳绿更带春烟	The willow's green is wrapped in spring mist
	莲动下渔舟	The lotus stirs: fishing boats going home
	不知经历几千秋	How many thousand autumns has it braved?
	人事有代谢	Human lives succeed each other and decay
	一任群芳妒	It yield to the other redolent flowers' jealousy
副词（状语）	溪边小立苦待月，月知人意偏迟出。	At the creek bank I stand for a time, doggedly waiting for Moon. Moon, knowing my wish, perversely delays his rise.
	为赋新词强说愁	Composing original poems that artificially spoke of grief
	萧条愁杀人	The desolation is deathly sad
	随意春芳歇	Spring fragrance end sat the season's command
	浩浩阴阳移	In endless alternation, yin and yang take turns

下面通过四个比较研究说明之：

表 3－43　**《相见欢·林花谢了春红》片段译本对比**

原文	译者	译文
林花谢了春红，太匆匆。	傅汉思	The flowering trees of the grove have dropped their spring red All too quickly. ①
	艾林、麦金托什	The sap of spring has ebbed, its flush of pride Too quickly died:②
	白英引熊丁	The flowers of the wood have lost their spring redness In too great haste③

"林花"一处，傅汉思的"flowering"一词描绘了春花绽放的绚烂场景，正如作者对《中国诗选译随谈》中"梅花"的诠释"flowering plum"一样，富有动态感，极言花事之盛大。相比之下，熊丁的译本太过平实，将"林花"之"花"译为"flowers"抑或"blossoms""bloom"都缺乏诗

① Hans H. Frankel, *The Flowering Plum and the Palace Lady: Interpretations of Chinese Poetry*, New Haven and London: Yale University Press, 1976, p. 88.

② Alan Ayling and Duncan Mackintosh, *A Collection of Chinese Lyrics*, London: Routledge and Kegan Paul, 1965, p. 49.

③ Robert Payne, *The White Pony: an anthology of Chinese poetry from the earliest times to the present day newly translated*, London: Gerge Allen & Unwin, 1949, p. 278.

意，而艾林的译本“春天的元气——骄傲的长势衰退了”则有过度诠释之嫌，不及傅汉思的译本简洁精到，减少了读者想象的空间。此处傅汉思的译本超越了前人。再如：

表 3－44　**《钓雪舟中霜夜望月》片段译本对比**

原文	译者	译文
溪边小立苦待月， 月知人意偏迟出。	傅汉思	At the creek bank I stand for a time，doggedly waiting for Moon. Moon，knowing my wish，perversely delays his rise. ①
	齐皎翰	I stand by the stream waiting for the moon to rise， but the moon knows my impatience and takes its time. ②

“苦待”和“偏迟出”两处，傅汉思使用的两个副词“doggedly”（固执地）和“perversely”（倔强地）具有诗意效果和画龙点睛的功用，分别烘托出诗人等待月出时坚定而又焦虑的心情、月亮不随人愿迟迟不出的调皮行为，相映成趣，尤其是“perversely”将月亮的人格化形象描绘得惟妙惟肖。而齐皎翰的译本上下句都只是动作的平实描述，没有突出作者和月亮的“心态”，缺乏生气和画面感。此处后人的译本不及傅汉思。再如：

表 3－45　**《山居秋暝》片段译本对比**

原文	译者	译文
空山新雨后， 天气晚来秋。 明月松间照， 清泉石上流。	傅汉思	On the empty mountain，just after rain， The air toward evening is autumnal The bright moon shines among the pines The clear fountain flows over the stones③
	张音南、沃姆利斯	After newly-fallen rain in these vast mountains， When evening descends the air has the feel of fall. The limpid moon sparkles through the pine needles； The crystal stream glides glistening over the rocks④

① Hans H. Frankel，*The Flowering Plum and the Palace Lady*：*Interpretations of Chinese Poetry*，New Haven and London：Yale University Press，1976，p. 24.

② Jonathan Chaves，*Heaven My Blanket*，*Earth My Pillow*，Buffalo：White Pine Press，2004，p. 80.

③ Hans H. Frankel，*The Flowering Plum and the Palace Lady*：*Interpretations of Chinese Poetry*，New Haven and London：Yale University Press，1976，p. 10.

④ Chang Yin-nan and Lewis C. Walmsley，*Poems by Wang Wei*，Rutland and Tokyo：Charles E. Tuttle Company，1958，p. 113.

续表

原文	译者	译文
	陶友白	After rain the empty mountain Stands autumnal in the evening Moonlight in its groves of pine Stones of crystal in its brooks. ①

傅汉思将"天气晚来秋"的"秋"译为"autumnal",几乎完美地复制了原诗的诗学形式和意境。"秋"字属于名词在诗歌中活用作形容词,而相应的"autumnal"也是名词衍生出的形容词,属于英语中文学化语篇中的表达。汉诗语义的模糊性在英诗中得到了再现,怎样的天气才是"秋天式"的天气呢?是嗅觉的,是温度上的,还是什么?留给读者无限的遐想空间。而相比之下,张音南译本中的"has the feel of fall"则过于直白,缺乏诗意。如上所示,傅汉思此处的妙笔有可能受到前译陶友白的影响。又如:

表 3 – 46 **《田园乐七首·其六》片段译本对比**

原文	译者	译文
桃红复含宿雨,柳绿更带春烟。	傅汉思	The peaches' red holds the night's rain, The willow's green is wrapped in spring mist. ②
	张音南、沃姆利斯	The pink peach blossoms still hoard night rain; Green willows grow greener still misted with spring. ③
	白英引李赋宁	The peach blossom is redder because rain fell overnight, The willows are greener in the morning mist. ④

---

① Witter Bynner and Kiang Kang-hu, *The Jade Mountain: A Chinese Anthology, Being Three Hundred Poems of the T'ang dynasty*, Garden City: Anchor Books/Doubleday, 1964, p. 156.

② Hans H. Frankel, *The Flowering Plum and the Palace Lady: Interpretations of Chinese Poetry*, New Haven and London: Yale University Press, 1976, p. 9.

③ Chang Yin-nan and Lewis C. Walmsley, *Poems by Wang Wei*, Rutland and Tokyo: Charles E. Tuttle Company, 1958, p. 91.

④ Robert Payne, *The White Pony: an anthology of Chinese poetry from the earliest times to the present day newly translated*, London: George Allen & Unwin, 1949, p. 151.

傅汉思将“带”字译为“is wrapped in”，柳枝的新绿“笼罩”在晨雾之中，营造了一幅迷蒙梦幻、静谧清新的清晨山居图。相较之下，张音南和白英的译本都将该句处理为柳树在晨雾的笼罩中显得颜色更为鲜艳，且不论是否为语义歪曲与否，张音南的译本此句动词过多，破坏了原诗的静态美感，而李赋宁的译本则缺乏诗性。此外傅汉思保留了原句的构词方式“桃红”（The peach's red）“柳绿”（The willow's green），属于诗化语言的创造，起到了对颜色的强调。此句译诗傅汉思亦超越了前人。

以上不同译本的对比说明，傅汉思的译诗选词保持了高度的诗性，很好地再现了原诗的意境和美感，译诗水准在作品的多数译本中堪称上乘。

三　顺应英诗句法

句法方面，中英诗歌的视觉审美不同。基于汉字的演化过程，中国古诗的视觉形式偏向于整齐规范，体现在押韵、平仄、诗行字数等诸多方面。相比之下，英语诗歌则更倾向于大规范中有小变化。即使是要求特定格律的韵体英诗，也对每行字数要求没有限制，诗行亦可从二行到九行不等。而到了自由体风尚时期，作诗法则变得更为放松，从传统的格律、节奏等种种框架的羁绊中解放出来。傅汉思在古诗英译中努力再现汉诗工整形式的同时，也对英语句法给予了应有的照顾。特别是，他认识到“平行原则在西方诗歌中比不上中国诗歌里用得那么频繁”①，“一系列行末停顿的诗句和太多精准的平行在英文中声律不佳”②。因此，在某些原诗排偶较多的情况下，他在译诗中适当控制机械平行的数量，打破了个别平行结构，也运用了英诗中常见的跨行等手段，在一致性中创造了一定的变化。

如在《梅花赋》中，原诗对偶句大量铺排，傅汉思没有选择全部再现，而是对某些对句做了变化处理，如：

---

① Hans H. Frankel, *The Flowering Plum and the Palace Lady: Interpretations of Chinese Poetry*, New Haven and London: Yale University Press, 1976, p. 150.

② Hans H. Frankel, "English Translations of Classical Chinese Poetry since the 1950's—Problems and Achievements", *Tamkang Review*, Vol. XV, No. 1-4, 1985, p. 318.

表 3－47 **在译诗中放弃再现对偶而做变化处理**

原文	译文
奇木万品， 庶草千丛。	Wondrous trees, myriad kinds, And countless plants in thousandfold profusion
夹衣始薄， 罗袖初单。	Her lined gown is thinner now, unwadded, Her silk sleeves are now of single thickness.

再如《木兰诗》中，傅汉思在“暮宿黄河边”（In the evening camps on the Yellow River's bank）的译文中省略了主语，而由上句“旦辞爷娘去”（At dawn she takes leave of Father and Mother）中的主语统领。这样一来，该句无法与复沓结构中对应的句子“暮宿黑山头”（In the evening she arrives at the Black Mountain）保持完全一致。“策勋十二转，赏赐百千强”（He gives out promotions in twelve ranks / And prizes of a hundred thousand and more）的译文没有将上下联均处理为句法完整的句子，实现成分机械对应的平行。这很可能也是由于译诗中对原诗严谨的对偶、复沓的再现太多，导致形式过于严整，单调乏味，从而故意引入两处变化。

中国古诗以诗行为节奏单位，英诗特别是自由诗中跨行现象十分普遍。傅汉思在《梅花赋》译诗中除占据主体的 24 句单行句外，还有 10 句跨两行的句子和 2 句跨四行的句子，其中四行句如下。多样的跨行情况构成了多样的停顿，形成了译诗错落有致的节奏效果：

表 3－48 **在译诗中利用跨行创造节奏**

原文	译文
层城之宫， 灵苑之中， 奇木万品， 庶草千丛。	In the many walled palace's Sacred garden: Wondrous trees, myriad kinds, And countless plants in thousandfold profusion
寒圭变节， 冬灰徙筒。 并皆枯悴， 色落摧风。	When the cold sundial marks the change of season And wintry ashes move in the calendar pipes, They all wither and fade, Their beauty falls, destroyed by the wind.

而这种错落有致的节奏除借由跨行之外，还通过行内多样的节奏停顿形式实现，如逗号、破折号、冒号等。如此，自由体诗歌中本该具备的不拘一格、形散神聚的特点在傅汉思的译诗中得到了充分体现。如下所示：

表 3 - 49　**在译诗中利用多样的停顿创造节奏**

原文	译文
翠钗金作股， 钗上蝶双舞。 心事竟谁知， 月明花满枝。	The kingfisher hairpin has a stem of gold, On the hairpin a pair of butterflies dance. The heart's affairs—who really knows? The moon is bright, blossoms fill the branches. ①

某些时候，这样的处理反而凸显了原诗的语义重点和风格特征，如第三行意在表现闺中女子因挂念夫君而心事重重、满怀埋怨的状态，译诗中的破折号除了在节奏上表示停顿之外，又强调了孤寂之感犹如“余音绕梁”一般久久不散的语义。第四行的逗号除表示英语小句之间的停顿外，还展现了原诗幽微的风格取向：朗月悬空，花满枝头，一切都不约而同地显得那么完美。如添加“and”反而会破坏和谐的形式和由此传达的完满之意。

综上，傅汉思通过再现或创造韵律、使用诗化表达和照顾英诗句法，实现了对译诗诗性的兼顾。对译诗诗性的兼顾体现了傅汉思对古诗英译传播性的照顾，平衡中西诗学的能力源于他深厚的西方诗学基础。傅汉思的译诗最大化地彰显了古诗的诗性，成为其英译古诗的标志性特点，而与此同时他充分兼顾了译诗的可读性，实现了异质性和传播性的统一，是古诗英译值得高度推崇的模式。但是，必须强调的是，对原诗诗性的传递始终是傅汉思古诗英译的第一要务，他对中国古诗核心诗学要素和古诗内部文体特点的彰显是毋庸置疑的，因此由于中西诗学的差异，其译诗无法像诗人译者一样，产出的作品完全遵照英美本土诗歌的章法模式。照顾源语文学必然导致译介作品中异质性的出现，这是文学译介不可避免的问题，此时，对译入语文学的适时照顾、译诗之外补偿性的阐释有助于降低这种异质性对传播带来的不良影响。

值得一提的是，傅汉思的古诗英译理念散见于其理念自述、古诗英译研究以及零星的译评之中，包括《中国诗选译随谈》的“前言”部分、论文《自 20 世纪 50 年代以来中国古诗的英译：问题与成就》、为白丽儿的译诗集《汉代中国的民歌和乐府》（*Popular Songs and Ballads of Han China*, 1993）撰写的前言以及对乔治·肯特（George W. Kent）译诗集《尘与玉

① Hans H. Frankel, *The Flowering Plum and the Palace Lady: Interpretations of Chinese Poetry*, New Haven and London: Yale University Press, 1976, p. 57.

的世界：三世纪中国诗人曹植的四十七首诗和歌谣》（*Worlds of Dust and Jade*：*47 Poems and Ballads of the Third Century Chinese Poet Ts'ao Chih*，1969）的书评中。这些观点反映了他对古诗英译的深入思考。如在《汉代中国的民歌和乐府》的前言中，他主张古诗英译时应在无损英语句法的前提下保留原诗的词序句法。他写道：

> 我发现，她（白丽儿）的译文中尤为值得称赞的特点之一在于，她竭尽全力最大限度地保留汉诗中的词序和句法，并且无损英诗的句法。在他始终忠实中文原文的同时，她的译文可读性极高，将在多年为广大读者提供快乐和启发。①

在《中国诗选译随谈》中，傅汉思表明自己采取的是"介于直译与文学化意译之间的折中翻译方式（a compromise between a literal and a literary translation）"②。之所以要折中，是因为要在再现原诗诗性的同时兼顾译诗诗性：有时在再现古诗诗性的同时能产出地道英诗，但有时不得不放弃个别细节上的形式对应，求得译文的自然练达。有关韵律，傅汉思申明自己没有试图传达其他在英语中难以再现甚至是不可能表达的作诗要素，如诗句长度、韵脚、格律以及声调的平衡等。而笔者的研究说明，不少诗篇中，他在再现原诗韵律和创造译诗韵律方面都表现出色，由此可见傅汉思作为译者的谦逊品质。《自 20 世纪 50 年代以来中国古诗的英译：问题与成就》是傅汉思存世的唯一一篇古诗英译研究论文，他将中国古诗的诗学元素归为韵律、词序句法、平行对偶、重复四大类以及更为细致的小类，审视了 30 年中不同译者在古诗英译时对诸多诗学要素的不同处理方式，从中不难窥见傅汉思本人的立场。

第三节 注重传播效果的编排方式

傅汉思在古诗英译中对译诗诗性的照顾反映了他的传播意识，而

---

① Hans H. Frankel，"Foreword"，in Anne Birrell trans，*Popular Songs and Ballads of Han China*，Honolulu：University of Hawaii Press，2019，p. xii.

② Hans H. Frankel，*The Flowering Plum and the Palace Lady*：*Interpretations of Chinese Poetry*，New Haven and London：Yale University Press，1976，p. x.

对于译诗集的精巧编排也是其传播意识的充分体现。译诗和副文本并非孤立存在，站在大众传播的角度，二者以何种组织形式呈现出来——即编排模式也至关重要。在译诗集中，编排模式影响着读者的第一印象和阅读体验，好的编排模式能起到扩大传播效果、弘扬中国古诗的效果。

傅汉思的古诗译评集《中国诗选译随谈》正文部分共 13 章，主要以文学主题编排各章，辅以修辞、文类，其中 8 章聚焦于中国古诗的特定主题或母题——人与自然、处于和他人关系之中的人、回忆与反思、爱情诗、孤独的女子、离别、对历史的思考、往昔：传说与讽刺，3 章考察修辞——拟人、平行和对偶，2 章关注文类——乐府和赋。各章选诗均以围绕该章议题为原则，各章开篇或章中有对议题的诗学探讨，原诗在脚注中列出，译诗在正文中呈现，译诗后有对该诗的副文本阐释，这样的体例编排类似中国的诗话，在西方汉诗译评集中堪称首次。

审视海内外经典的古诗英译选集发现，其编排形式基本上分为两大类：一类是直接以中国文学本体中现成的古诗选集为底本进行翻译，如《诗经》的诸多英译本、陶友白和江亢虎对《唐诗三百首》的翻译《群玉山头》（1954）；另一类是译者自行遴选和编排诗作，此类别在所有古诗英译集中占比更大，大体包括某一时期的选集、某一诗体的选集、某位诗人的诗集、多位诗人的选集、诗歌总集，或者以朝代、诗人、体裁三者的结合划分章节，如韦利的《古今诗赋》（续）（*More Translations from the Chinese*，1919）以诗人为纲，叶维廉的《中国诗歌》（*Chinese Poetry*：*An Anthology of Major Modes and Genres*，1997）以体裁为纲，柳无忌和罗郁正主编的《葵晔集：历代诗词曲选集》（1975）以年代为纲、诗人为目，华兹生的《哥伦比亚中国诗歌选集》（1984）以代表性诗人和体裁结合为纲。然而，从对外传播角度看，这种编排模式是完全站在中国文学本体角度从“以我为主”的立场设计的，对于熟悉中国诗学的学生和学者而言可能并不陌生，但对于西方中国文学爱好者或普罗大众而言难免会产生疏离感和畏难心理。对于他们而言，这样的编排模式机械而僵化，每首古诗从根本上是彼此独立的个体，互不关联，在缺乏背景知识和翔实阐释的前提下，阅读体验较差，无益于中国古诗诗性的彰显。

相比之下，《中国诗选译随谈》的编排展现了傅汉思充分的受众意识：全书只有第十三章“一篇早期的赋：《七发》”以中国古诗本体概念命名，剩余十二章标题中的主题、母题、修辞是中西方读者都熟悉的文学概念，其中第七章“叙事歌谣（Ballads）”旨在译介三首乐府诗，但从标题来看，是在凸显乐府与世界民谣的共性。此种编排模式拉近了异质文学与西方读者之间的距离，以译入语文学中耳熟能详的概念出发，更符合读者的接受心理，更容易吸引他们了解源语文学的世界，激发他们持续阅读的兴趣，最终更好地促进中国古诗的传播，弘扬古诗的诗性。这般精巧的编排归功于傅汉思全面深入的比较诗学研究，即在中西诗学的比较中发现中国古诗与西方古诗的共性和差异性，构建其自身的诗性，同时在中西诗学的“对话”中提升中国文学在世界文学中的地位。在具体章节的阅读体验上，英国剑桥大学的刘陶陶教授评价道，读者就像“欣赏一幅徐徐展开的画卷”①。如第八章“离别”中，傅汉思首先译介了《别赋》，分析了其中隐喻离别的多种意象，再分别译介了含有各个意象的诗篇，包括含有“露水”意象的《薤露》《古诗十九首·浩浩阴阳移》《秋凉诗寄正字十二兄》、含有“月”意象的《水调歌头·明月几时有》、含有“江河”意象的《乌夜啼·林花谢了春红》《虞美人·春花秋月何时了》、含有“草”意象的《饮马长城窟行》、《送别》（王维）、《清平乐·别来春半》、涵盖多种离别意象的《别情》（周邦彦）、含有“柳”意象的《折杨柳枝歌》、《折杨柳》（萧绎）、《杨柳枝》（刘禹锡）、《杨柳枝》（白居易）、《踏莎行·候馆梅残》、《次韵章质夫杨花词》、《江城子·西城杨柳弄春柔》、《踏莎行·情似游丝》，且同一意象的各个诗篇又各有不同，如含有“柳”意象的诗篇涉及了柳树的不同部位——柳枝、柳丝、柳叶。读者经由译诗结合阐释既品味了每首诗的韵致，又对该文学概念乃至中国诗学产生了系统而深刻的理解，译介效果大幅提升。对该组诗模式的驾驭能力源于傅汉思深厚的中国诗学素养，即他对古诗修辞、文类、母题和主题等的深入研究以及对古诗的广泛阅读。类似以受众意识出发的编排方式也见于《玉骨冰魂》中“梅花诗”一章，该章以母题为统摄，对 15 首“梅花诗”和传记小说《梅妃传》进行了译介。

对于《中国诗选译随谈》中的 106 首全译诗，傅汉思均列出了其参考

---

① 详见 Tao Tao Liu Sanders, “Review of *the Flowering Plum and the Palace Lady*: *Interpretations of Chinese Poetry* by Hans H. Frankel”, *Bulletin of the School of Oriental and African Studies*, Vol. 40, No. 3 (1977), p. 674。

的前人译本来源，其中英译版本来源具体可分为覆盖时期和诗体较广的诗歌总集、某一时期或诗体的选集、某位诗人的诗集、某部诗集的英译、某一主题的诗集、中国文学选集、中国诗论，详见下表：

表 3-50 《中国诗选译随谈》中参考译本来源

分类	书名（以出版时间为序）
诗歌总集	韦利：《（白居易）〈游悟真寺〉及其他》（*The Temple and Other Poems*, 1923） 韦利：《中国诗歌》（*Chinese Poems*, 1946, 1961） 白英：《白驹集》（*The White Pony*, 1947） 戴维斯编：《企鹅中国韵文选集》（*The Penguin Book of Chinese Verse*, 1962） 傅德山、程曦：《中国诗选：汉魏晋南北朝时期》（*An Anthology of Chinese Verse: Han Wei Chin and Northern and Southern Dynasties*, 1967） 叶新华：《中国诗词选译》（1970） 约翰·斯科特：《爱情与抗议：从公元前六世纪到公元十七世纪的中国诗歌》（*Love and Protest: Chinese Poems from the Sixth Century B. C. to the Seventeenth Century A. D.*, 1972）
某一时期的选集	葛瑞汉：《晚唐诗选》（*Poems of the Late T'ang*, 1965） 杨富森、查尔斯·默茨克：《元曲五十首》（*Fifty Songs from the Yuan*, 1967），亦可归入下类
某一诗体的选集	艾伦·艾林、邓肯·麦金托什：《中国抒情诗选集》（*A Collection of Chinese Lyrics*, 1969） 程石泉：《唐宋词选译》（1969） 华兹生：《汉魏六朝赋选》（*Chinese Rhyme-Prose*, 1971）
某位诗人的诗集	小畑薰良：《中国诗人李白的作品英译》（*The Works of Li Po, the Chinese Poet Done into English Verse*, 1922） 洪业：《杜甫：中国最伟大的诗人》（*Tu Fu: China's Greatest Poet*, 1952） 张音南、黄思礼：《王维的诗》（*Pomes by Wang Wei*, 1958） 华兹生：《寒山：唐代诗人寒山诗一百首》（*Cold Mountain: 100 Poems by the T'ang Poet Han-shan*, 1962） 霍克斯：《杜甫入门》（*A Little Primer of Tu Fu*, 1967） 傅德山：《潺潺的溪流：中国自然诗人康乐公谢灵运（385—433）的生平与创作》[*The Murmuring Stream: The Life and Works of the Chinese Nature Poet Hsieh Ling-yun (385-433)*, 1967] 乔治·肯特：《尘与玉的世界：三世纪中国诗人曹植的四十七首诗和歌谣》（*Worlds of Dust and Jade: 47 Poems and Ballads of the Third Century Chinese Poet Ts'ao Chih*, 1969） 傅德山：《李贺（791—817）诗集》[*The Poems of Li Ho (791-817)*, 1970] 海陶玮：《陶潜的诗歌艺术》（*The Poetry of T'ao Ch'ien*, 1970）

续表

分类	书名（以出版时间为序）
某部诗集的英译	陶友白、江亢虎：《群玉山头》（*The Jade Mountain*，1929） 韦利：《诗经》（*The Book of Songs*，1937） 高本汉：《诗经》（*The Book of Odes*，1950） 庞德：《诗经：孔子修订的经典诗集》（*The Confucian Odes：The Classic Anthology Defined by Confucius*，1954，1959）
中国诗论	刘若愚：《中国诗艺》（*The Art of Chinese Poetry*，1962） 华兹生：《中国抒情诗风》（*Chinese Lyricism*，1971）
中国文学选集	华兹生：《早期中国文学》（*Early Chinese Literature*，1962） 白芝：《中国文学选集：上古至十四世纪》（*Anthology of Chinese Literature from Early Times to the Fourteenth Century*，1965） 赖明：《中国文学史》（*A History of Chinese Literature*，1966） 柳无忌：《中国文学导论》（*An Introduction to Chinese Literature*，1966）

作为一部古诗译评集，《中国诗选译随谈》的编排模式有别于以上分类，在当时的古诗英译界是一种突破和创新。

关于诗集的编排原则，余宝琳在《诗歌的定位——早期中国文学的选集与经典》（*Poems in Their Place：Collections and Canons in Early Chinese Literature*）中引用了诗人安廷（David Antin，1932—2016 年）的比喻——“选材之于诗人犹如动物园之于动物”①，规划者展出动物的形式多样：可以按照动物种类将它们放入不同场馆对外展示，也可以像野生动物园一样将所有动物置于模拟的野生栖息地中。规划者一般希望展出最好的样本，但个人好恶也起到决定作用。余宝琳考虑到选集诗作的历时性、代表性和专门性，认为选集“更类似于博物馆”②。而无论是动物园还是博物馆，目的都是吸引更多的观众，起到科普的作用，中国古诗英译集亦是如此。《中国诗选译随谈》从强烈的读者意识出发，以文学概念编排章节，组织诗篇，有助于译诗抵达包括中国文学爱好者、中国古诗学习者和中国古诗研究者在内的最广泛的西方读者群体，使中国古诗的诗性在世界范围内大放异彩。

① Pauline Yu，“Poems in Their Place：Collections and Canons in Early Chinese Literature”，*Harvard Journal of Asiatic Studies*，Vol. 50，No. 1，1990，p. 163.

② Pauline Yu，“Poems in Their Place：Collections and Canons in Early Chinese Literature”，*Harvard Journal of Asiatic Studies*，Vol. 50，No. 1，1990，p. 164.

在总体编排特色之外，《中国诗选译随谈》的栏目设置也展现出傅汉思强烈的传播意识。如附录1“诗歌形式”简明扼要地介绍了中国古诗的八种诗体，具有重要的文学普及作用。再如全书以译诗注释形式列出原诗所有底本、注本和前人译本来源，如苏轼《水调歌头·明月几时有》译诗注释所示：①

[13] 文本及评论见：唐圭璋，《全宋词》，第280页；小川环树，《苏轼》，第2卷，第109至113页；姜尚贤，《唐宋名家词新选》，第160至163页；唐圭璋，《宋词三百首笺注》，第50至52页；胡云翼，《唐宋词一百首》，第41至42页；胡云翼，《宋词选》，第63至65页；罗淇，《中国历代词选》，第132至133页；秋峰和李荣德，《词选》，第35至39页；近藤光男，《苏东坡》，第144至147页；王力，《古代汉语》，第1473至1474页。早先的翻译见：佩恩（Payne）引Yu Min-chuan，《白驹集》（*White Pony*），第348至349页；库特维尔（Kotewell）和史密斯（Smith），《企鹅中国韵文选集》（*Penguin Book of Chinese Verse*），第41至42页；赖明（Lai Ming），《中国文学史》（*History of Chinese Literature*），第223至224页；柳无忌，《中国文学导论》（*Introduction to Chinese Literature*），第111页；艾林（Ayling）和麦金托什（Mackintosh），《中国抒情诗选集》（*Collection of Chinese Lyrics*），第45首；程石泉，《唐宋词选译》，第82至84页。

如此深厚的文献功夫在古诗英译界颇为难得，翔实的注释展现了每首古诗在东亚圈特别是中国的研究史以及在全球的译介史，亦具有很高的学术传播价值。

小 结

综上所述，傅汉思古诗英译的最大特点是对原诗诗性的凸显。其译诗致力于保留原诗的词序、平行对偶、复沓、意象，深度还原了原诗的形

① Hans H. Frankel, *The Flowering Plum and the Palace Lady: Interpretations of Chinese Poetry*, New Haven and London: Yale University Press, 1976, pp. 235 – 236.

式、风格和意境；以辞赋和乐府为代表，其译诗于细节的处理中系统构建了原诗的文体特点。二者结合，从一般性和特殊性上对原诗诗性做到了最大化的再现。傅汉思在凸显原诗诗性的同时兼顾了译诗的诗性，他对英诗诗法中韵律、语汇和句法的照顾提升了译诗的可读性和传播效果。傅汉思的译诗理念取决于其美国首位中国文学纯文学研究者的身份，得益于其西方诗学的学术背景。随着傅汉思古诗研究的深入，他也逐步完善着自身的译诗理念，致力于全方位再现原诗的诗性。此外，傅汉思古诗英译的传播意识也体现在以译入语文学概念统筹诗集章节和组织各章诗篇、补充大量文学普及和学术传播导向的副文本等方面。

不妨用周领顺教授的“求真—务实”译者行为评价模式[①]审视傅汉思的古诗英译理念。顾名思义，该评价模式包括“求真”和“务实”两个互补的维度。“求真”是译者的语言性表现，面向“作者/原文”，指对原作的忠实，包括形式和内容两方面。“务实”是译者的社会性表现，面向“读者/受众/社会”，指对社会需要的主动迎合，包括翻译内部的和翻译外部的。总体上看，傅汉思的古诗英译兼顾了“求真”和“务实”的双重标准。对原诗诗性的再现实现了“求真”，而对译诗诗性的照顾以及注重传播的编排模式实现了“务实”——其中前者是译内的，后者是译外的。

通过考察傅汉思对各种文体古诗的翻译，比较其与各个阶段、各个流派译者的译诗发现，傅汉思的译诗质量在古诗英译界处于前列。总体上，其译诗精准地再现了原诗的形式、内容和风格，对原诗诗性的传达优于诸多阶段和流派的译者，其译诗对英诗诗性的保持亦可圈可点，节奏铿锵有力，不乏点睛之笔。文体方面，辞赋的译介难度极大，然而他的译品质量堪比康达维、华兹生等辞赋译介专家。他的乐府诗英译树立了业界的标杆。

---

① 详见周领顺《译者行为批评：理论框架》，商务印书馆 2014 年版。

第四章　傅汉思中国古诗英译的影响和地位

本章将在对傅汉思古诗英译实践的研究基础上，全面挖掘其翻译活动的影响和地位。研究发现，傅汉思的译诗在海内外各界收到了很好的接受效果，其译诗理念得到了英语世界众多汉学家的效仿。他在美国古诗英译史中扮演着承上启下的角色，更是在美国汉学史上发挥着举足轻重的作用。

第一节　翻译活动的影响

一　译诗的接受与传播

傅汉思的古诗英译具有毋庸置疑的译介价值：他将 100 余首古诗首次译介到英语世界，让西方读者感受到了中国古诗的诗学魅力，充分领略了“梅花诗”的丰富母题、曹植诗的想象空间、乐府诗的跌宕悦耳。其古诗英译收到了很好的译介效果：其译诗品质得到了中外各界的广泛认可，其重点选材迅速引发了美国汉学界的热译。

傅汉思的译诗得到了大众读者、出版界和学界的普遍好评。以《木兰诗》为例，上文发现，译诗充分彰显了原诗以叙事性和音乐性为主的诗体特色，是全球至今 29 个英译本中将原诗风貌体现得最为完整又同时兼顾译诗诗性的译本，在《木兰诗》译史中具有不可替代的经典地位。1988 年，傅译《木兰诗》被录入当年迪士尼动画电影《木兰》的官网，与其他栏目——“配音团队”“制作细节”“前期制作想法”“电影有趣的细节”一起，共同起到电影宣传的目的。[①] 截至当时，全球已涌现出 12 个优质的

① 注：该网站已不存在，原网址：http：//www. animated-movies. net/Mulan. html#Poem；纸质版材料藏于耶鲁大学图书馆藏傅汉思档案中：Biographical Information on Yale University Affiliated Individuals（RU 237），Manuscripts and Archives，Yale University Library。

《木兰诗》英译本，包括理查德·亨利·斯托达德（1867）、丁韪良（1880）、威廉·斯坦顿（1888）、布茂林（1912）、韦利（1923）、任泰（1962）、傅德山（1967）、埃里克·沙克海姆（1968）、倪豪士（1975）、傅汉思（1976）、翁显良（1985）、丁祖馨（1986），其中专业汉学家韦利和倪豪士的译本质量颇高。傅汉思译本能最终脱颖而出，足见其在大众读者中获得的认可之高。此外，傅译《木兰诗》还于2007年被美国纳尔逊·阿特金斯艺术博物馆（The Nelson-Atkins Museum of Art）馆长杰森·施蒂贝尔（Jason Stueber）选入其编撰的著作《中国：3000年的艺术与文学》（*China*：*3*，*000 Years of Art and Literature*，2008）一书中，大英博物馆为“木兰”词条添加的参考书目亦是傅译《木兰诗》的来源《中国诗选译随谈》。无论是在国内学界针对《木兰诗》的翻译研究还是国外学界围绕《木兰诗》的女性主义、角色扮演等研究中，傅汉思译本都得到了广泛的关注，产生了深远的影响。

再以古诗译评集《中国诗选译随谈》为例，该书由耶鲁大学出版社于1976年出版后，1978年立即再版，可见其销量十分可观。2010年，中译本由三联书店出版。正如傅汉思在“前言”中所述，本书的意向读者涵盖对中国诗歌感兴趣的门外汉、学习中文的学生以及研究中国诗歌的学者，①受众颇广。最终它不负众望，在中西方学界和大众读者中均收获了高度好评。据全球最大的在线联合书目网站Worldcat显示，该书被收入全球702家图书馆的馆藏。② 1977—1981年间，西方学界共发表针对该书的书评9篇：英语7篇，法语1篇，西班牙语1篇。《中国诗选译随谈》得到了英语世界汉学名家的广泛关注，包括美国耶鲁大学的孙康宜、美国加州大学伯克利分校的薛爱华、哈佛大学的伊维德、乔治·华盛顿大学的齐皎翰、亚利桑那大学的缪文杰、哥伦比亚大学的魏玛莎、英国剑桥大学的刘陶陶以及澳大利亚悉尼大学的戴维斯。其法语书评③见于墨西哥研究院的《亚

① 参见 Hans H. Frankel, *The Flowering Plum and the Palace Lady*: *Interpretations of Chinese Poetry*, New Haven and London: Yale University Press, 1976, p. ix。

② 详见“The flowering plum and the palace lady: interpretations of Chinese poetry”, World Cat, https://www.worldcat.org/title/flowering-plum-and-the-palace-lady-interpretations-of-chinese-poetry/oclc/2188396。

③ “Review of *the Flowering Plum and the Palace Lady*: *Interpretations of Chinese Poetry* by Hans H. Frankel”, *Estudios de Asia y Africa*, Vol. 16, No. 3 (49) (Jul. - Sep., 1981), pp. 575 - 576.

非研究》（*Estudios de Asia y Africa*），其德语书评①由海德堡大学的德博（Günther Debon，1921—2005 年）发表在《华裔学志》（*Monumenta Serica*）上。孙康宜将该书誉为中国文学领域的“正典”（canon），至今仍将其用于耶鲁大学的多门课程中。② 书评中有不少针对翻译的溢美之词。齐皎翰、缪文杰、魏玛莎和戴维斯都肯定了该书对很多诗作的首译之功。该书的选诗品味、时代均衡、对乐府和赋的关注以及对难诗的译介亦得到了赞许。薛爱华称，“（选诗）充满绅士的良好品味。至少在我这个坏脾气的人看来，它集合了不同情绪、风格和年龄段的语言”③。魏玛莎称，“通过收入两个经常被忽视的重要体裁——乐府和赋中的诗例，傅汉思扩展了中国古诗通常的概念。④ ……选集对截至元代之前的中国诗歌做了相当均衡的考察，其中唐以前、唐代以及唐以后的古诗各占三分之一，很多从未被录入选集之中”⑤。齐皎翰称，“（该书）翻译了某些晦涩的诗篇，如卢照邻《长安古意》”⑥。该书的译诗质量也得到了一众好评。齐皎翰认为，“翻译很好，虽然以诗歌本身来看并非十分出众”⑦。薛爱华称“译文流畅通达”⑧。伊维德称，“106 首诗歌的翻译都十分精准，并试图靠近原诗”⑨。

---

① Günther Debon, “Review of *the Flowering Plum and the Palace Lady. Interpretations of Chinese Poetry* by Hans H. Frankel”, *Monumenta Serica*, Vol. 34 (1979 - 1980), pp. 611 - 613.

② Kang-I Sun Chang, “Chinese Literature Scholar and Translator Hans Frankel Dies”, *Yale Bulletin & Calendar*, Vol. 32 (2), 2003. 9. 12.

③ Edward H. Schafer, “Review of *the Flowering Plum and the Palace Lady*: *Interpretations of Chinese Poetry* by Hans H. Frankel”, *Journal of the American Oriental Society*, Vol. 98, No. 2 (Apr. - Jun., 1978), p. 172.

④ Marsha L. Wagner, “Review of *the Flowering Plum and the Palace Lady*: *Interpretations of Chinese Poetry* by Hans H. Frankel”, *Chinese Literature*: *Essays*, *Articles*, *Reviews* (*CLEAR*), Vol. 1 (Jan., 1979), p. 117.

⑤ Marsha L. Wagner, “Review of *the Flowering Plum and the Palace Lady*: *Interpretations of Chinese Poetry* by Hans H. Frankel”, *Chinese Literature*: *Essays*, *Articles*, *Reviews* (*CLEAR*), Vol. 1 (Jan., 1979), p. 119.

⑥ Jonathan Chaves, “Review of *the Flowering Plum and the Palace Lady*: *Interpretations of Chinese Poetry* by Hans H. Frankel”, *Modern Asian Studies*, Vol. 12, No. 1 (1978), p. 172.

⑦ Jonathan Chaves, “Review of *the Flowering Plum and the Palace Lady*: *Interpretations of Chinese Poetry* by Hans H. Frankel”, *Modern Asian Studies*, Vol. 12, No. 1 (1978), p. 173.

⑧ Edward H. Schafer, “Review of *the Flowering Plum and the Palace Lady*: *Interpretations of Chinese Poetry* by Hans H. Frankel”, *Journal of the American Oriental Society*, Vol. 98, No. 2 (Apr. - Jun., 1978), p. 172.

⑨ W. L. Idema, “Review of *the Flowering Plum and the Palace Lady*: *Interpretations of Chinese Poetry* by Hans H. Frankel”, *T'oung Pao*, Second Series, Vol. 66, Livr. 4/5 (1980), p. 275.

魏玛莎的评价更为细致，她写道：

> 无韵体自由诗译文忠实原诗，准确，并始终传递了原诗的形式和意象。仅当为产出文学化的、畅达的英文时，（原诗）词序才得以变动。这种文字的忠实很好地配合了傅汉思对诗歌所做的细致分析，尤其是当他考察平行模式时。虽然译诗偶尔会显得僵硬冗长，但是英文语感总是清晰准确的。傅汉思译诗的形式化风格与他翻译的古诗十分匹配。为形成正常的英文句法，他毫不犹豫地添加了代词、介词和动词时态（通常是现在时），此外他对英语口语的使用是十分审慎的。①

除了对译诗水准的高度认可，魏玛莎还特别肯定了译诗集详尽的注释、将原诗放在相应译诗页下注的设计以及高度实用的附录。② 此外，该书在亚马逊官网上获得五星好评，并有两位美国读者写下精彩短评，赞赏其跨文化价值。一位匿名读者于 2017 年 5 月 7 日写道："该书是文化交流方面的好书，不仅展现了中国古诗之美，而且有利于中国学者了解汉学家如何解读中国语言、文学和文化。"另一位网名为"Akbar Akbar"的读者"对该书的绝版表示惋惜"，他认为"该书有助于英语读者认识中国诗歌"，"译文优美、动人、鼓舞人心，注释利于了解中国语言和中西文化差异，从而更好地理解译文和诗人的生活"③。该书中译本在豆瓣上有 91 人评价，获得 7.8 分的高分，短评 26 条，书评 4 条，读书笔记 11 篇，足见其在中国大众读者中的热度和好评。其中有两位读者注意到该书中多小众诗篇的现象，绝大多数读者十分欣赏书中忠实地道的翻译和准确精细的解读。

除了《木兰诗》在大众圈得到的认可、《中国诗选译随谈》在海内

---

① Marsha L. Wagner, "Review of The Flowering Plum and the Palace Lady: Interpretations of Chinese Poetry by Hans H. Frankel", *Chinese Literature: Essays, Articles, Reviews* (*CLEAR*), Vol. 1 (Jan., 1979), p. 119.

② Marsha L. Wagner, "Review of The Flowering Plum and the Palace Lady: Interpretations of Chinese Poetry by Hans H. Frankel", *Chinese Literature: Essays, Articles, Reviews* (*CLEAR*), Vol. 1 (Jan., 1979), pp. 119 – 120.

③ 参见 Akbar Akbar, "Beautiful work", April 5, 2017, https://www.amazon.com/-/zh/dp/0300018894/ref=sr_1_1?__mk_zh_CN=%E4%BA%9A%E9%A9%AC%E9%80%8A%E7%BD%91%E7%AB%99&keywords=The+Flowering+Plum+and+Palace+Lady&qid=1639143224&sr=8-1。

外各界收获的肯定之外，傅汉思的其他译诗也被入选多部经典古诗英译集，如傅译《陌上桑》《战城南》《野田黄雀行》《吁嗟篇》被收入当时“最完整、最好的中国诗歌西方语言翻译文本”[①] ——《葵晔集：历代诗词曲选集》。

除了译介实践得到的好评，傅汉思的专题译介活动也在短时间内掀起了相关选材在西方译介的热潮。以曹植诗为例，上文发现，在1964年傅汉思的《曹植诗15首》发表之前，曹植诗只得到汉学家的零星译介，并被中国诗歌或文学英译选集排除在外。但当其问世以后，曹植诗得到了西方汉学界的广泛关注，在20世纪60—70年代共有6本书译介曹植诗：澳大利亚国立大学中文教授傅德山在《汉魏晋南北朝诗选》中译介曹植诗20首。[②] 埃里克·沙克海姆在《寂静的零，寻找声音：六世纪前中国诗歌选集》（*The Silent Zero*，*in Search of Sound*：*An Anthology of Chinese Poems from the Beginning through the Sixth Century*，1968）中译介曹植诗7首：《吁嗟篇》《名都篇》《白马篇》《送应氏》《赠徐干》《赠丁翼诗》《赠白马王彪》。[③] 加州大学尔湾分校历史教授乔治·肯特发表了西方世界首部曹植诗英译集《尘与玉的世界：三世纪中国诗人曹植的四十七首诗和歌谣》（1969），集中译介了曹植的47首古体诗及乐府诗，该书序言系统介绍了曹植的文学成就、思想背景和人物生平，并强调了傅汉思对15首曹植诗英译的功绩。[④] 哥伦比亚大学汉学教授华兹生在《汉魏六朝赋选》（1971）中译介《洛神赋》，[⑤] 并在《中国抒情诗风》（1971）中译介《送应氏》和《赠白马王彪》。[⑥] 密歇根大学东亚系教授缪文杰在《葵晔集：历代诗词曲选集》（1975）中译介曹植诗4首：《野田黄雀行》《七哀诗》《升天

---

① David Lattimore，“Sunflower Splendor”，*The New York Times*，December 21，1975，https://www.nytimes.com/1975/12/21/archives/sunflower-splendor.html.

② 参见 John D. Frodsham and Ch'eng Hsi，*An anthology of Chinese verse*：*Han*，*Wei*，*Chin and the northern and southern dynasties*，Oxford：Clarendon Press，1967，pp. 35－50。

③ 参见 Erick Sackheim，*The Silent Zero*，*In Search of Sound*：*An Anthology of Chinese Poems from the Beginning through the Sixth Century*，New York：Grossman Publishers，1968，pp. 99－105。

④ 参见 George W. Kent，*Worlds of Dust and Jade*：*47 Poems and Ballads of the Third Century Chinese Poet Ts'ao Chih*，New York：Philosophical Library，1969，p. 36。

⑤ 参见 Burton Waston，Lucas Klein，*Chinese Rhyme-Prose*，Hong Kong：The Chinese University of Hong Kong Press，2015，pp. 66－73。

⑥ 参见 Burton Waston，*Chinese Lycirism*：*Shih Poetry from the Second to the Twelfth Century*，*with translations*，New York：Columbia University Press，1971，pp. 39－40，pp. 41－43。

行·其一》《游仙》。[①] 自此，中国古诗和文学英译选集中开始给予曹植经典诗人的地位。以乐府为例，上文指出，在1974年傅汉思专论《乐府诗》发表之前，乐府诗的译介活动均缺乏文体意识，从未作为一种专门体裁得到专题译介。傅汉思的《乐府诗》在这方面首开先河，随着其乐府研究的纵深，乐府诗在译介活动中拥有了区别于"早期中国古诗"的独特身份。在傅汉思的影响下，英国汉学家白丽儿成为英语世界乐府英译的专家，她于1982年发表全球首个《玉台新咏》的英译本《玉台新咏：中国早期爱情诗选集》（*New Songs from a Jade Terrace*: *An Anthology of Early Chinese Love Poetry*, *Translated with Annotations and an Introduction*），刘若愚给予其高度好评，认为"译诗在句法上与原诗句句紧跟，却又不至流于粗糙。译诗总体风格雅致而不造作，简洁而不天真。这是相当高的成就"[②]。《玉台新咏：中国早期爱情诗选集》是世界文学经典书系"企鹅经典"的书目之一，20世纪末典籍英译研究专家李贻荫教授先后撰写8篇针对该书的研究论文，评价该书"瑕不掩瑜，美多于疵"[③]。1988年，白丽儿发表第二部乐府诗英译集《汉代中国的民歌和乐府》（*Popular Songs and Ballads of Han China*），共译介77首汉乐府，并在扉页写道："献给傅汉思，乐府研究的先锋。"[④] 继白丽儿之后，明尼苏达大学中国文学教授周文龙（Joseph R. Allen）也对乐府诗展开了专题译介，他在《他者的声音：中国乐府诗》（*In the Voice of Others*: *Chinese Music Bureau Poetry*, 1992）选译120首乐府诗，并在扉页写道："谨以此书献给我亲爱的老师傅汉思。"

傅汉思的古诗英译从受到好评、广泛传播再到掀起相关选材的热译，实现了译介影响的不断纵深。

二 译诗理念的影响

傅汉思在译诗中通过对原诗词序、修辞和意象的再现，凸显了中国古诗的诗性，让西方读者领略到了中国诗学的特质，其高度文体意识指导下的译

---

① 参见 Wu-chi Liu and Irving Yucheng Lo, *Sunflower Splendor*: *Three Thousand Years of Chinese Poetry*, Bloomington and New York: Indiana Univ. Press and Anchor Press / Doubleday, 1975, pp. 46 – 48。

② James J. Y. Liu, "Review of *New Songs from a Jade Terrace*: *An Anthology of Early Chinese Love Poetry* by Ann Birrell", *The Journal of Asian Studies*, Vol. 42, No. 4 (Aug., 1983), p. 906.

③ 李贻荫：《再谈〈玉台新咏〉英译本》，《外语研究》1989年第2期。

④ 参见 Anne Birrell, *Popular Songs and Ballads of Han China*, Honolulu: University of Hawaii Press, 1993, p. i。

诗亦展现了中国古诗内部的精彩纷呈。作为美国专业汉学家中古诗英译的先驱，其与原诗高度形式对等的译诗理念得到了英语世界同辈汉学家的效仿和后辈汉学家的继承，以此，傅汉思引领了古诗英译的一个风格流派。

例如，很多一流汉学家都主张在译诗中尽量还原原诗词序。与傅汉思同时代的英国汉学大师葛瑞汉（A. C. Graham，1919—1991 年）表示，“当有可能接近中文的词序时，按照我的经验，在试验了不同的措辞方式之后，我普遍发现，接近中文的词序能够产出最有力的英文”[①]。他在《晚唐诗选》（*Poems of the Late T'ang*，1965）中将这一原则付诸实践，如他对杜甫《秋兴八首 · 其一》前两句的经典翻译：玉露凋伤枫树林，巫山巫峡气萧森（Gems of dew wilt and wound the maple trees in the wood：/ From Wu mountains，from Wu gorges，the air blows desolate），[②] 译文完美地还原了原文词序，“玉露”（Gems of dew）在遵照语序的基础上处理得尤为精巧，“凋伤”（wilt and wound）以叠韵词译近义联绵词，亦照顾了译诗的诗性。大卫 · 拉提摩尔（David Lattimore，1873—1964 年）的理念和做法类似，他表示，“中文的句法与英文如此类似，以至于值得（在不沦为洋泾浜英语的前提下）尽可能接近原文词序。在改变语言风格和纠正口吻的尝试中，我总是通过回归中文词序而找到了指导。无一例外，我的翻译不仅是句句对应的，而且是句间冒号与冒号对应的”[③]。他对柳宗元《江雪》前两句的译文如下：千山鸟飞绝，万径人踪灭（thousand hills bird flight cease / myriad paths men's tracks erased）。[④] 译文的词序与原文完全对应，再现了原诗白描的画面感和动静结合的张力效果，原文中的句读按照停顿的长短以相应空间的空格隔开，实现了对原诗节奏的模仿。

与傅汉思一样，许多汉学家主张在译诗中添加必要的成分来再现原诗词序，如若损害译诗诗性则放弃原诗词序的再现。曾与傅汉思共同在耶鲁大学工作的康达维表示：

---

① A. C. Graham，“A New Translation of a Chinese Poet：Li Ho 李贺”，Bulletin of the School of Oriental and African Studies，University of London，34（1971），p. 566.

② A. C. Graham，trans. *Poems of the Late T'ang*，Harmondsworth and Middlesex：Penguin Books，p. 52.

③ David Lattimore，trans. *The Harmony of the World*：*Chinese Poems*，Providence：Copper Beach Press，1976，p. 46.

④ David Lattimore，trans. *The Harmony of the World*：*Chinese Poems*，Providence：Copper Beach Press，1976，p. 30.

> 虽然我一以贯之地试图遵照原诗的词序，但是在很多地方为了照顾英诗的简洁或悦耳，我不得不产出接近但不等同于原诗词序的译本。此外，我毫不犹豫地在某些地方添加不言自明的主语，由于省略会导致句子无法理解。其他对原诗细微的偏离包括添加连词和过渡词，从而使得句子之间和从句之间的连接更加顺畅。①

如他对蔡邕《郭有道碑文》的节译：

崇壮幽浚，	He was lofty and firm, deep and profound,
如山如渊。	Like a tall mountain, like a deep pool.
礼乐是悦，	The rites and music—these he enjoyed;
诗书是敦。	Poetry and history—these he esteemed.
匪惟摭华，	Not only did he pluck the blossoms,
乃寻厥根。	He also sought the roots.
宫墙重仞，	Although the Master's wall was many staves high,
允得其门。	He truly was able to find the gate.
懿乎其纯，	Refined indeed was his purity!
确乎其操。	Solid indeed was his character!②

通过添加隐含主语（He，his）、逻辑连词（Although）和破折号，译诗各行与原诗词序一致。该篇辞赋曾出现在康达维在傅汉思追思仪式上宣读的悼文中。其他译者也普遍在辞赋以外的诗体翻译中添加不言自明的主语、连词和连接词。

傅汉思与原诗高度形式对等的翻译原则是以兼顾译诗诗性为基础的，译诗诗行的句子成分大多完整。而相比之下，某些汉学家出于对古诗语言意合的重视，在形式对等上更进一步，提倡再现词序时尽量少加词。如叶维廉认为：

① David Knechtges, trans. *Wen xuan* or *Selection of Refined Literature*, Volume One: *Rhapsodies on Metropolises and Capitals*, Princeton: Princeton University Press, 1982, p. xiv.

② David R. Knechtges：《Knechtges 教授在傅汉思追思仪式上的悼词》，《水》复刊第 24 期——张元和、傅汉思纪念特刊，2004 年 7 月 15 日，第 33 页。

> 由于中文原诗句法稀少，传统译者必定会认为，中国汉字是电报式的——用速记符号传达着普通文字承载的信息，因此他们感到有义务将速记符号翻译为普通文字，将诗歌翻译为散文，添加很多评论以辅助理解。但他们不知，这些速记符号、诗歌形式等是指向隐晦之美微妙部分的提示，而推论式的、分析性的以及普通文字的铺陈过程会彻底破坏这种隐晦之美。事实上，这些通常处在空间关系中的意象构成了一种氛围、环境或场域，读者会身临其境。[①]

以这种诗学理念为指导，叶维廉在译诗中舍弃了多数的句法连接。如：青青河畔草，郁郁园中柳。盈盈楼上女，皎皎当窗牖（Green beyond green, the grass along the river. / Leaves on leaves, willows in the garden. / Bloom of bloom, the girl up in the tower. / A ball of brightness at the windowsill）。[②] 除了添加行中最小语义单位中的介词连接，意群之间的逻辑关系一律不予处理。葛瑞汉对于显化原诗中的逻辑关系也持保守态度，他指出，"如果阐释从句之间的语法关系，会在读者和其读到的内容之间插入一层思想薄膜的阻挡"[③]。他在评论傅德山的译诗集《李贺的诗》[*The poems of Li Ho* (791 – 817), 1970] 时，批判了傅德山将李贺原诗中"并列"的句法译为"从属"的做法，如《平城下》中：塞长连白空，遥见汉旗红（Where endless desert merges with white sky, / We see, far-off, red banners of the Han）。葛瑞汉认为，《平城下》一诗的句法中充斥着并列结构，独立的句子之间呈并置关系，全诗仅于末节（"惟愁裹尸归，不惜倒戈死!"）中理性的沉思代替了感性的体验时才使用了助词。因此，以上傅德山的译文通过添加"Where"降低了诗歌的生动性，同时也使得下行的"far-off"失去了意义。[④] 埃里克·沙克海姆（Eric Sackheim）的做法则更为极端，他在译诗中追求与原诗词序的机械对等，而对英诗句法全然不顾，如：问女何所思，问女何所忆。女亦无所思，女

---

① Yip, Wai-lim 叶维廉, *Chinese Poetry: Major Modes and Genres*, Berkeley and Los Angeles: University of California Press, 1976, pp. 8 – 9.

② Yip, Wai-lim 叶维廉, *Chinese Poetry: Major Modes and Genres*, Berkeley and Los Angeles: University of California Press, 1976, p. 71.

③ A. C. Graham, "A New Translation of a Chinese Poet: Li Ho 李贺", *Bulletin of the School of Oriental and African Studies*, 34 (1971), p. 565.

④ A. C. Graham, "A New Translation of a Chinese Poet: Li Ho 李贺", *Bulletin of the School of Oriental and African Studies*, 34 (1971), p. 565.

亦无所忆（Ask the girl，what thoughts / Ask the girl，what reflections / The girl，then，nothing to think of / The girl，then，nothing to reflect on）。[①] 沙克海姆以原诗诗行中的最小义群为翻译单位，置译诗诗行的句法于不顾，译诗可读性低，更不必谈整体的诗味。笔者认为，沙克海姆等译者追求与原诗风格最大化对等的初衷值得肯定，但其过于简练和刻板对等的处理方式对译诗诗性造成了较大程度的破坏，在英语诗学尚未发展到如此意识流的阶段之前，这样的做法是不足取的。

宇文所安从本科至博士阶段一直在耶鲁大学师承傅汉思。据魏家海研究，宇文所安也十分注重对原诗句法的再现，他处理对偶句的方式与傅汉思类似，译诗上下联在对应关系上与原诗基本保持一致，句子长短基本一致，偶有小幅变通。[②] 如他对杜甫《客至》中对偶句的翻译：

花径不曾缘客扫，	My path through the flowers has never yet been swept for a visitor，
蓬门今始为君开。	But today this wicket gate of mine stands open just for you.
盘飧市远无兼味，	The market is far，so for dinner there'll be no wide range of tastes，
樽酒家贫只旧醅。	Our home is poor，and for wine we have only an older vintage. [③]

两句对偶句译文的上下联基本保持成分对应，尤其是译诗的第 5 行和第 7 行，从而较好地展现了律诗中句子结构的齐整，个别细节由于表意需要做适当变通，如“花径”和“蓬门”，译文无法完全对应。宇文所安就古诗英译提出了“中国性”和“世界性”的评价标准。[④] “中国性”（Chi-

① Eric Sackheim，*The Silent Zero，in Search of Sound：An Anthology of Chinese Poems from the Beginning through the Sixth Century*，New York：Grossman Publishers，1968，p. 50.

② 详见魏家海《宇文所安唐诗英译研究》，博士学位论文，华东师范大学外国语学院，2017 年，第 156—159 页。

③ Stephen Owen，*The Great Age of Chinese Poetry：The High T'ang*，New Haven and London：Yale University Press，1981，p. 211.

④ 详见魏家海《宇文所安唐诗英译研究》，博士学位论文，华东师范大学外国语学院，2017 年，第 181—184 页。

neseness）即译诗应当体现原作时代、体裁、风格、作家个性等的差异，“世界性”即译诗应当融合英诗成分、具有英诗形态。他提倡二者在译诗中的“中和”（commensurate）：既不能太“中”，过于“洋气”，又不可太“西”，过于“地道”，而要达到异化和归化的协调和平衡。可以看出，这一标准与傅汉思兼顾原诗诗性和译诗诗性的理念是异曲同工的。

另据葛文峰研究，傅汉思的学生傅恩（Lois Fusek，1934—2014）在《花间集》（*Among the Flowers*：*the Hua-chien Chi*，1982）译文中以传递词体“长短句”的形式特征为指归，以译诗诗行的长短映射原词中诗行的长短，[①] 如她对温庭筠《菩萨蛮 · 水精帘里颇黎枕》的翻译：

水精帘里颇黎枕，
暖香惹梦鸳鸯锦。
江上柳如烟，
雁飞残月天。
藕丝秋色浅，
人胜参差剪。
双鬓隔香红，
玉钗头上风。[②]

Within crystal curtains, she rests on a crystal pillow.
In a mandarin duck quilt, warm fragrances rouse dreams.
The willows on the river are hazy like mist.
Wild geese fly in the sky as the moon fades.

She wears an ivory gown, pale as lotus root,
In her hair, a cluster of fine silk ribbons.
At her temples, sweet buds frame her beauty.
On high, a jade hairpin shivers in the wind.

可以看出，原文中相等长度的诗行在译文中依然长度相等，七言句译诗比五言句译诗的长度更长，传递了词体的形式之美。这很可能受到

① 参见葛文峰《美国汉学家傅恩的〈花间集〉英译与传播》，《中州学刊》2017 年第 3 期。

② Lois Fusek, *Among the Flowers*: *The Hua-chien Chi*, New York: Columbia University Press, 1982, p. 37.

傅汉思再现文体特点这一译诗原则的影响，虽然他本人在译词时并不追求这种严格的映射关系。[①] 对于她的做法，傅汉思曾评价到，“傅恩在每首诗中精确地匹配各个诗行的相对长度，从而在彰显词体形态特点方面比所有人都更为彻底。此外，她在英诗诗行右侧标记了汉诗诗行的中文音节数”[②]。

上文说到，白丽儿在傅汉思的影响下同样注重在译诗中一以贯之地再现原诗的词序和句法，在忠实原诗形式的同时，译诗亦保持了高度的可读性。如她对《古诗十九首·生年不满百》的翻译：

生年不满百，　Life's years do not last a century,
常怀千岁忧。　Man never nurses worries of one thousand years.
昼短苦夜长，　Morning is short alas! night is long,
何不秉烛游！　Why not hold a candle and have fun?
为乐当及时，　Make merry we must while there's time!
何能待来兹？　Can I wait for the next year?
愚者爱惜费，　The fool who begrudges spending
但为后世嗤。　Will just make posterity laugh out loud!
仙人王子乔，　The immortal Wang Tzu-ch'iao,
难可与等期。　It's hard to expect to equal him. [③]

可以看出，白译基本严格遵照了原诗的词序，除了“千岁忧”处为照顾英文表达的自然做了适当的调整。“为乐当及时”一句译文为还原词序，采取了倒装策略，突出了原诗对“享乐”的强调。“愚者爱惜费”的译文使用了定语从句，与下行“但为后世嗤”的译文跨行成句，保留了原文词序，凸显了吝啬“惜费”只会为后人耻笑的悲惨结局。译诗整体节奏和

① 傅汉思译《菩萨蛮·水精帘里颇黎枕》详见 Hans H. Frankel, *The Flowering Plum and the Palace Lady: Interpretations of Chinese Poetry*, New Haven and London: Yale University Press, 1976, p. 108。

② Hans Hermann Frankel, "English Translations of Classical Chinese Poetry since the 1950's- Problems and Achievements", *Tamkang Review*, Vol. XV, No. 1-4, 1985, pp. 311-312.

③ Anne Birrell, *Popular Songs and Ballads of Han China*, Honolulu: University of Hawaii Press, 1993, p. 74.

谐，不乏诗意。李贻荫[①]教授曾以白译《孔雀东南飞》为例，研究发现其总体语言特点——“信实”，译诗与原诗句句紧跟，字字紧跟，不增不必之字，亦不减难减之词。他发现白丽儿翻译叠词的首要方法是以精准的叠词译叠词，又发现白译充分再现了原诗叙事性的文体特点，将女主角刘兰芝处理为第一人称，多口语和对白，营造真实的氛围。以上翻译风格和细节处理都与傅汉思类似。

葛瑞汉、康达维、宇文所安、傅恩、白丽儿等汉学家通过保持译诗与原诗的高度形式对等，致力于在译诗中再现原诗的诗性，从而为在英语世界打造中国古诗的名片做出了突出贡献。

第二节　翻译活动的历史地位

一　在美国古诗英译史中的地位

傅汉思在美国乃至全球古诗英译史上具有重要地位，他引领古诗英译在美国走向成熟，并为美国古诗英译的全面繁荣奠定了坚实的基础。

19 世纪，美国在华传教士有零星的古诗英译，而论数量而言，古诗英译在 20 世纪初才在美国真正起步。总体来看，20 世纪美国古诗英译史大致可分三个时期，分别为起步阶段（20 世纪初至 20 世纪 20 年代末）、过渡阶段（20 世纪 20 年代末至 50 年代末）、发展与繁荣阶段（20 世纪 50 年代末至今）。

20 世纪初至 20 世纪 20 年代末，随着前期大量传教士入华，中美文化交流起步，美国古诗英译作品开始出现。来华传教士和“诗歌复兴运动”的诗人是该阶段的译者主体，以丁韪良和庞德为代表。然而，两类译者的译介目的分别是中国文化西传和改造本国诗歌，缺乏科学的翻译理念，不乏误译、漏译和过度诠释。

此外，这一时期的译诗选材相对单一，唐诗占据主导位置，特别是李白、白居易等经典诗人。

丁韪良是 20 世纪首位大量译介中国古诗的美国传教士兼教育家。他在《汉学菁华》（*The Lore of Cathay: Or, the Intellect of China*，1901）第二

---

① 李贻荫：《三评〈玉台新咏〉英译本——比较〈孔雀东南飞〉的两种译法》，《外语教学》1989 年第 3 期。

章“中国文学”第一节“中国诗人和诗歌”中介绍了汉诗在戏剧诗、说教诗和抒情诗方面的情况，并选译了唐以前的十首诗篇，各时代最多一首，唯有唐代选译两首李白诗——《长干行》和《月下独酌》。据郝田虎[①]研究，丁韪良对中国诗歌的认识是片段式的，他对中文的理解时常会犯低级错误，他在翻译时的自由想象也干扰了对原作的忠实。

上文说道，《华夏集》《松花笺》《群玉山头》是“诗歌复兴运动”时期诗人译诗的代表作。除《群玉山头》是《唐诗三百首》的全译本外，其他两部译著也均以唐诗为主，其中李白的诗歌最多。三者均是合作的结晶，其翻译模式和策略是美国汉诗英译的初步探索。对中文一无所知的庞德从诗人厄内斯特·费诺罗萨（Ernest Fenollosa，1835—1908 年）的笔记出发，通过自我的诠释对中国古诗进行译写。《华夏集》虽然为现代派翻译奠定了基础，但作为译著存在诸多误译和增减。《松花笺》的译者是汉学家艾思柯和诗人洛威尔。其中艾思柯负责准备古诗素材，为每首诗添加音译、每个字的含义、散文释义以及历史和文学典故注释。洛威尔负责研读素材，并广泛阅读所有有关中国诗歌的法语和英语书籍，以此为基础将素材重写为节奏和措辞恰当的英文诗，然后交予艾思柯以确认在改写和润色过程中没有增译或误译。[②]《松花笺》采用“拆字法”的翻译策略，即抓住象形字的特点，分析汉字构成，并用英文诠释出来，以期“透彻把握诗人所要表达的意思”。然而，这种方法受到了《群玉山头》译者——诗人陶友白的猛烈抨击，他认为拆字的做法荒谬，诠释的译文过于臃肿。[③]在翻译准备阶段，陶友白在一年中每天花 8—10 小时研读留美文化学者江亢虎提供的古诗直译版本，努力为中文找到最精简的英文对等词。《群玉山头》在英语世界得到了很高的评价，古诗英译研究专家罗伊·蒂尔（Roy E. Teele，1915—1985 年）认为它“比韦利的译文更加简洁直接，比小畑薰良的译文更为厚重，没有洛威尔译文那么浓烈的感情色彩和夸张意味，且陶友白的非韵自由体译文具备一贯优质的英文诗性”[④]。但为增强在

① 郝田虎：《论丁韪良的英译中文诗歌》，《国外文学》2007 年第 1 期。

② 参见 Roy E. Teele, *Through A Glass Darkly*: *A Study of English Translations of Chinese Poetry*, Ann Arbor, 1949, p. 114。

③ Roy E. Teele, *Through A Glass Darkly*: *A Study of English Translations of Chinese Poetry*, Ann Arbor, 1949, p. 123.

④ Roy E. Teele, *Through A Glass Darkly*: *A Study of English Translations of Chinese Poetry*, Ann Arbor, 1949, p. 123.

英语读者中的可读性，陶友白省略了译诗中大多数人名、地名、重要的文学或历史典故，走入了另一个极端。

20 世纪 20 年代末至 20 世纪 50 年代末，伴随两次世界大战，中美文化接触日益密切，对中国的关注推动了美国古诗英译的发展。据不完全统计，此阶段除外籍人士在美国发表的译著外，美国本土的古诗英译集有近 10 种。该时期的译介主体是以作家为主的业余汉学家，以亨利·哈特、魏莎（Genevieve Wimsatt，1882—1967 年）和白英①为代表。他们的译介动机多是出于对中国文化的热爱。他们多数有在中国生活、游历或学习的经历，如魏莎曾六次到访中国，在北京学习、写作和安家，沿长江漫游抵达重庆，在云南昆明探访唐朝式的生活；② 如卓海伦（Helen Burwell Chapin）曾于 1924—1926 年在美国驻上海领事馆担任书记员一职，在此期间游历了上海和南京一带的农村，对寺庙和农村生活有所研究，并在 1929—1931 年在北京学习中国语言、艺术和佛像。③ 白英于 1941—1946 年在中国工作，先后担任文化参赞以及复旦、重庆大学和西南联大的英语教师。这些作家对中国语言文学有一定研究，古诗英译的质量有所提高。但是相比后期崛起的学院派汉学家，他们不是中国古诗领域的专家，因而译诗不够严谨，且缺乏一以贯之的指导原则，如亨利·哈特起初在《中国集市》（*A Chinese Market*，1931）中追求"韵律两全"，后为避免译文因强行押韵而变得失真和隐晦，在《百姓诗》（*Poems of the Hundred Names*：*A Short Introduction to the Study of Chinese Poetry with Illustrative Translations*，1938）和《牡丹园》（*A Garden of Peonies*：*Translations of Chinese Poems Into English Verse*，1938）"弃韵留律"。再如白英认为由于中英语言和文化存在巨大差异，所以应"由中国学者完成翻译"。在这种理念的指导下，他雇用金隄等英文一流的中国学生完成初译，然后负责审校，并只做很少的必要的修订。正因如此，白英主编的译诗集中存在不少不尽如人意之处。

该阶段古诗英译的选材更加多元化，扩展到宋词等其他体裁④以及知

---

① 白英虽是英国人，但其主编的译诗集均在美国出版，且 1946 年移居美国，此后入籍。

② 参见"Genevieve B. Wimsatt"，*The Mystic Tea Room*，http：//www. mystictearoom. com/wiki/Genevieve_ B. _ Wimsatt。

③ 参见 Schuyler Cammann，"In Memoriam Helen Burwell Chapin"，*Journal of the American Oriental Society*，Vol. 70，No. 3，1950，pp. 189 - 190。

④ 参见 Roy E. Teele，*Through A Glass Darkly*：*A Study of English Translations of Chinese Poetry*，Ann Arbor，1949，p. 133。

名度较低的诗人。例如，亨利·哈特对女性诗人的关注超过了以往任何译者。他在《牡丹园》中通过参考《中国女子白话诗选》《历朝名媛诗》《古今女史诗集》《国朝闺阁诗抄》等经典书目，选译了唐代鱼玄机和薛涛、宋代朱淑贞、梁朝王金珠以及清代百保玉兰等女诗人的大量诗作，展现了中国诗坛的巾帼图景。作家魏莎对中国古代女性题材诗歌和女性诗人的译介更为彻底。1934 年，她发表《长墙之女》（*The Lady of the Long Wall: A Ku Shih or Drum Song of China Translated from the Chinese*），在介绍孟姜女生平和所处时代后，翻译了以其故事为题材的、以“鼓诗”为体裁共含五章的长诗。此后，她又以传记体形式串联诗篇，向英语世界译介了鱼玄机、杨皇后和薛涛三位女诗人，作品分别为《卖残牡丹：鱼玄机生平及诗选》（*Selling Wilted Peonies: Biography and Songs of Yu Hsuan-chi*, 1936）、《杏颊杏眼》（*Apricot Cheeks and Almond Eyes*, 1939）和《芳水井》（*A Well of Fragrant Waters, A Sketch of the Life and Writings of Hung Tu*, 1945）。其中，《卖残牡丹》是史上首部鱼玄机诗歌英译集，这种对小众诗人和特定群体的译介成为古诗英译走向专门化的趋势之一。

这一阶段，美国汉学开始走上发展的正轨。全国层面，1929 年 2 月，美国学术团体理事会专门成立“促进中国研究委员会”（Committee on Promotion of Chinese Studies）。高校层面，1928 年，哈佛燕京学社（Harvard-Yenching Institute）成立并设立北平办事处，接纳留学生到华进修。这一阶段培养的专业汉学家在下一阶段学成，崛起为美国古诗英译发展阶段的主力。

20 世纪 50 年代末至 20 世纪末，古诗英译在美国朝着专业化的方向走深、走实。受益于上一阶段专业汉学人才的培养以及 1958 年美国国会《国防教育法案》的通过，美国专业汉学进入黄金时期。高校的中国文学教授即专业汉学家成为译介的绝对主体，其译介目的融教学、研究兼传播于一体，在译诗中展现中国古诗的诗性成为这一群体的首要关切，其翻译原则总体上趋近统一。基于对中国语言、文学和诗学的深厚造诣，其翻译质量大幅提升。此外，如前文所述，华兹生、刘若愚、柳无忌等与傅汉思同时代的专业汉学家译者在选材方面同样具有“既专又博”的特点，译诗数量呈现出爆发式的增长，掀起了继“诗歌复兴运动”之后美国古诗英译史上的第二个译介高潮。至此，美国的古诗英译真正走上了发展的快车道。

作为美国专业汉学家中第一代古诗英译者的领袖，傅汉思在美国古诗英译史上起到了承上启下的关键作用。一方面，他的出现终结了上一阶段美国作家译诗选材局限、译介质量不佳的过渡时期，为美国业余汉学家主导古诗英译的历史画上了句号；另一方面，他为美国古诗英译的全面繁荣奠定了坚实的基础。

以耶鲁大学东亚系为阵地，傅汉思培养了一众当今美国乃至全球中国古诗英译的领军人物。傅恩便是其学生之一，她在傅汉思的影响与指导下于1975年完成博士学位论文《曹丕诗歌研究》［The Poetry of Ts'ao P'i（187－226）］，后入职芝加哥大学东亚语言文明系。1982年，她发表我国词史上第一部文人词集《花间集》的全译本，该译本在全球范围产生巨大反响，2012年被纳入中国文化外译的国家计划——“大中华文库”[①]。弗兰克·韦斯特布鲁克也是傅汉思在耶鲁大学的学生，他于1972年完成博士学位论文《谢灵运抒情诗和〈山居赋〉中的风景描写》（*Landscape Description in the Lyric Poetry and "Fuh on Dwelling in the Mountains" of Shieh Lin-yunn*），并接替康达维在威斯康星大学麦迪逊分校的中国文学教授职位。他在博士学位论文中翻译了大量谢灵运的诗篇。

除傅恩和韦斯特布鲁克以外，傅汉思的学生中最为知名的当属宇文所安和康达维。傅汉思是宇文所安在耶鲁大学本科至博士阶段的导师，被其尊称为“父亲式的博导”（Vater of Doktorvator）[②]。宇文所安曾在《唐学报》（*T'ang Studies*）上发表《温柔的改革者》（*Hans Frankel, the Gentle Revolutionary*）一文，盛赞傅汉思的汉学影响，并在其追思仪式上追忆他的辛勤栽培。他将其与林顺夫主编的《抒情诗的生命力：从后汉至唐的诗歌》（*The Vitality of the Lyric Voice: Shih Poetry from the Late Han to the T'ang*，1986）献给傅汉思，且在乐府部分只选入他的研究论文和译文，足见其对傅汉思乐府翻译与研究的推崇。他还将其著作《早期中国古诗的形成》（*The Making of Early Chinese Classical Poetry*，2006）献给傅汉思，称其得益于他30年潜移默化的教导，并指出正是傅汉思教会他将诗歌视为一种共同的实践，而非个别诗人的创作合集。[③] 在傅汉思的培养下，宇文所安逐

---

① 详见葛文峰《美国汉学家傅恩的〈花间集〉英译与传播》，《中州学刊》2017年第3期。

② Stephen Owen：《Owen教授在傅汉思追思仪式上的悼词》，《水》复刊第24期——张元和、傅汉思纪念特刊，2004年7月15日。

③ Stephen Owen, *The Making of Early Chinese Classical Poetry*, Harvard University Press, 2006, pp. 10－11.

步成长为当今海外古诗英译界最为多产的译者。他著有唐诗英译“三部曲”——《初唐诗》（*The Poetry of the Early T'ang*，1977，2012）、《中国诗歌的黄金时期：盛唐》（*The Great Age of Chinese Poetry*：*The High T'ang*，1981，2013）、《晚唐：9 世纪中期的中国诗歌》［*The Late Tang*：*Chinese Poetry of the Mid-Ninth Century*（827－860），2006］。他历时 8 年，完成了学界首部杜甫诗歌的英译全集《杜甫诗》（*The Poetry of Tu Fu*，2016），全书共 6 卷近 1400 首诗歌。此外，他还以一己之力主编和翻译了《诺顿中国文学作品选》（*An Anthology of Chinese Literature*：*Beginning to 1911*，1996），又与孙康宜合作主编了两卷本的《剑桥中国文学史》（*The Cambridge History of Chinese Literature*，2010）。由于宇文所安在唐诗英译与研究方面的突出成就，他于 2018 年被授予“唐奖”汉学奖。

傅汉思亦是康达维的伯乐。当康达维从华盛顿大学博士毕业后，傅汉思马上向他抛去橄榄枝，将其招到耶鲁大学工作，并在教学、科研和生活上给予他诸多悉心帮助和指导。据康达维回忆，他与傅汉思常年的来往信件厚达一英尺。[①] 他曾在《唐学报》上发表《傅汉思：老师和学者》（*Hans H. Frankel*，*Teacher and Scholar*）一文，并在傅汉思追思会上发表演讲，回顾傅汉思的汉学成就，表达对他的感恩，并代侯思孟宣读悼文。傅汉思被康达维誉为“伟大的学者、老师和出类拔萃的君子”[②]。他曾为康达维的《汉赋：扬雄赋研究》［*The Han Rhapsody*：*A study of the Fu of Yang Hsiung*（53*B. C.*—*A. D.* 18），1976］撰写序言，高度肯定此书的学术价值和他的汉学造诣。康达维表示在学生时代曾反复研读《中国诗歌中的梅树》，并受益匪浅，因为彼时他对中国植物名称的翻译兴趣浓烈。[③]在傅汉思的帮助和影响下，康达维成为当代辞赋翻译和研究的权威，现已按题材分类出版了三卷《昭明文选》的英译本，并且还在继续潜心翻译。此外，康达维和爱妻张泰平主编了四卷本的《古代和中世纪早期中国文学参考指南》（*Ancient and Early Medieval Chinese Literature*：*A Reference Guide*，2010），按文人姓氏首字母排序，梳理了西方汉学界对该时期以诗人为主的文人的翻译和研究，成为海外汉学研究者案头必备的经典工具书。由于

---

① 摘自笔者与康达维教授的来往信件。

② David R. Knechtges：《Knechtges 教授在傅汉思追思仪式上的悼词》，《水》复刊第 24 期——张元和、傅汉思纪念特刊，2004 年 7 月 15 日，第 33 页。

③ 引自笔者与康达维教授的来往邮件，2020 年 2 月 20 日。

康达维在“文选”英译上的卓越贡献，他于 2018 年被授予中国出版业面向海外的最高奖项——中国图书特别贡献奖。

以宇文所安和康达维为代表，美国专业汉学家中的第二代古诗英译者将古诗英译在美国推向了全面繁荣。首先，中国诗歌或中国文学总集以及专注某些诗人或诗人群体的选集数量激增。如齐皎瀚在其老师华兹生的《哥伦比亚中国诗歌选集：从早期到十三世纪》基础上，翻译并发表了《哥伦比亚读本：晚期中国诗歌》[*The Columbia Book of Later Chinese Poetry* (*Yuan*, *Ming and Ching Dynasties*) (1279 - 1911), 1986]，并致力于杨万里以及袁宏道、袁宗道和袁中道诗歌的译介。其次，中国诗学研究和诗歌翻译研究在美国不断发展，夯实了古诗英译的理论基础，代表人物是叶维廉和欧阳桢。叶维廉集诗人、批评家和翻译家于一身，他构建了中西比较诗学研究的模式，并实现了比较诗学与翻译理论的汇通。[①] 欧阳桢在其代表作《透明之眼：对翻译、中国文学和比较诗歌的反思》中提出了文学翻译的三个标准：自明（self-sufficient）、信达（generically true）与透明（transparent）。“自明”指译诗的理解与欣赏无须借助其他材料的辅助；“信达”指将原作完整无遗地译出，译作与原作情调一致；“透明”指透过译作能看到原作的风貌。最后，某些以古诗译研为主的汉学家编写中国诗歌乃至文学史以及相关的工具书。这些中国文学教授以哈佛大学、耶鲁大学、哥伦比亚大学、斯坦福大学等东亚研究名校为阵地，创造了古诗英译乃至中国古典文学研究在美国的辉煌时期。

二　在美国汉学史上的地位

和其他专业汉学家一样，傅汉思的古诗英译大多服务于其古诗研究，且翻译与研究工作相辅相成，互相促进。他的翻译活动标志着美国中国文学纯文学研究的起点，为美国汉学的发展做出了开创性的贡献。

相比西方汉学的其他分支领域而言，中国文学研究起步较晚，而它在美国的肇始就相对更晚。[②] 19 世纪，在当时的汉学中心法国，儒莲（Stanislas Julien，1797—1873 年）和德里文（Le Marquis d'Hervey de Saint-Denys，1823—1892 年）是为数不多关注中国文学的汉学家。20 世纪上半

① 详见蒋洪新《叶维廉翻译理论述评》，《中国翻译》2002 年第 4 期。

② 详见 David R. Knechtge，“Study of Medieval Chinese Literature in Europe and North America”。

叶，除去英国的韦利和奥地利的赞克外，西方汉学界的中国文学研究者亦乏善可陈。直至20世纪中期开始，更多的欧美学者才参与到中国文学的研究之中。其间，以哈佛大学的海陶玮和耶鲁大学的傅汉思为旗手，美国的中国文学研究正式起步，卫德明在《易经》研究之外也对中国古诗有所涉猎。此阶段其他西方中国文学研究的先驱还包括马瑞志（Richard B. Mather，1913—2014年）、侯思孟和桀溺。

凭借对中国古诗的集中译介和系统研究，傅汉思与同期的海陶玮一道，开启了美国中国文学研究的先河。正如康达维所言，“傅汉思在中国文学领域几乎是自学成才的。当他开始研究中国文学时，欧洲和北美可供效仿的榜样寥寥无几。……他是首位对中国文学作纯文学研究的西方学者。他没有利用文学去研究传记、思想、社会，而是主要关注文学的艺术性”①。除此之外，傅汉思还通过西方文学批评方法、西方文学概念以及比较文学视野的引入，改变了当时中国文学与欧美文学割裂的孤立状态，提升了中国文学在美国乃至世界文学中的地位。在解读和阐释古诗时，他对“新批评”方法、母题分析范式、口头程式化理论、人格面具理论等的运用多是首创，展现了中国文学的世界价值。基于深厚的中西学素养，他游刃有余地展开中西诗学现象和规律的对比与比较，促进了中西文学之间的对话。傅汉思对中西文学最早的对比研究几乎与比较文学学科在美国的发轫同步，是比较文学的雏形，为“世界文学”概念的形成提供了可能。

具体而言，傅汉思的古诗英译影响和促进了众多汉学家的研究工作，他引领了美国中国文学批评的新批评范式，开拓了美国中国文学和艺术研究的疆域。

读诗解诗是翻译诗歌的必要准备，以《曹植诗15首》为起点，傅汉思主要采用新批评理念指导下的文本细读和结构分析方法解读中国古诗。他将这一理念和方法运用到耶鲁大学的课堂教学中，听课的宇文所安、康达维、傅恩、弗兰克·韦斯特布鲁克（Frank A. Westbrook）、史景迁等都受益匪浅。据史景迁回忆，傅汉思每次上课都会对一首短诗展开详尽的解读，其中王维的《鹿柴》和李煜的《菩萨蛮·花明月暗笼轻雾》给他留下了最为深刻的印象。他认为傅汉思的文本细读法“掀开了笼罩在诗篇上的

---

① David R. Knechtges, “Hans H. Frankel, Teacher and Scholar”, *T'ang Studies*, (13) 1996, pp. 2 -3.

迷雾，使得古诗之美愈发熠熠生辉”[①]。据康达维回忆，当他们在课上对古诗给出稀奇古怪的阐释时，傅汉思总是借助细读指出文本中显而易见却未被他们察觉的特点。[②] 傅汉思是海外汉学界首位使用新批评方法解读中国古诗的学者。[③] 作为开创性的尝试，文本细读法成为后代美国中国文学研究者开展文学批评的主流路径，尤以傅汉思的学生宇文所安为代表。宇文所安将强调文本内部研究的细读方法作为研究唐诗文本的基本方法，积极地运用于《初唐诗》、《中国诗歌的黄金时期：盛唐》、《迷楼：诗与欲望的迷宫》（*Mi-Lou: Poetry and the Labyrinth of Desire*，1989）、《中国文论：英译与评论》（*Readings in Chinese Literary Thought*，1992）等专著之中。除了与傅汉思一脉相承的细读法外，他还注重考察文本产生的外部条件，如文本的流动性、不确定性、历史语境等，从一定程度上实现了对傅汉思新批评理念的超越。[④] 康达维将傅汉思尊为“汉学领域使用新批评方法研究中国诗歌的第一人”[⑤]，并指出了该做法对他本人从事中国文学研究的启蒙影响——“这篇文章（《曹植诗 15 首》）发表之时，我刚开始学习中国古诗。和海陶玮的作品一样，《曹植诗 15 首》是当时为数不多的用英语研究中国文学的作品，我将它视为研究的模范。我确信，当我读研时，我读过该文不下十次”[⑥]。据孙康宜回忆，她在 1982 年入职耶鲁大学时曾得到傅汉思的赠书——约翰·贺兰德（John Holland，1929—2013 年）的代表作《诗律的概念》（*Rhyme's Reason: A Guide to English Verse*，1981），贺兰德在她看来是“最看重诗的形式与心灵合一的诗人”[⑦]，而傅汉思在运用新批评理念解诗时也同样注重于文本细读和结构分析中挖掘原诗的文学趣旨，赠书行为可看作傅汉思新批评理念的投射。孙康宜曾发表《细读的乐趣》

① Jonathan Spence：《Spence 教授在傅汉思追思仪式上的悼词》，《水》复刊第 24 期——张元和、傅汉思纪念特刊。

② David R. Knechtges：《Knechtges 教授在傅汉思追思仪式上的悼词》，《水》复刊第 24 期——张元和、傅汉思纪念特刊，2004 年 7 月 15 日，第 32 页。

③ David R. Knechtges：《Knechtges 教授在傅汉思追思仪式上的悼词》，《水》复刊第 24 期——张元和、傅汉思纪念特刊，2004 年 7 月 15 日，第 32 页。

④ 详见高超《宇文所安文本细读方法初探》，《山西师大学报》（社会科学版）2010 年第 2 期。

⑤ David R. Knechtges：《Knechtges 教授在傅汉思追思仪式上的悼词》，《水》复刊第 24 期——张元和、傅汉思纪念特刊，2004 年 7 月 15 日，第 31 页。

⑥ David R. Knechtges：《Knechtges 教授在傅汉思追思仪式上的悼词》，《水》复刊第 24 期——张元和、傅汉思纪念特刊，2004 年 7 月 15 日，第 32 页。

⑦ 孙康宜：《耶鲁诗人贺兰德》，《细读的乐趣》，译林出版社 2019 年版，第 155 页。

(2019)，以文本细读的方式考察中国经典和现代文学作品。

如前文所言，傅汉思的乐府诗译介伴随着其乐府诗研究。西方乐府研究始于傅汉思的《三首早期中国民谣》（1965），至《乐府诗中叙述者和角色之间的关系》（1985）止，傅汉思20年间投身乐府研究，共发表8篇开创性的乐府专论。其间，法国汉学家桀溺的法语专论《中国古典诗歌的起源：关于汉代抒情诗的研究》（1968）也将乐府作为专门诗体展开研究。作为西方乐府研究的领袖，傅汉思树立了乐府在西方中国古诗研究中的文体身份，促进了乐府研究在西方汉学界不断走向专业化。在傅汉思的影响下，周文龙和白丽儿均成长为西方乐府研究的专家，前者在《他者的声音：中国乐府》从主题模仿和内部互文性角度考察乐府诗，重新界定了乐府文类，[①] 后者的《汉代中国的民歌和乐府》被康达维称为“西方语言中对乐府最为系统的研究”[②]。

除此之外，傅汉思的“梅花诗”英译和梅花文学母题研究推动了美国中国艺术史研究的发展。

哥伦比亚大学中国艺术史教授韩文彬（Robert E. Harrist Jr.，1951— ）在《钱选的“梨花”：自宋朝至元朝的花卉画与诗歌传统》（*Ch'ien Hsüan's "Pear Blossoms": The Tradition of Flower Painting and Poetry from Sung to Yüan*）中引用了傅汉思“梅花诗”研究的观点。他在谈及北宋时期花卉画和古诗同时出现在团扇上的传统时，以山东省博物馆藏的一把团扇为例，指出扇上宋高宗仿刘敞《葵花·白露清风催八月》诗作中的“花”比喻宫廷美女，并通过注释强调，以花喻佳丽的诗学传统在傅汉思的《中国诗选译随谈》的第一章得到了讨论。[③] 他在谈及故宫博物院藏南宋画家马麟和杨妹子合作的《层叠冰绡图》时，指出在南宋文化中，宫廷和隐士中的画家和诗人对梅花饱含深情，将其视为最爱的题材，并在注释中强调，这一话题在毕嘉珍的《玉骨冰魂》以及傅汉思的《中国诗歌中的梅树》中得到了细致探讨。[④] 1985年，时任

① 详见陈远馨《身份的置换：论20世纪英语世界乐府研究中的他国化》，《中外文化与文论》2013年第3期。

② David R. Knechtges, "A New Study of Han Yüeh-fu", *Journal of the American Oriental Society*, 1990, Vol. 110, No. 2 (Apr. –Jun., 1990), p. 310.

③ 参见 Robert E. Harrist Jr., "Ch'ien Hsüa"s 'Pear Blossoms': The Tradition of Flower Painting and Poetry from Sung to Yüan", *Metropolitan Museum Journal*, Vol. 22 (1987), n. 19, p. 56。

④ 参见 Robert E. Harrist Jr., "Ch'ien Hsüa"s 'Pear Blossoms': The Tradition of Flower Painting and Poetry from Sung to Yüan", *Metropolitan Museum Journal*, Vol. 22 (1987), n. 23, p. 59。

耶鲁大学艺术馆东方艺术部策展人的倪密参与了展览“玉骨冰魂——中国艺术中的梅花”的组织工作，[①] 并为同名会刊撰写“装饰艺术中的梅花”一章。2008 年，她受邀成为“微软亚洲研究院名师讲堂”的首位女性嘉宾，发表了有关中国梅花艺术的讲座。她首先以中英双语朗诵《再用前韵·罗浮山下梅花村》开场，接着展示了多幅墨梅画，分析了其中梅花被赋予的品格；然后以《梅花赋》《诉衷情·年年雪里》等为例介绍了中国古诗中的梅花题材，指出了其中不同的母题含义；最后展示了包含梅花元素的瓷器、漆盘等古人日常用品的图片。[②] 可以看出，该讲座中的诗篇均取自傅汉思所译“梅花诗”，讲座框架参考《玉骨冰魂》的结构，而倪密的观点则来源于傅汉思论文《中国诗歌中的梅树》。

更为重要的是，傅汉思的“梅花诗”译介与研究成就了北美墨梅研究的权威——毕嘉珍。

1983—1985 年，正在普林斯顿大学从事博士阶段墨梅研究的毕嘉珍以客座策展人身份[③]在耶鲁大学艺术馆组织了名为“玉骨冰魂——中国艺术中的梅花”的学术会展，并主编了同名会展刊物。该书主要从文学文化传统、绘画、诗歌和装饰艺术角度探讨了自 12 世纪至成书之时梅花母题在中国的发展历程，并补充了有关梅花的植物学知识，而傅汉思的“梅花诗”英译便是其中一章。在会刊“致谢”部分，毕嘉珍强调了傅汉思所选“梅花诗”的代表性以及其“梅花诗”译研的巨大价值。她指出：

> 傅汉思翻译的每一首诗歌和散文都是梅花文学传统发展史上的丰碑，其中许多作品为本展中的艺术作品提供了直接灵感。傅汉思教授对于该项目的贡献远不止于他的翻译。他的“梅花诗”研究对于我们理解中国艺术中的梅花至关重要，他在此刊的筹备过程中提供了源源不断的支持和意见。[④]

---

① 参见 Maggie Bickford, *Bones of Jade*, *Soul of Ice*: *The Flowering Plum in Chinese Art*, Yale University Press, 1985, p. 9。

② 详见《梅花的玉骨冰魂》，微软亚洲研究院，https://www.msra.cn/zh-cn/news/features/f993dc4f-ae27-4820-82d6-08d807e08da0。

③ Maggie Bickford, "Curriculum Vitae", Brown University, December 2011, https://vivo.brown.edu/docs/drrb/1132173516.pdf, p. 2.

④ Maggie Bickford, *Bones of Jade*, *Soul of Ice*: *The Flowering Plum in Chinese Art*, Yale University Press, 1985, p. 11.

会刊有两部分由毕嘉珍主笔，分别为《梅花：文学与文化传统》和《绘画中的梅花》。前者分为“梅花与季节更替”“梅花美人”“梅花隐士”“南宋时期的梅花”“宋朝后期杭州的梅花”五个部分，文中梅花母题含义、对宋朝梅花艺术的观点以及所选诗例大多取自傅汉思的论文《中国诗歌中的梅树》。此刊于 1985 年荣获“美国博物馆协会最佳会刊和图书奖”，如今已被全球 197 家图书馆收藏，可见其受众之广。想必傅汉思的佳译增色不少，同时也是傅汉思“梅花诗”译介在大众文化圈得到高度认可的证明。

在耶鲁大学展览扎实积淀的基础之上，毕嘉珍聚焦于梅花艺术中的墨梅议题，在 1987 年完成博士学位论文《墨梅：一种中国文人画派的兴起、形成和发展》［Momei（Ink Plum）：The Emergence，Formation，and Development of a Chinese Scholar-Painting Genre］，于普林斯顿大学艺术与人类学系毕业。论文“致谢”部分，毕嘉珍衷心地感恩傅汉思的学术启发和指导。她写到，“岛田修二郎教授和傅汉思教授分别在墨梅研究和‘梅花诗’领域开创性的作品为我的墨梅研究奠定了基础……与他（傅汉思）共事丰富并拓展了我对‘梅花诗’与梅花画关系的理解”①。该文第一章以“梅花文学和文化传统的发展”为题，以汉前和汉朝、六朝、唐、宋为分期，可谓对傅汉思专论《中国诗歌中的梅树》的扩写。该章尾注中，毕嘉珍强调了傅汉思专论对她的深刻影响。她写到：

> 在此文中的讨论以及在我 1985 年的文章《梅花：文学和文化传统》中，我沿用了傅汉思的分期方式，并且引用了他的大量案例、阐释和结论。我要感谢傅汉思教授在我撰写那篇文章时提供的帮助以及他在《梅花诗》一章中对梅花文学的翻译和注释。②

正如毕嘉珍在论文“摘要”中所言，梅花的文学和文化传统是墨梅艺术的基础。③ 在傅汉思对“梅花诗”开创性译介与研究的基础上，毕嘉珍

① Maggie Bickford，*Momei*（*Ink Plum*）：*The Emergence*，*Formation*，*and Development of a Chinese Scholar-Painting Genre*，Princeton University，1987，p. v.

② Maggie Bickford，*Momei*（*Ink Plum*）：*The Emergence*，*Formation*，*and Development of a Chinese Scholar-Painting Genre*，Princeton University，1987，n. 1，p. 34.

③ Maggie Bickford，*Momei*（*Ink Plum*）：*The Emergence*，*Formation*，*and Development of a Chinese Scholar-Painting Genre*，Princeton University，1987，p. iv.

进一步揭示了梅花的文学和文化传统，为其墨梅研究提供了必要的准备，拓宽了其墨梅研究的底蕴和深度。总而言之，毕嘉珍的墨梅研究是对傅汉思“梅花诗”研究的承继与发展。

博士毕业后，毕嘉珍立即在布朗大学艺术与建筑史系获得教职。1996年，她将博士学位论文经过整理，以《墨梅：一种文人画题材的形成》（Ink Plum：The Making of a Chinese Scholar-Painting Genre）为名出版，系统探讨了为何墨梅画于北宋末期兴起以及如何兴起的过程。她不忘傅汉思的启蒙影响，在“前言和致谢”部分写道，“我的中国文学学习承蒙高友工和傅汉思的教导”[①]。该书于1998年荣获美国亚洲研究协会颁发的“列文森中国研究书籍奖（近世板块）”（Joseph Levenson Book Prize for Pre-Modern China）[②]，成为毕嘉珍学术生涯的代表作，奠定了她在西方墨梅研究领域的权威地位。该书先后于2010年和2012年被翻译为两个中文版本，[③]后者是海外汉学经典书系“海外中国研究丛书”之一。

小　结

综上，傅汉思古诗英译的影响体现在译诗的接受与传播以及译诗理念两个方面，他在美国古诗英译史乃至美国汉学史上都拥有十分重要的地位。接受与传播方面，以《中国诗选译随谈》和《木兰诗》为代表，傅汉思的译诗集和译诗收获了中美学界和大众读者的双重好评。曹植诗和乐府诗在傅汉思之前遭遇西方汉学界的冷落，而经傅汉思译介后立即引发了译介的热潮。曹植诗入选大量译诗集，并出现了专门的曹植诗选集。乐府诗开始得到了专题译介，白丽儿在傅汉思影响下成为西方乐府诗英译的专家。译诗理念方面，傅汉思保留原文词序的翻译方法得到了同辈汉学家葛瑞汉的实践，其后辈汉学家康达维、宇文所安、白丽儿的译诗也秉承类似理念，傅恩在其影响下注重再现原诗的文体特点，叶维廉等人将与原诗形

---

① Maggie Bickford, *Ink Plum: The Making of a Chinese Scholar-Painting Genre*, Cambridge University Press, 1996, p. xviii.

② Maggie Bickford, "Curriculum Vitae", Brown University, December 2011, https://vivo.brown.edu/docs/drrb/1132173516.pdf, p. 2.

③ 毕嘉珍：《文人墨梅》，孙红译，中国美术学院出版社2010年版；毕嘉珍：《墨梅：一种文人画题材的形成》，陆敏珍译，江苏人民出版社2012年版。

式对等的翻译原则运用得更为淋漓尽致，以此忠实于原作的风格。古诗英译史方面，傅汉思在美国古诗英译史中扮演着承上启下的关键角色。他结束了业余汉学家译诗的时代，不仅与同时代美国汉学家一道掀起了美国古诗英译的第二次高潮，而且培养了宇文所安、康达维等当今海外中国古诗英译的中流砥柱，进而推动了古诗英译在美国走向繁荣。汉学史方面，傅汉思的古诗英译与研究正式开启了美国对中国文学的纯文学研究。其解诗的新批评范式被后辈汉学家效仿。其乐府诗研究构建了乐府在海外汉学研究中独立的文体身份，得到了周文龙和白丽儿等人的继承和发展。其“梅花诗”研究观点得到了包括韩文彬、倪密等中国艺术史专家的引用，更是对毕嘉珍毕生的墨梅研究产生了不可磨灭的影响。

结　语

耶鲁大学教授傅汉思是美国首位大量译介中国古诗的专业汉学家，也是美国首位对中国文学做纯文学研究的学者，对中国古诗英译和西方汉学史具有突出贡献。然而，由于原始文献的匮乏，国内外对其古诗英译的研究尚处于起步阶段。近年来随着海外汉学研究的繁荣，出现了个别对其古诗英译的专题研究，但点评较为主观随意，批评标准较为单一，理论视野不够开阔，观点论证不够严谨。

笔者针对已有研究中的局限和不足，对傅汉思的古诗英译展开了系统而深入的专题研究，全面考察了其译者身份的构成及对其翻译活动的影响，细致梳理了其选材的特点和重点以及重点的成因，透彻剖析了其译本的特色、特色的成因以及特色的深化，在此基础之上深度挖掘了其译诗的接受与传播情况以及其译诗理念的影响，并试图确立其在美国古诗英译史和美国汉学史中的坐标。

本书综合使用了多样的学科和理论视角：从中西诗学、译介学、海外汉学维度考察了傅汉思译介活动和翻译实践中的背景、现象、评价和影响，另采取了丰富的研究方法：通过访问调查获取了大量傅汉思的第一手档案资料，以此为基础开展了文献梳理和文本细读，并在具体论证中展开了大量的译本对比分析。此外，本书首次全面利用了耶鲁大学、加州大学伯克利分校、纽约“海外昆曲社”、康达维教授所藏傅汉思相关原始档案。多元视角和方法以及大量第一手文献的利用充实了研究的内容，使得本书的结论更为全面客观。

一　傅汉思中国古诗英译的成就与贡献

傅汉思的古诗英译受益于其比较文学视野和文学研究者的主体身份，

译介选材广泛且重点突出，译本凸显原诗诗性并兼具传播性，对中国古诗的译介、传播与研究产生了深远影响，在美国古诗英译史乃至美国汉学史上拥有举足轻重的地位。

作为古诗英译者，傅汉思的主体身份存在复杂性，他的古诗英译植根于中西比较视野下深入的学术研究，促进了他的译介选材和翻译实践。首先，傅汉思在比较诗学乃至世界文学的视野中发现中国古诗，赋予了古诗英译以重要意义。傅汉思的比较视野得益于其移民汉学家的身份以及西方文学和汉学的双重学术训练。这种比较同时涉及类同性的发现和差异性的挖掘，从而共同构成了中国古诗独特的诗性。比较的内容包罗万象，涵盖诗歌的主题和文体、修辞手法和意象等。深入而立体的比较揭示了中西诗学在思想情感和表达方式上的异同，直接影响了傅汉思的译介选材和翻译策略。如傅汉思发现了中国乐府和西方民谣的大量共性，从而集中译介了乐府诗。再如傅汉思洞悉了中西平行对偶的异同，从而在翻译时注重汉诗对偶诗法的再现和英诗平行诗法的照顾。这种比较的视野也延伸到译诗的副文本当中，中西诗学共性的发现能够引起西方读者对译诗的共鸣，中西诗学差异的揭示有助于加深他们对译诗的理解。傅汉思古诗英译中的比较文学视野与西方比较文学学科的兴起同步，提升了中国古诗乃至中国文学在世界文学中的地位，作为译介的底层逻辑，产生了超出译介的重大意义。其次，傅汉思的古诗英译植根于扎实多维的学术研究。这是由其专业汉学家的主体身份决定的。他的学术研究体现在中西诗学研究、古诗本体研究、古诗英译研究、海外汉学研究诸多方面，综合影响了他的译介选材和翻译处理。例如，他通过对梅花母题及其含义的系统研究发现了“梅花诗”的丰富蕴意和深刻内涵，将“梅花诗”的译介贯穿古诗英译生涯的始终。他发现了中国文学本体研究和海外汉学研究中对曹植的误读，因而展开了对曹植诗的大量译介与研究。再如，他对赋体和乐府的深入研究赋予其译诗时充分的文体意识。他在具体诗歌的翻译过程中查证了大量中外文献，广泛吸收本体研究和海外汉学的成果，增进了对原诗的理解，保证译诗准确而完整地展现原诗的内容、形式和风格。此外，作为翻译家，他还广泛关注古诗英译界同行的动态，考察并评估他们在译诗中对不同诗学元素的处理方式，以指导自身在译诗时的取舍，完善其古诗英译的理念。傅汉思的学术研究也受益于中美文化交流，他的研究工作得到妻子张充和、汉学启蒙老师沈从文等一众中外学人的协助。

和美国专业汉学时期第一代古诗英译者一样，傅汉思的译诗选材展现出总量多、首译多和“既专又博”的特点。他一生共译介古诗 221 首，虽然参考前人翻译，但依然选择全部原创。作为美国专业汉学家中古诗英译者的领袖，其译诗中有近百首为英语世界首译，其中《梅花赋》英译是全球唯一的外译版本，译品堪称经典，选材本身体现了傅汉思典雅的文学品位。傅汉思的译诗几乎涵盖了宽泛意义上中国古诗的所有体裁，包括乐府、古体诗、词、律诗、绝句、诗经、散曲、赋，他是最早译介辞赋的汉学家之一和最早对乐府作专题译介的西方学者。傅汉思的译诗选材重点突出，即“梅花诗”、曹植诗和乐府诗，分别有 25 首、24 首和 76 首。其中“梅花诗”上至汉朝以前下至南宋，体裁多样，乐府诗亦跨度广泛，几乎涵盖了郭茂倩所划分的十二个种类，且以汉至南北朝乐府为重点。傅汉思对“梅花诗”的集中译介受到西方文学研究中母题范式的影响，且暗含了对妻子张充和的隐喻，他对“梅花诗”的遴选体现了对中国文学经典的深度把握。傅汉思对曹植诗的译介源于中外对曹植千篇一律的解读以及其利用新批评理念得出的新颖发现。他之所以走上乐府诗译介之路并持续译介，在于对此种文体的喜爱、对其世界民谣特性和口头性的不断发现。而西方对曹植诗、乐府诗译介的不足亦为傅汉思的译介活动提供了空间。由于译诗总数的激增，傅汉思与同时代的美国汉学家掀起了美国古诗英译史上的第二个高潮。

作为美国首位对中国文学作纯文学研究的教授学者，傅汉思古诗英译的目的以教学和研究为主，以传播为辅，因而决定了其再现原诗诗性兼照顾译诗传播性的译诗原则。他通过再现古诗核心诗学要素和体现文体特点来凸显原诗诗性。核心诗学要素方面，他通过灵活的处理方式和机动的补偿措施尽量保持原诗的词序，一以贯之地再现原诗的平行对偶和复沓结构，并注重准确、完整、透彻地传递原诗的语词意象、组合意象和意象系统，从而展现了中国古诗总体的诗性。文体特点方面，他在译诗中综合运用多种方式再现各种诗体的特质，如辞赋的辞藻华丽、错落骈俪、音韵协和，乐府的叙事性和音乐性，从而展现了中国古诗内部的差异性。随着傅汉思古诗研究的不断深入，其最大化再现原诗诗性的倾向也不断凸显，这体现在他对“梅花诗”等诗歌前后的润饰中。在彰显古诗异质性的同时，傅汉思充分照顾了译诗的传播性，包括译诗本身的诗性、选集的编排、传播载体的选择、副文本的添加等。为了塑造译诗本身的诗性，他灵活再现了原诗的某些韵律，适时创造了译诗细节处的韵律，善于使用诗化的英语表达，并适当照顾了英诗特有的句法。他以中西互通的文学概念编选诗集，而并非从中国古诗本体出发选译篇目。他的译诗散见于古诗译评集、论文、展览刊物等多种载体之中，并添加了多样而充实的副文本，尤其是在译诗注释中标注诗篇的所有底本、注疏和译本，亦时常有其妻张充和小楷书法的增色，有助于最好地实现大众传播、教育教学和学术传播等多重目的，吸引西方最广大读者的注目。通过大量比较研究发现，在彰显原诗诗性和照顾译诗诗性方面，傅汉思优于其前后不同派别的多数译者，其译诗实现了异质性和传播性的双赢，质量在古诗英译界堪称一流。

傅汉思的英译古诗得到了普遍认可和广泛传播，对其他汉学家的古诗英译理念以及汉学研究产生了重要影响，其本人在美国古诗英译史以及美国汉学史上的地位举足轻重。首先，傅汉思译诗集《中国诗选译随谈》和含有“梅花诗”专题译介的《玉骨冰魂》被全球各地数百家图书馆收藏，其译诗得到中外学界和大众读者的高度好评，入选英语世界经典的中国诗歌选集，此外他还推动了曹植诗和乐府诗在西方的热译，影响了乐府英译专家白丽儿。其次，傅汉思凸显原诗诗性的翻译理念得到宇文所安、康达维、傅恩、白丽儿等后辈汉学家的继承与发展，如尽力保留原诗的词序、灵活再现原诗中的平行对偶、以英语的重复译中文的叠词、再现原诗的文体特点等。再次，傅汉思是20世纪50年代起美国古诗英译史中发展与繁荣时期的领军人物，发挥着承上启下的核心作用。一方面，他终结了以作家译者为主体、译诗选材受限、译诗质量不高的过渡时期，并彻底终结了以业余汉学家为主译诗的时代；另一方面，他影响和培养了美国专业汉学时期第二代古诗英译者中的中坚力量，包括唐诗英译专家宇文所安、辞赋英译专家康达维、词英译专家傅恩。他们通过产出大量古诗译研成果以及编写相关工具书，塑造了古诗英译在美国的全面繁荣。最后，傅汉思的古诗翻译与研究相互促进，开启了美国中国文学纯文学研究的先河。他在读解古诗时开创性地使用新批评理念和文本细读方法，成为后代汉学家中国古诗乃至文学研究中的重要范式。他引领了西方世界的乐府专题研究，从此西方乐府研究有了独立的文体身份。他的“梅花诗”译研大大促进了美国的中国艺术和艺术史研究，其观点得到频繁引用，并丰富了毕嘉珍在墨梅研究时的文化和文学背景，进而助力她成为北美墨梅研究的权威。

二　傅汉思对当下中国文学外译的启示

中国古诗乃至文学外译是一个复杂而系统的工程，它涉及源语文化与译入语文化、源语诗学与译入语诗学、翻译与传播、形式与内容等多对关系。基于对傅汉思古诗英译的系统考察，笔者得出了有益于指导当下中国古诗乃至文学外译的一些启示。

对傅汉思译史地位的考察发现，文学外译是一个复杂的生态体系，它首先涉及国家文化均势的问题，因此应当注重循序渐进的译介，处理好异质性和传播性的关系，这在源语和目的语属于不同语系、存在较大差异的情况下尤其如此。当源语国家处于完全弱势地位时，在译介中强行保留源语文学的异质性只会适得其反，导致译作无人问津。这时不妨暂且"委曲求全"，允许一定程度的改写，以顺应目的语文学的形式和风格译介出去，实现最为基础的文化传播目的。当源语国家地位开始上升、源语文学进入目的语国家文化视野时，可以适当凸显源语文学的异质性，同时高度重视对目的语文学的适应，在扩大传播范围的前提下提高目的语读者对源语文学的认知。当源语国家地位快速崛起、源语文学融入目的语国家学科体系甚至可以与目的语国家平等对话时，可以考虑在翻译中较为完整地再现源语文学的形式和风格，以将其异质性最大化地彰显，此时译者同样需要照顾译入语的话语体系。在此过程中，译者需要充分发掘源语和译入语的语言和文学共性，从而更好地输出异质性，增强传播性。当然，笔者不提倡文化霸权。即使在源语国家地位超越目的语国家时，也应当追求不同文学形式求同存异、和谐共生的状态，不应以本国文学改造他国文学，导致所谓的文化殖民主义乃至意识形态的强行输出。

随着中国经济文化地位的崛起、中西文化交流的日益密切，中国文学译介的使命已经开始从"中国文化走出去"向"如何讲好中国故事"逐渐转变。我们的目标不再局限于"简单粗暴"地把作品译介出来，送到西方世界的图书馆中，而是致力于提升译介作品的接受效果，促使中国文学的文学魅力和思想内涵得到西方世界的广泛认可和深入研究。此时，如何成功地再现原汁原味的中国文学同时保证传播的效果，乃是当下国家和社会各界面临的重要议题。

首先，应当重视译者的遴选和培养。对傅汉思学术背景的研究提醒我们，中国文学外译应当依靠具有跨文化跨文学背景的译者和研究型的译者。以中国古诗英译为例，纯熟的中英语言能力和深厚的中西文化积累是基础，扎实的中英诗学知识是核心，过硬的研究能力是必备。正如傅汉思所言，“古诗英译者应当精通中英诗学传统，意识到两种语言和文化的差异，并能够想方设法弥合能够弥合的差异”①。当下，随着老一辈翻译家如杨宪益、汪榕培、许渊冲等的离世，国内古诗外译高端人才出现严重的断层。而国外，聚焦当代中国的中国学也已然超越关注古代中国的传统汉学，成为海外汉学的主流，从事中国古诗译介与研究的专家逐渐面临短缺的现象。以此为背景，为了掌握中国古诗外译与传播的主动权、产出准确传神的翻译，在人才储备方面，应当把中国文学外译人才的培养纳入国民教育体系，通过对中西语言、文化、文学以及翻译课程的合理设计，致力于打造文学外译的国家队。在译介实践方面，应当搭建海内外专家共同组成的团队，吸收至少包括中国古诗专家、中国文学翻译家、从事中国古诗翻译与研究的海外汉学家、英语诗人、拥有资深对外编辑出版经验的中外专家在内的多方人才，齐心聚力，协同合作。在这方面，“熊猫丛书”是成功的典范。在此基础上，要借鉴傅汉思古诗英译的步骤，慢工出细活，翻译前在底本的确定、注本的参考、译本的学习、翻译理念的确定等方面多下苦功夫，讲究精品意识，在翻译和研究中不断完善翻译理念和翻译策略，不断润色和改进译本。此外，傅汉思的中国经历启示我们，国家应当加强海内外中国文学外译和研究人才的交流与合作：重视中国翻译人才的“走出去”，学习如何更好地传播中国文学；加强外国汉学家的“请进来”，感受更为真实立体的中国文化和文学；同时为二者创造更多翻译项目合作和翻译学术研讨的机会。在这方面，“孔子新汉学计划”是有益的尝试。

其次，应当注重译介的选材。中国文籍浩如烟海，博大精深。正如季羡林所说，“我们要采取‘送去主义’，把精华送到你眼前，比如把珍馐送到你嘴里，把美酒灌入你口中，把绫罗披到你身上，把珠翠戴上你手指”②。对傅汉思古诗英译选材的研究提醒我们，国家层面应当加强中国文

① Hans H. Frankel, “English Translations of Classical Chinese Poetry since the 1950's—Problems and Achievements”, *Tamkang Review*, Vol. XV, No. 1－4, 1985, p. 324.

② 季羡林：《从〈大中华文库〉谈起》，《群言》1995 年第 8 期。

学外译和出版的顶层设计，既要全方位多角度地展现中国古代和现当代经典文学的方方面面，又要重点突出、有的放矢地开展译介活动。我们要继续发掘并译介中国文学本体中经典的但尚未“走出去”或尚未被“讲好讲透”的书目和题材，对于在海外产生误读的中国文学作品或文学人物，需要深入思考，科学谋划，重新译介。此外，傅汉思的乐府译介与研究提醒我们，要积极探索与西方文学存在共性的素材大量译介，加强中国文学在西方读者中的共鸣，从而进一步提升中国文学的世界地位。

再次，应当优化翻译方法。“讲好中国故事”归根到底就是选择什么“故事”和如何“讲故事”的问题。以烹饪作比，新鲜的食材能否制成美味佳肴，最终要看厨师的烹饪手法。正如上文所述，在中国经济文化地位迅速崛起的当下，中国文学外译应当在充分兼顾传播效力的同时凸显本国文学的特性。就古诗英译而言，不能出现目的语诗学改造甚至湮没源语诗学的情况，也不能允许译者个人语言风格冲淡或扭曲原诗特质的情况。对傅汉思古诗英译理念和策略的研究提醒我们，应当发挥主动译出的优势，深入挖掘并系统解构源语文学的特质，并在译诗中利用多种途径一以贯之地传递出来。在译介古诗等高度形式化的文本时，对于源语文学中的异质元素，不应一味地“得意忘形”，可以适时地再现形式并辅以副文本阐释。同时，在某些源语文学元素的移植会破坏目的语文本的情况下，应当果断地抛弃机械的对等，于译本其他地方采取灵活机动的补偿措施，实现译本与原本在形式和风格上总体的功能对等。此外，应当充分了解目的语文学特性以及文学风尚，采取适当的照顾措施。

最后，应当提升传播效果。第一，需要拥有较为明确的受众意识。在中国文学外译过程中，目标读者并非总是十分清晰的，但大体上预期受众包括学者、学生以及大众三大类，其中又以学者、学生等知识分子为主。[①]译介前的受众意识能够指导中国文学的译介选材、翻译处理和传播途径，避免导致一厢情愿的低效传播，同时及时而持续的受众反馈研究则有助于我们修正译介的偏差。第二，应当善于利用多样的副文本，精心设计译作的编排，创新译作的载体和媒介，从而全面提升中国文学外译的效果。对于古诗等高度形式化的文学类别而言，副文本的重要性不言而喻。以傅汉

① 鲍晓英：《中国文化“走出去”之译介模式探索——中国外文局副局长兼总编辑黄友义访谈录》，《中国翻译》2013 年第 5 期。

思为榜样，译者可以在选集中利用前言、译者序、注释、阐释、参考资料、附录等，必要时借助书法、绘画等副文本，在译诗之外向读者提供辅助译诗理解的必要信息，包括中国历史文化、中国文学传统、中国诗学、古诗批评、海外汉学等。从大众传播的视角，应当以目的语读者喜闻乐见的编排模式组织译本，避免完全“以我为中心”机械输出的思维。傅汉思的“梅花诗”译本先后以论文、译诗集和展览刊物的形式得到了三次成功译介。这也提醒我们，对于中国文学中的精品，应当不厌其烦地借助多元的载体反复译介，也可考虑利用“融媒体”理念，结合线下媒介沉浸式、易留存的优势和线上媒介即时、直观的优势，最大化地扩大传播范围，提升传播效果。此外，我们要加强传播效果研究，对于传播范围广、反馈高的译本，应善于总结并复制它们的成功经验。

总而言之，在中国文学外译中，我们应当把好译者关，培养具备跨文学背景和研究能力的译者，以本土译者为主力，搭建多元人才齐备、通力合作的翻译团队。我们要把好选材关，既要译介本体文学中地位经典而尚未“走出去”的内容，又要发掘英语世界喜闻乐见的素材。我们要优化翻译方法，一方面要不遗余力地彰显本国文学的特性，将“中国故事”真实地表达出来；另一方面要兼顾译品的可读性，将“中国故事”生动地传播出去。我们要善用各种方式，全面提升中国文学外译的传播效果，如有效使用副文本，精心设计编排，创新载体，融通媒介。通过以上努力，真正“讲好中国故事”，让西方了解中国文学的独特魅力，认识真实立体的中国。

三 研究不足与展望

本书的着力点在于傅汉思古诗英译的译本，通过译本梳理、译本细读和比较研究发现其选材和译诗的特点，联系时代语境透析特点背后的成因，确立傅汉思在古诗英译史和汉学史中的地位，具有一定的理论意义和应用价值，但也存在一些局限性，归纳起来有以下四点。

第一，本书聚焦傅汉思的中国古诗英译，对他的其他译文，如传记、书论、昆曲唱词等虽然有所论及，但对于它们和古诗英译之间的关系讨论不足，有待进一步加强；

第二，傅汉思在古诗英译中参考了日语的中国古诗研究成果以及德语、法语的译诗集，也曾将某些德、法、西班牙语诗歌翻译为英语。但由于语言能力有限，本书未能将其纳入考察范围，将在今后的研究中继续探讨；

第三，傅汉思的学术背景之一是罗曼语文学和西班牙诗学。本书在第一章探讨傅汉思的翻译准备时考察了其西方语文学和诗学研究对其中国古诗英译的促进作用，但做得不够充分，还有待深入；

第四，傅汉思古诗英译的选材和特色受到时代环境和学术史的影响，包括中西文学批评、中西诗学、西方汉学等，对这些文本外部语境的挖掘亦有待深入。

本书是对傅汉思古诗英译的专题研究。然而，傅汉思在美国乃至世界汉学史上的贡献不止于此。一方面，作为古诗研究专家，傅汉思实现了对中国文学研究的反哺，改变了中国文学在美国的定义和地位，促进了世界文学理念的形成。他的研究融合了中国学术的考据传统、美国学术的批判精神以及欧洲学术的人文主义，为三者找到了对话和互动的空间；[①] 另一方面，他又是中美文化交流的先行者。他和张充和一道，促进了沈从文文学在美国的传播，推动了书法和昆曲艺术在美国的普及，他们与中外学人的交流和互动是20世纪下半叶中美文化交流史的缩影。以上重要议题有待笔者和后人继续研究。

① Stephen Owen：《Owen教授在傅汉思追思仪式上的悼词》，《水》复刊第24期——张元和、傅汉思纪念特刊，2004年7月15日。

附　　录

一　耶鲁大学藏傅汉思原始档案

附图 1　傅汉思任耶鲁大学副教授时存档的证件照

附图 2　傅汉思从耶鲁大学荣休时存档的照片

FRANKEL OBIT

A memorial service will be held on Saturday, Sept. 27, for renowned Chinese literature scholar Hans Frankel, who died on Aug. 26 after a long illness. He was 86 and lived in North Haven, Connecticut.

The service will begin at 2 p.m. in Dwight Chapel, 67 High St. A reception will follow in the second-floor common room of Luce Hall, 34 Hillhouse Ave.

Professor Frankel had taught in the Department of East Asian Languages and Literatures at Yale for 26 years. He was widely known for his scholarship on Chinese culture, literature (particularly poetry) and language. His publications ranged from translations of ancient Chinese poems to books on calligraphy, and his translation of the anonymous Chinese poem "Mulan" (5th or 6th century A.D.) was used as the official translation in the 1998 Disney animated film of the same name that tells the story of a Chinese girl who disguises herself as a man to serve in the army in her father's place.

"Professor Frankel was no doubt a pioneering figure in the field of Chinese literature in this country," says Kang-I Sun Chang, professor of Chinese literature and director of graduate studies in East Asian languages and literatures at Yale. "What makes his scholarship remarkable is that it combines pertinent Western literary theories (e.g. New Criticism) with solid sinological research. His sensitivity to literature was great, and he expressed this well. His book 'The Flowering Plum and the Palace Lady: Interpretation of Chinese Poetry' has become a canon in the field. I have continued to use the book in many of the courses I am teaching at Yale."

Among Professor Frankel's other publications are "Biographies of Meng Hao-jan," "Catalogue of Translations from the Chinese Dynastic Histories for the Period 220-960" and, most recently, "Two Chinese Treatises on Calligraphy," which he translated and annotated with his wife, Chang Ch'ung-ho Frankel. The couple also collaborated on the article "Poems about the Flowering Plum," which appeared in the 1985 Yale University Art Gallery exhibition catalog "Bones of Jade, Soul of Ice: The Flowering Plum in Chinese Art." Professor Frankel provided the translations and annotations for the work, while his wife contributed the calligraphy. Professor Frankel also published numerous other articles and book reviews.

Born in Berlin, Germany, in 1916, Hans Frankel emigrated with his family to California in 1935. He earned an undergraduate degree in classics from Stanford University in 1937, a master's degree in Spanish from the University of California at Berkeley in 1938 and

附图 3 《耶鲁公告牌和行事历》上发布的傅汉思讣告 – 1

continued there to obtain a Ph.D. in romance literature in 1942. During World War II, Professor Frankel worked for the Office of War Information and, later, the Office of Strategic Services. After the war, he taught western languages at National Peking University in China, where he met and married his wife.

Professor Frankel returned to Berkeley in 1949, working as both a research historian and lecturer in history. He became assistant professor of Chinese at Stanford University in 1959. He joined the Yale faculty in 1961 and taught at the University until his retirement in 1987. He also held visiting professorships at Hamburg, Bonn and Munich universities in Germany and at Columbia University.

At Yale, Professor Frankel was known for his generosity and collegiality. David Knechtges, a former colleague who is now professor of Chinese literature at the University of Washington, says of the Yale scholar, "When I began my teaching career at Yale in 1968, Hans Frankel unselfishly took the time from his busy schedule to advise me on all manner of matters, including scholarship, teaching and the intricate workings of the Yale bureaucracy. He was a mentor long before the mentor system was formally institutionalized in American academic institutions. Even after I left Yale, Hans continued to counsel me from afar, and I have benefited over the years from his sage advice."

Noted historian of China Jonathan Spence, Sterling Professor of History and a former student of Professor Frankel, noted, "It was Professor Frankel who first introduced me to classical Chinese poetry in the original 41 years ago. He was a splendid teacher, deeply immersed in Chinese traditional scholarship, but also with an astonishing grasp of Western literature."

The Yale scholar was honored with a number of awards during his career, including grants from the American Council of Learned Societies and the National Endowment for the Humanities and a Guggenheim Fellowship for study in Taiwan and Japan. He was a Fulbright Lecturer at Munich University in 1980.

In addition to his wife, Professor Frankel is survived by a daughter, Emma Frankel of Evanston, Illinois; a son, Ian H. H. Frankel of Madison, Connecticut; and three grandsons, Max and Will Metzler of Evanston and Ian H. H. Frankel Jr. of Madison.

In lieu of flowers, contributions in Professor Frankel's memory may be made to Recording for the Blind & Dyslexic, Attn.: Ann Fortunato, 209 Orange St., New Haven, CT 06510.

附图 4　《耶鲁公告牌和行事历》上发布的傅汉思讣告 - 2

1982

Curriculum vitae of Hans Hermann Frankel

PRESENT POSITION (since 1967)
Professor of Chinese Literature, Yale University.

PERSONAL
Born Berlin, Germany, December 19, 1916.
Emigrated to United States, 1935.
Naturalized U.S. citizen, November 18, 1942.
Married Chang Ch'ung-ho in Peking, November 19, 1948.
Children: Ian (born September 25, 1957) and Emma (born July 24, 1959).
Home address: 87 Ridgewood Ave., Hamden, CT 06517.
Office address: Department of East Asian Languages and Literatures, 309 Hall of Graduate Studies, P. O. Box 1504A Yale Station, New Haven, CT 06520.
Home telephone: (203) 288-0708; office telephone: (203) 432-4206.

EDUCATION
Gymnasium, Göttingen, Germany, 1926-35.
Stanford University, 1935-37.
University of California, Berkeley, 1937-42, 1945-47.

DEGREES
A.B. in Classics, Stanford University, 1937.
M.A. in Spanish, University of California, Berkeley, 1938.
Ph.D. in Romance Literature, University of California, Berkeley, 1942.
M.A.h., Yale University, 1967.

MILITARY SERVICE
Volunteer Port Security Force, U.S. Coast Guard Reserve, San Francisco, CA, June 8-September 23, 1944; rank: Seaman First Class; Serial Number: 6161-711.

PAST POSITIONS
Teaching Assistant in Spanish, University of California, Berkeley, 1938-42.
Broadcast Monitor and Translator, Federal Communications Commission, San Francisco, CA, 1942-44.
Field Representative, Office of War Information, San Francisco, CA, and New York, NY, 1944-45.
Biographical Analyst, Office of Strategic Services, Washington, DC, 1945.
Lecturer in Spanish, University of California, Berkeley, 1945-47.
Associate Professor of Western Languages, National Peking University, 1947-48.
General Assistant, East Asiatic Library, University of California, Berkeley, 1949-51.
Lecturer in Oriental Languages, University of California, Berkeley, 1950-51.
Junior Research Historian, Institute of East Asiatic Studies, University of California, Berkeley, 1951-54; Assistant Research Historian, 1954-58; Associate Research Historian, 1958-59.
Lecturer in History, University of California, Berkeley, 1957-59.
Assistant Professor of Chinese, Stanford University, 1959-61.

- 1 -

附图5 1982年版傅汉思简历－1

Associate Professor of Chinese Literature, Yale University, 1961-67.
Visiting Professor of Sinology, Hamburg University, 1964.
Visiting Professor of Chinese, Columbia University, 1966-67.
Visiting Professor of Sinology, Bonn University, 1974.
Visiting Professor of Sinology, Munich University, 1980 and 1981.

SCHOLARSHIPS, FELLOWSHIPS, GRANTS
Chinese Cultural Scholarship, University of California, Berkeley, 1946-47.
Guggenheim Fellowship, 1965-66. (Studied in Nankang, Taiwan, and Kyoto, Japan.)
American Council of Learned Societies Grant, 1976.
National Endowment for the Humanities Grant, 1977.
Fulbright Lecturer, 1980. (Taught Chinese Literature at Munich University.)

附图6 1982年版傅汉思简历－2

二　加州大学伯克利分校藏傅汉思原始文献

Figurative Language in the Serious Poetry of Quevedo:

A Contribution to the Study of Conceptismo

By

Hans Hermann Fränkel

A.B. (Stanford University) 1937

M.A. (University of California) 1938

DISSERTATION

Submitted in partial satisfaction of the requirements for

the degree of

DOCTOR OF PHILOSOPHY

in

Romance Literature

in the

GRADUATE DIVISION

of the

UNIVERSITY OF CALIFORNIA

附图 7　傅汉思博士学位论文《克维多严肃诗歌中的喻像语言：对概念主义研究的贡献》封面

三 纽约“海外昆曲社”前社长陈安娜藏傅汉思相关原始文献

《水》复刊第 24 期 —— 张元和 傅汉思 纪念特刊 出刊日期：2004 年 7 月 15 日

傅汉思个人简历
Curriculum Vitae of Hans Hermann Frankel

张充和 整理

Personal
Born Berlin, Germany, December 19, 1916.
Immigrated to United States, 1935.
Naturalized U.S. Citizen, November 18, 1942.
Married Chang Ch'ung-ho in Peking, November 19, 1948.
Children: Ian (born September 25, 1957) and Emma (born July 24, 1959).
Home address: 87 Ridgewood Ave., North Haven, CT 06473-4441 USA
Home telephone: (203) 288-0708

Education
Gymnasium, Gottingen, Germany, 1926 – 1935.
Stanford University, California, USA, 1935 – 1937.
University of California, Berkeley, California, USA, 1937 – 1942, 1945 – 1947.

Degrees
A. B. in Classics, Stanford University, California, USA, 1937.
M. A. in Spanish, University of California, Berkeley, USA, 1938.
Ph. D. in Romance Literature, University of California, Berkeley, California, USA, 1942.
M. A. in Yale University, CT, USA, 1967.

Military Service
Volunteer Port Security Force, U.S. Coast Guard Reserve, San Francisco, CA, June 8 – September 23, 1944; rank: Seaman First Class; Serial No.: 6161-711.

Positions
Teaching Assistant in Spanish, University of California, Berkeley, CA, USA, 1938 – 1942.
Civilian war work for U. S. Government, 1942 – 1945.
Lecturer in Spanish, University of California, Berkeley, CA, USA, 1945 – 1947.
Associate Professor of Western Languages, National Peking University, China, 1947 – 1948.
General Assistant, East Asiatic Library, University of California, Berkeley, CA, USA 1949 – 1951.
Lecturer in Oriental Languages, University of California, Berkeley, CA, USA, 1950 – 1951.
Junior Research Historian, Institute of East Asiatic Studies, University of California, Berkeley, CA, USA, 1951 – 1954; Assistant Research Historian, 1954 – 1958; Associate Research Historian, 1958 – 1959.
Lecturer in History, University of California, Berkeley, CA, USA, 1957 – 1959.
Assistant Professor of Chinese, Stanford University, CA, USA, 1959 – 1961.
Associate Professor of Chinese Literature, Yale University, CT, USA, 1961 – 1967.
Professor of Chinese Literature, Yale University, CT, USA, 1967 – 1987.
Professor of Chinese Literature Emeritus, Yale University, CT, USA since 1987.
Visiting Professor of Sinology, Hamburg University, Germany, 1964.
Visiting Professor of Chinese, Columbia University, NY, USA, 1966 – 1967.
Visiting Professor of Sinology, Bonn University, Germany, 1974.
Visiting Professor of Sinology, Munich University, Germany, 1980 and 1981.
Visiting Lecturer, Tianjin Foreign Languages Institute, Tianjin, China, 1983.
Visiting Professor of Sinology, Marburg University, Germany, 1989

充和注：汉思退休以后，尽义务为盲人录音多年。读希腊、拉丁、西班牙、葡萄牙、意大利、法、德等语言文学书，直至有病翻书不便才停，但亦常在电话中回答书中有关语言文学问题。

附图 8 由张充和整理的傅汉思简历

出刊日期：2004 年 7 月 15 日　《水》复刊第 24 期 —— 张元和　傅汉思 纪念特刊

傅汉思著作简表
Publications of Hans H. Frankel

张充和 整理

A. Books 所著书籍

1. *Biographies of Meng Hao–Jan,* Chinese Dynastic Histories Translations, No. 1, Berkeley & Los Angeles: University of California Press, 1952, 25 pp.
2. *Catalogue of Translations from the Chinese Dynastic Histories for the Period 220-960.* Chinese Dynastic Translations Supplement No. 1, Berkeley & Los Angeles: University of California Press, 1957, 295 pp.
3. *The Flowering Plum and the Palace Lady: Interpretations of Chinese Poetry.* New Haven: Yale University Press, 1976, 276 pp.
4. Two Chinese Treatise on Calligraphy Introduced, Translated and Annotate by Chang Ch'ung-ho and Hans H. Frankel, Yale Press, 1955.
5. *Peach Blossom Fish*, Selected Poems Composed and Calligraphy by Chang Ch'ung-ho, Translated by Hans H. Frankel, Crab Quill Press, 1999.

B. Book Sections 书籍章节

1. "China bis 960." In *Propylaen–Weltgeschichte*, vol. 6, ed. Gold Mann and August Nitschke. Berlin: Ullstein, 1964, pp.189-263.
2. "Classical Chinese." In *Versification: Major Language Types*, ed. William K. Wimsatt. Modern Language Association, New York University Press, 1972, pp. 22-37.
3. Contributions to *Sunflower Splendor*, ed. Wu-chi Liu and Irving Yucheng Lo, Indiana Univ. Press & Anchor Press / Doubleday, 1975: translation of two anonymous poems, "Mulberry by the Path" and "They Fought South of the Walls," pp. 34-36; translation of two poems by Ts'ao Chih, "Ballad of the Orioles in the Fields," p.46, and "A Song of Lament," pp. 48-49; background note on Ts'ao Chih, pp. 539-541.
4. "Poems about the Flowering Plum." In *Bones of Jade, Soul of Ice: The Flowering Plum in Chinese Art*. New Haven: Yale University Art Gallery, 1985, pp. 151-191.
5. Contributions to *The Indiana Companion to Traditional Chinese Literature*, ed. William H. Nienhauser, Jr., Bloomington: Indiana University Press, 1986: articles on Ts'ai Yen, pp. 786-787, and Ts'ao Chih, pp. 790-791.

C. Articles 论文

1. "The Plum Tree in Chinese Poetry." *Asiatische Studien/Etudes Asiatiques*, 6 (1952), pp. 88-115.
2. "*Quevedo's Letrilla,* Flor que cantes, flor que vuelas…" *Romance Philology*, 6 (1953), pp. 259-264.
3. "The Date and Authorship of the *Lung-ch'eng lu*." *Silver Jubilee Volume of the Zinbun-Kagaku-Kenkyusyo, Kyoto University* (1954), pp. 129-149.
4. "The 'I' in Chinese Lyric Poetry." *Oriens*, 10 (1957), pp. 128-130.
5. "Poetry and Painting: Chinese and Western Views of Their Convertibility." *Comparative Literature*, 9 (1957), pp. 289-307.
6. "Objektivitat und Parteilichkeit in der offiziellen chinesischen Gechichtsschreibung vom 3. bis 11. Jahrhundert." *Oriens Extremus*, 5 (1958), pp. 133-144.

附图 9　由张充和整理的傅汉思著作简表 - 1

7. "The K'ung Family of Shan-yin." *Tsing Hua Journal of Chinese Studies*, New Series, 2 (1961), pp. 291-319.
8. "T'ang Literati: A Composite Biography." In *Confucian Personalities*, ed. Arthur F. Wright and Denis Twitchett, Stanford University Press, 1962, pp.65-83. (Reprinted in *Confucianism and Chinese Civilization*, ed. Arthur F. Wright, New York: Atheneum, 1964, pp. 103-121.)
9. "Poets Biographies in Provencal and Chinese." *Romance Philology*, 16 (1963), pp. 387-401.
10. "Fifteen Poems by Ts'ao Chih: An Attempt at a New Approach." *Journal of the American Oriental Society*, 84 (1964), pp. 1-14.
11. "The Chinese Novel: A Confrontation of Critical Approaches to Chinese and Western Novel." In *Literature East & West*, 8 (1964), pp. 2-5.
12. "'The Abduction', 'The War' and 'The Desperate Husband': Three Early Chinese Ballads." *Ventures*, 5 (1965), pp. 6-14.
13. "The Formulaic Language of the Chinese Ballad 'Southeast Fly the Peacocks'." *Bulletin of the Institute of History and Philology, Academia Sinica (Taipei)*, vol. 39, part 2 (1969), pp. 219-244.
14. "The Contemplation of the Past in T'ang Poetry." In *Perspectives on the T'ang*, ed. Arthur F. Wright and Denis Twitchett, New Haven: Yale University Press, 1973, pp. 345-365.
15. "Yueh-fu Poetry." In *Studies in Chinese Literary Genres*, ed. Cyril Birch Berkeley: University of California Press, 1974, pp. 69-107.
16. "The Chinese Ballad 'Southeast Fly the Peacocks'." *Harvard Journal of Asiatic Studies*, 34 (1974), pp. 248-271.
17. "Some Characteristics of Oral Narrative Poetry in China." In *Etudes d'Histoire de Litterature chinoises offertes au Professeur Jaroslav Prusek*, ed. Yves Hervouet. Paris: Bibliotheque de l'Institut des Hautes Etudes chinoises, 1976, pp. 97-106.
18. "Six Dynasties *yueh-fu* and Their Singers." *Journal of the Chinese Language Teachers Association*, 13 (1978), pp. 189-196.
19. "Oral and Performing Aspects of Chinese *yueh-fu* Poetry." In *Proceedings of the 30th International Congress of Human Sciences in Asia and North Africa*. Mexico City: El Colegio de Mexico, 1981. (Spanish version: "Aspectos orales y de ejecucion de la poesia china de *yueh-fu*". In *Actas del trigesimo congreso internacional de ciencias humanas en Asia y Africa del Norte*. Ciudad de Mexico: El Colegio de Mexico, 1981.)
20. "The Problem of Authenticity in the Works of Ts'ao Chih." In *Essays in Commemoration of the Golden Jubilee of the Fung Ping Shan Library* (1932-1982). Chief Editor: Chan Ping-leung. Hong Kong: Fung Ping Shan Library, Hong Kong University, 1982, pp. 183-210.
21. "Cai Yan and the Poems Attributed to Her." In *Chinese Literature: Essays, Article, Reviews*, 5 (1983), pp. 133-156.
22. "English Translations of Classical Chinese Poetry since the 1950s: Problems and Achievements." *Tamkang Review*, 15 (1984-1985), pp. 307-328.
23. "The Relation between Narrator and Characters in *yuefu* Ballads." *CHINOPERL Papers*, No. 13, (1984-1985), pp. 107-127.
24. "The Development of Han and Wei *yueh-fu* as a High Literary Genre." In *The Vitality of the Lyric Voice*, ed. Shuen-fu Lin and Stephen Owen, Princeton: Princeton University Press, 1986, pp. 255-286.

附图10 由张充和整理的傅汉思著作简表－2

25. "The Problem of the Authenticity of the Eleven *Tsz* Attributed to Li Bo." In *Proceedings of the Second International Conference on Sinology, Academia Sinica*, Taipei, 1989, pp. 319-334.
26. "The Pioneering Work of Joseph de Premare on Chinese Language and Literature." In *Proceeding of the 33rd International Congress of Asian and North African Studies (in press)*.

D. Book Reviews 书评

1. E. von Zach, *Han Yu's Poetische Werke. Far Eastern Quarterly.* 12 (1953), pp. 212-214.
2. E. von Zach, *Tu Fu's Gedichte. Far Eastern Quarterly*, 13 (1953), pp. 83-85.
3. Reischauer, *Ennin's Travels in T'ang China and Ennin's Diary. American Historical Review*, 61 (1956), pp. 403-404.
4. Carter, *The Invention of Printing in China and Its Spread Westward. Far Eastern Quarterly*, 15 (1956), pp. 284-286.
5. Lanciotti and Tsui (Trans.), Shen-Fu, *Sei racconti di vita irreale. Far Eastern Quarterly*, 15 (1956), pp. 286-287.
6. *Oriens Extremus*, vol. 1, No. 1, *Oriens*, 9 (1956), pp. 317-318.
7. Waley, *Yuan Mei, Journal of the American Oriental Society*, 77 (1957), pp. 241-243.
8. *Indiana University Conference on Oriental-Western Literary Relations* (1955). *Comparative Literature*, 10 (1958), pp. 164-166.
9. Moule, *The Rulers of China 221 B.C. –A.D. 1949, Chronological Tables, Journal of Asian Studies*, 18 (1958), pp. 121-122.
10. E. von Zach, *Die chinesische Anthologie, Journal of Asian Studies*, 18 (1959), pp. 496-497.
11. Chang and Walmsley, *Poems by Wang Wei, Journal of the American Oriental Society*, 80 (1960), pp. 174-176.
12. Liu, *The Art of Chinese Poetry, Harvard Journal of Asiatic Studies*, 24 (1962-1963), pp. 260-270.
13. Debon, *Ts'ang-lang's Gesprache uber die Dichtung, Deutsche Literaturzeitung*, 85 (1964), pp. 420-422.
14. Jao, *Tz'u-tsi k'ao, Oriens*, 20 (1967), pp. 324.
15. Kent, *Worlds of Dust and Jade, Journal of the American Oriental Society*, 90 (1970), pp. 610-615.
16. Chow, *Wen-lin, Journal of Asian History*, 4 (1970), pp. 190-191.
17. Hightower, *The Poetry of T'ao Ch'ien, Harvard Journal of Asiatic Studies*, 31 (1971), pp. 313-319.
18. Eberhard, *Studies in Chinese Folklore and Related Essays, Journal of Asian Studies*, 31 (1972), pp. 387-388.
19. Birch, *Anthology of Chinese Literature*, vol. 2, *Journal of Asian Studies*, 32 (1973), pp. 510-511.
20. Vogel, *Onos lyras. Romance Philology*, 29 (1975), pp. 117-118.
21. *Transition and Permanence: Festschrift in Honor of Dr. Hsiao Kung-ch'uan*, ed. Buxbaum and Mote. *Journal of the American Oriental Society*, 96(1976), pp. 337-339.
22. Kubin, *Das lyrische Werk des Tu Mu (803-852), Journal of the American Oriental Society*, 99 (1979), pp. 448-489.
23. Leung, *Hsu Wei as Drama Critic. CHINOPERL Papers*, No. 15 (1990), p. 115.

附图 11　由张充和整理的傅汉思著作简表 - 3

出刊日期：2004 年 7 月 15 日 《水》复刊第 24 期 —— 张元和 傅汉思 纪念特刊

Knechtges 教授在傅汉思追思仪式上的悼词

David R. Knechtges
Professor, University of Washington

Hans Frankel Memorial
New Haven, Connecticut
September 27, 2003

I had the pleasure of first meeting Hans Frankel in November of 1967. At that time I was still a graduate student at the University of Washington. Two months earlier Hans had contacted me about a position in Chinese literature at Yale. I sent Hans a curriculum vitae and several chapters of my dissertation. Figuring that Yale would not be interested in hiring this country lad from Montana, I did not expect to hear from him again. Then, in early November, I received a telephone call from Hans. I even remember that the telephone connection was so poor Hans' voice was barely audible. Hans informed me that he was on his way to Stanford, but planned to stop in Seattle on the way and wanted to meet me. I met him at the airport and took him to his hotel. We sat and chatted in his room for about an hour. The conversation was purely on scholarly matters, and I was quite surprised that Hans spent most of the time asking *my* advice about the interpretation of literary works that he certainly knew better than I. I thought to myself, what a wonderful scholar and teacher he is, and I felt that it was a great privilege simply to meet him. I had no idea that I had a chance of being his colleague. Just as I was about to leave, Hans laconically said to me: "By the way, Yale wants to make you an offer." This remark completely took me by surprise, but as I reflect on this incident, I think it shows the kind of person Hans was. He was a scholar and intellectual above all else, and it was ideas and scholarship that were of paramount importance in his life. Thus, even though his purpose in coming to see me was to offer me a job, he was more interested in engaging in scholarly conversation than the banal task of what is now called "faculty recruitment".

This does not mean that Hans did not take a personal interest in me. Quite to the contrary, from the time that I began making plans to go to Yale until this year, Hans was always there to provide sage advice. In preparing this tribute, I took out the file of letters I received from Hans - almost an inch thick - and I was reminded of all of the generous help that Hans provided me over the years. There was one of the first letters I received from him in which he set out my teaching schedule. In those days it was six courses per year, even for senior professors like Hans. Hans also personally placed an order for my textbooks (there is one letter in which he mentions that he has written to a Hong Kong publisher to inquire if the texts I wanted to use are still available), arranged a place for me to stay until I could find permanent housing, and even offer advice on how I might conduct my courses. I found another letter in which Hans tried to dissuade me from translating the entire *Wen Xuan*. This was just after the publication of Volume One. This is what he said in part: " But you and I know that many great scholars, writers, and artists, honorable men and women, throughout history have found it necessary or wise to change and curtail their projects, and nobody thinks less of them for that reason." I regret that this was one piece of advice from Hans that I have not followed. The most recent letter I received from Hans was a handwritten note that he sent to me in the fall of last year. He had learned that I was visiting Yale to give a talk. He said that his poor health did not permit him to attend the lecture, but he would appreciate it very much if I would come to see him. I had the privilege of seeing him twice last year, and on both occasions I found him to be just as intellectually stimulating as he had been when he was physically more vigorous.

I should say some words about Hans as a scholar:

附图 12　康达维在傅汉思追思仪式上的悼文 - 1

Hans Frankel began his Sinological research as an historian. From 1951-1959 he held the title of resident historian in Chinese history at the University of California at Berkeley, where he served as editor of the Chinese Dynastic Histories Translations project. Hans himself produced two volumes for this project. One of these is the extremely useful bibliography of translations of middle period dynastic histories that he published in1957. It is a veritable treasure trove of bibliography, and includes references to obscure European language translations that only someone with Frankel's linguistic gifts could have uncovered.

Hans actually did the first book published in the series. This is his translation of the two biographies of the famous Tang poet Meng Haoran, which appeared first in l952, and then was reprinted with revisions in 1961. This is a small volume, but it is a model of the high quality Sinological work that Hans Frankel demonstrated in his first publications in the China field. The translation itself consists of a mere three pages, but the annotations extend for ten additional pages. And these annotations are hardly superfluous scholarly trivia, but contain much valuable and, for the time, new information: a correction of the Meng Haoran's birth date, which most reference works of the time recorded incorrectly; the significance of Meng's personal name Haoran, and how it was favored by men of the Meng surname; and a long note showing that the famous story of Emperor Taizong discovering Meng Haoran hiding under a bed in the apartment of Wang Wei is fictional. This gentle questioning of conventional authority was a quality that I most admire about Hans, and throughout his entire career, he produced a number of studies in which he cast doubt on traditional attributions of famous Chinese writings. I will say more about this in a moment.

Hans did not confine his study of Chinese history to translation. He was among the first scholars in the West to examine the assumptions that lay behind the compilation of traditional Chinese historical works. Perhaps his most important work is the long article he wrote in German (published in 1958) entitled "Objectivity and Partiality in Official Chinese Historical Writing from the Third to the Eleventh Century". In this study Hans examines the biases and distortions that abound in the histories compiled under the sponsorship of the Chinese imperial court.

Hans also turned his attention to the conventions of Chinese biographical writing. In an article first presented for the fifth symposium on Chinese thought organized in l960 by the distinguished Yale historian of Chinese history, Arthur Wright, Hans examines the biographies of 101 Tang dynasty literati to determine what features, including rhetorical tropes, these biographies share in common. I was quite impressed with one piece of personal information that Hans revealed in this study. In his discussion of the *Wunderkind* phenomenon that is often recounted in literati biographies, Hans inserts a short note about his own son Ian, reporting proudly that he was able to recognize more than 1,500 Chinese characters before reaching the age of four (335, n. 51)!

As much as Hans enjoyed working in Chinese history, his first love was Chinese literature, especially poetry. When I wrote an account of Hans for the special issue of *T'ang Studies* that Steve Owen and I edited in1997, I said the following: "Hans was virtually self-taught in the field of Chinese literature. When he first began his study of Chinese literature, there were few models in the West that he could follow. Drawing upon his vast knowledge of Western literature, Hans was able to introduce approaches to the study of Chinese literature that were new to the field of Sinology. I think it would be fair to say that Hans Frankel was the first western scholar to do purely literary studies of Chinese literature. Rather than using literature to study biography, thought, society, etc., Hans was primarily concerned with literature as art."

Throughout his career as a scholar, Hans devoted himself assiduously to the question of what makes Chinese poetry work as poetry. He also was a pioneer in the study of images in

附图 13 康达维在傅汉思追思仪式上的悼文 - 2

Chinese poetry. I believe his first publication on Chinese poetry is a long article on one of the most pervasive images of Chinese poetry, and painting for that matter, the plum tree. Hans also was one of the few scholars who have looked closely at the technical features of classical Chinese poetry. His short article in a volume on versification edited by the famous Yale English scholar W. K. Wimsatt is the clearest presentation of the intricate rules of the Tang regulated poem that I know of. In his inimitable fashion, Hans takes a subject that most scholars have overcomplicated and provides a simple and convincing analysis of the basic prosodic rules of classical Chinese verse.

Although Hans was not a strong proponent of contemporary literary theory, there lies behind his work on Chinese poetry a clear set of theoretical assumptions. The best example of Hans' application of theory to Chinese poetry is his seminal article on the poet Cao Zhi. The title of this article is "Fifteen Poems by Ts'ao Chih: An Attempt at a New Approach". The new approach that Hans Frankel took was that of the New Criticism. Hans was the first scholar in the China field to apply the methods of New Criticism to Chinese poetry. Hans argues in this study that the reading of poems as biography leads inevitably to a circularity of argument. As Hans puts it, "first a poem is dated on the basis of 'feelings expressed' in it; then the same poem is used to show how the poet felt at the time when he is supposed to have written the poem." I was just beginning my studies of classical Chinese poetry when I first encountered this article, and it was one of the few English language studies of Chinese literature, along with those of James Robert Hightower of Harvard, that I took as a model for my own work. I am sure that during my days as a graduate student I read this article at least a dozen times.

In my 1997 article about Hans Frankel, I said the following about his method of analyzing a poem: "If the principal of Ockham's razor is valid in literary study, the one who has most successfully applied it to Chinese literature is Hans Frankel. Although his studies have numerous theoretical implications, Hans was more content to demonstrate the validity of an interpretation not by means of a convoluted set of arguments, but through a simple, almost common sense reading of the text. Frankel invariably opted for the simple and obvious over the complicated and abstruse. I remember sitting in on Hans' courses at Yale in the late 1960s. Among the students were Stephen Owen, Francis Westbrook and Lois Fusek, who were all acute readers of Chinese poetry. Although we all offered our sometimes outlandish interpretations, Hans would always bring us back down to earth by pointing out features that should have been obvious, but often escaped our attention."

I mentioned earlier that one of Hans' great strengths as a scholar was his gentle questioning of received opinion. Among his most important works are his studies of authenticity, notably his long article on the authenticity of certain works attributed to Cao Zhi, the poems that circulate under the name of the late Han poet Cai Yan, and the song verse that has been credited to the Tang poet Li Bo. Again, I have been greatly inspired by Hans' questioning spirit. He did not do this out of any iconoclastic impulse, but simply to determine what we can credibly believe about the traditional attributions of certain famous works.

One of the qualities that I have most admired about Hans Frankel is his utter unpretentiousness. Donald Holzman notes in his tribute to Hans that Hans comes from a highly distinguished intellectual family. However, despite Hans' considerable expertise in European languages and literatures, he never flaunted his learning, and introduced parallels and analogies from the European tradition only when they were appropriate and useful in elucidating some aspect of Chinese literature. A model of this kind of scholarship is an article he wrote comparing poets biographies in Chinese and Provencal. Perhaps the best of Hans' comparative studies were his works on the *yuefu*. Here he broke new ground by introducing comparisons with balladry and oral-formulaic composition in Europe. Recently, Hans' work in this area has

附图 14 康达维在傅汉思追思仪式上的悼文 - 3

come under attack, and when I mentioned this to him this past year, he simply smiled and said that he was no longer able to engage in scholarly debates.

In addition to being a consummate scholar, Hans Frankel was an exemplary husband and father. During my tenure at Yale, I had the opportunity to visit his home on numerous occasions, and it was clear to me from the start that Ch'ung-ho has played a vital role in Hans' life. She has helped him with the reading of difficult passages of Chinese, and her elegant calligraphy has graced many of his publications. She has also played an important role in hosting the many distinguished scholars who visited their home over the years. I especially remember one occasion when Jao Tsung-i and the great Chinese linguist Li Fang-kuei were among the guests. We were treated to a demonstration of the calligraphic skills of Ch'ung-ho, Professors Li, and Jao, each of whom took turns writing a passage of classical Chinese. Another traditional Chinese art that I enjoyed at the Frankel house was superb Chinese cooking. At that time, I had not eaten high quality Chinese food, and it was from these meals prepared by Ch'ung-ho that I developed my obsession with Chinese cuisine and culinary history.

What most impressed me from my visits with Hans and Ch'ung-ho was the evidence of utter dedication and affection that this wonderful couple shared for each other. Theirs was truly a complementary relationship. Hans was as much a supporter of Ch'ung-ho in her artistic and musical interests as she was of his scholarly career. It will be difficult to think of Ch'ung-ho without Hans, for they were indeed an inseparable unit.

I would like to conclude my tribute by quoting from a grave memorial inscription written at the end of the Han dynasty by a writer named Cai Yong. Cai Yong was the father of Cai Yan, whose works Hans translated and studied in one of his most important articles. Cai Yong composed the following words in praise of a great scholar who died in 169. I am sure Hans knew this work well, and if he were present, I hope he would be pleased to hear me intone these words as a final tribute to a great scholar, teacher, and *junzi par excellence*:

崇壮幽浚，
如山如渊。
礼乐是悦，
诗书是敦。
匪惟摭华，
乃寻厥根。
宫墙重仞，
允得其门。
懿乎其纯，
确乎其操。

He was lofty and firm, deep and profound,
Like a tall mountain, like a deep pool.
The rites and music - these he enjoyed;
Poetry and history - these he esteemed.
Not only did he pluck the blossoms,
He also sought the roots.
Although the Master's wall was many staves high,
He truly was able to find the gate.
Refined indeed was his purity!
Solid indeed was his character!

附图 15　康达维在傅汉思追思仪式上的悼文 - 4

出刊日期：2004 年 7 月 15 日 《水》复刊第 24 期 —— 张元和 傅汉思 纪念特刊

Spence 教授在傅汉思追思仪式上的悼词

Jonathan Spence

Professor, Yale University
September 26, 2003

In Memory for Hans Frankel

On an early summer day, some months ago, I happened to have an hour or so alone with Hans at his home. He was sitting very straight, and quite still, firmly in his own space, and I was not sure that I should say anything. Hans had a gentle but clear way of letting you know when he felt you were saying something banal just to fill in the time. But some thread led us to the topic of translation, and that in turn prompted me to ask Hans about his early education in Germany. At once his eyes grew animated, and he started to tell me about the rhythms of his school days, the fact that his was a Lutheran school and his family's reasons for enrolling him there, the characters and competence of his teachers, the range of friends he had among the students, and whether there were girls there. I raised some of the parallels and differences between his experiences and mine in the various English boarding schools I had attended, and that led me to ask him if there had been bullying or beatings in his school. My schools clearly had had far more of both, and I mentioned the role of one or two army veterans, who were particularly tough with us. Hans grew quiet again, and said one experience I had been spared had been that of coming to school in good spirits on a perfectly ordinary day, only to find that your favorite teacher was no longer there. The teacher had been dismissed, with no advance notice, because someone from the town had told the authorities that the teacher had an ancestor who was Jewish.

A few months later, Hans was in the hospital, and things were not going well. Talking tired him, and he was silent or dozing much of the time. Something prompted me to remember his remarks about his Lutheran schooling, and I mentioned to him that I was currently totally absorbed in a newly published book titled *God's Secretaries*. It told the story of how around twenty British clerics and scholars of religion, early in the seventeenth century, jointly were able to created the greatest prose work in the English language, the King James Bible. Once again, Hans' eyes shone, and he began to ask me a whole series of probing questions about the Vulgate, the Septuagint, the use of Tyndale's once banned versions, and the impact of Luther's brilliant German vernacular translation on the British scholars. Most of these questions I simply could not answer, although I was the one who was reading the book.

It was forty-one years ago that I took my first (and only) course with Professor Frankel. He and Ch'ung-ho had just come to Yale from California, and I was a neophyte student of Chinese history, working mainly with Arthur and Mary Wright. My Chinese language abilities could be described, at the most charitable, as "basic", and I had only the barest inkling of what "classical" Chinese was all about. But Professor Frankel treated me with a combination of gravity and courtesy, and welcomed me to his poetry seminar. I believe it was the first time he had taught it at Yale, and our group was small.

附图 16　史景迁在傅汉思追思仪式上的悼文 - 1

I was able to cope with the course only because Professor Frankel usually assigned us just one short poem for each class, and then took us through it in careful detail. He always asked us to write out the poems for ourselves in Chinese, and to memorize them, before we came to class. I am almost totally sure that for the first class he assigned us one of the poems from Wang Wei's cycle of twenty on his garden; across the years I have remembered a wooded landscape, evening sun, and the sound of voices although no one was to be seen. In Burton Watson' translation - I have long since forgotten my own faltering attempts! - it runs as follows:

(Deep Fence)
Empty hills, no one in sight,
Only the sound of someone talking;
Late sunlight enters the deep wood,
Shining over the green moss again.

Fragmentary images from one of the other poems we looked at together in that class also stayed with me across forty-one years: a royal poet, lost love and lost lands, a staircase, a woman holding her shoes. The poem itself left me spellbound. Here is Stephen Owen's fine rendering, from his Norton anthology (p.568, Li Yu 937-978, "Pu-sa man"):

The flowers are bright, the moon is dark,
　　veiled beneath light fog:
Tonight would be the perfect time
　　to go and see her love.
She treads the stairs in stocking feet,
Holding in hand
　　slippers with golden threads.

To the south of the painted hall they meet,
She trembles a moment in his arms.
"It's so hard to get out now --
Let's grab all the pleasure we can."

Some years after the course was over, when I had finished my thesis and begun to teach the history of modern China, I chatted to Professor Frankel about the course, saying how much I had learned from it. He smiled, and asked what I had **not** learned. I remember replying: "There is one thing, Professor Frankel: I still have no idea what a BAD Chinese poem is like. You only gave us beautiful ones." He smiled again, and said that someday I would find out. I fear that I still don't really know. But what I do know, and cherish, is the fact that Hans could take a complete duffer into his class, and treat him as welcome presence. And that he could take a truly beautiful poem and, instead of shrouding it in obscurity, make it shine all the more brightly.

附图17　史景迁在傅汉思追思仪式上的悼文 - 2

出刊日期：2004 年 7 月 15 日　　《水》复刊第 24 期 —— 张元和 傅汉思 纪念特刊

Owen 教授在傅汉思追思仪式上的悼词

Stephen Owen

Professor, Harvard University
September 26, 2003

In Memory for Hans Frankel

By this stage in my career I think I have seen a fairly wide range of relationships between students and their advisors: there is the devoted disciple; there is the antagonist, for whom the contrary opinion always seems more persuasive; there is the pragmatic navigator who simply wants to get to the other side of the ocean of graduate study as undisturbed by the rough weather of ideas as possible; there is the student who comes in with his or her intellectual project already firmly fixed, learning little from the advisor and requiring on the advisor's formal assent. When I try to locate my own relationship with Hans Frankel in this bestiary of advisees, I think I was the "slow burn"; that is, the advisor says something wise; the student says "Let me think about that"; then thirty years later the student says: "Yes, you're right."

I had planned to dedicate my most recent book to Hans and still will. It was the slow-ripening fruit of his teaching, as I came back to the materials he taught so well and realizing how much my own understanding of Chinese poetry was indebted to him.

Hans had many students, and I think I can speak for them as well. We were all deeply attached to this wise, witty, and gentle man, though in different ways. I knew Hans since I was 19, and in many ways I always reverted to the 19-years-old whenever I was around him, with all the brashness, awkwardness, and shyness of an undergraduate. Hans never ceased to be kind and attentive and he was always patient. From undergraduate I became his graduate student and then for almost ten years his junior colleague. We would often go to lunch, talk about poetry and courses, and in all those years – at least since graduate school – he rarely missed an opportunity to tell me I should get more exercise, He was a mentor, a friend, and a bit of the Vater of Doktorvater.

Hans represented an era that is now past. He was one of the youngest of European émigré scholars who came from Europe after the Second World War – though Hans came by way of China and had his advanced training here. I think everyone recognizes the importance of those émigré scholars in transforming and shaping the intellectual world of the American humanities during this past half century. Hans' voice was a significant part of the strange intellectual "contact zone" that is Chinese literary studies in this country, where Chinese scholarly traditions, American literary studies, and traditions of European humanism rub against each other and find new accommodation. Within himself Hans was such a contact zone: with Ch'ung-ho by his side, he was deeply committed to Chinese scholarly tradition; he had more than a little of American intellectual skepticism; and he was always aware of his European humanistic roots. He was the German whose professional training was in Romance languages and literatures, who move over to Chinese, and taught most of his life in an English-speaking country.

Different cultures met in peculiar way in his classes. There were always moments of cultural difference that needed explaining, sometimes involving fine points of American culture rather than China. Hans had an inordinate love of bad puns. The American students would duly moan and groan loudly, saying things like: "That is awful!" At one point I could see that he was

附图 18　宇文所安在傅汉思追思仪式上的悼文 - 1

《水》复刊第 24 期 —— 张元和 傅汉思 纪念特刊　　出刊日期：2004 年 7 月 15 日

troubled by this and a bit discouraged, and he confided to me: no one likes my puns. I had to explain to him that if the students really didn't like the puns, there would be polite silence; groaning was the proper expression of appreciation, and that supreme appreciation was an "Oh No!" or "That's terrible!" Hans seemed to like the perverse logic of this custom and punned away as ever.

As a person the European and Chinese sides went deep: the scholar and the human being were not so clearly split into a "professional" public role and private life as they now often are. When I think back on the years I was with Hans, I recall many cases of patience and wise scholarly advice – but most vividly I recall an occasion when I had to take my toddler son to a seminar in *sanqu*, the rowdy urban song lyrics of the thirteenth and fourteenth century. My son disrupted the class not at all. We recited our texts while Hans held my son's toy rubber duck, and squeaked at regular intervals to keep my son amused. Occasionally he would look up, correct a translation, deliver some comments, and then return to the rubber duck.

In many ways this was part of the lesson, though it was a lesson given through the teacher's nature rather than through premeditation. What, after all, was *sanqu* – those song lyrics we were reading – but a moment when the playful, the irreverent, and the very human broke through routing forms, not destroying them, but somehow putting them in their place, reminding us that there was something outside? The very texts we were so seriously and anxiously reading in a graduate seminar contained in themselves the laughter of the rubber duck – though as very serious graduate students we couldn't quite see it then. We knew on some level, however, that our teacher was playful, witty, and frequently irreverent.

In Hans the human being and the scholar were an integral whole. When English and German ballads came up in his teaching and his work, it was not "comparative literature" as a purpose and an academic discipline; they came up because he knew them well and loved them too, in addition to Chinese *yuefu*. This is, of course, how comparative literature began, as a consequence of wide-ranging learning rather than as a goal to which learning is directed. Diverse areas of learning were combined in the person, and the person was far broader and more complicated than simply his learning.

Hans loved his Schiller; and it may be appropriated to echo Schiller in saying that such a version of scholarship and the scholar as human being can fully appear as a value only when it has passed from us. It reminds us of values at once very close to our hearts and somehow utterly out of our reach.

Hans represents a lost era and values we still hold deeply, but somehow, in our world can no longer attain to. To say he "represents" that era and those values is not quite right, because those values were inseparable form the particular person, so that the loss of the particular someone is the loss of the whole.

When I last saw Hans last spring – the first time I had seen him in many years – the topic somehow turned to cooking, and I mentioned that I was a good cook. Hans piped up from the other side of the room that in all these years I had never cooked form him. This was Hans' mischievous form of reproach – and a just one, especially since I had eaten so many of Ch'ung-ho's fine dinners. I can never cook for him now. This is one of the burdens of being human and mortality – once death intervenes, one can never pay back all the kindnesses one has received. The balance sheet of gift and debt is forever out of order.

The best we can do is to remember the debt, to hold in mind those virtues of gentleness, mischief, and wisdom; and although we cannot retrieve either the person or the singular past that shaped him, we can pass his kind lesson on as best we can in our own way.

附图 19　宇文所安在傅汉思追思仪式上的悼文 – 2

《水》复刊第24期 —— 张元和 傅汉思 纪念特刊 出刊日期：2004年7月15日

傅以元在傅汉思追思仪式上的悼词

Ian Frankel

First, I would like to thank everyone for coming to my father's memorial service.

Most of you know my dad from Yale or the academic world. His accomplishments in his filed are well known and highly thought of. I like to spend a couple of minutes talking about some sides of my dad that many not be as well known.

My father was rather adventurous. When I was six or seven, he took our family in a 1961 Ford Falcon across the country for my grandparents' golden wedding anniversary. We camped in a tent, cooked over open fires, and slept in sleeping bags, and got bitten by insects.

When I was nine, he took us around the world for a year. One of the things I remember from this trip was that he was able to talk with people in their native languages wherever we were. I remember being very impressed by that.

汉思摄于1993年

One leg of that trip involved a cruise from Taiwan to Kobe, Japan. There was a scheduled lifeboat drill for all the passengers and crew on the second day. The seas were rather rough. Besides the crew, my dad and I were the only ones to show up. Everyone else was seasick. Later on, he and my mom traveled extensively. They went camel riding in Morocco, boating on the Yellow River in China, touring the Australian outback, and hydro foiling in Macao. Those were just some of the neat things they did together.

My dad was also a health and fitness nut back before it was fashionable. He used to ride his black three-speed Raleigh bike with an orange flag to and from Yale. Rain or shine, summer or winter, day or night. He swam regularly and won an award in his age group in a time/distance endurance charity swim. When he was seventy-five, he swam so far out to sea in Hawaii that we lost sight of him. He came back to shore ten or fifteen minutes later wondering why we were even worried.

Throughout my youth I have watched him eat things that were supposed to be healthy for him that looked more suitable for forest animals. Many of these seeds and nuts are mainstream now.

My dad was a music lover. Beethoven, Mozart and Bach were his favorites, maybe Beethoven above all. He knew volumes about the composer's lives and time, how they influenced each other as well as the music itself. He introduced me to classical music when I was very young and he taught me so much about it. He played the organ when he was a youth and played the piano, very well, the rest of his life. He also played some percussion instruments and sang a bit of K'un Ch'u with my mother, during practices.

Most importantly, my dad was a great parent to my sister Emma and I, and also a great husband for my mother. An example of his caring was when I was a teenager. He asked me into his study, closed the door, and talked with me about what I wanted to do when I finally grow up. I had a few ideas that seemed good at the time. He talked about the pros and cons and what I liked and disliked to do. He suggested that since I liked traveling, and my favorite part of traveling was almost always the plane ride, that maybe I would like to become a pilot. I said that I'd like to try. Unknown to me, he had already arranged a flying lesson for me the next day. When I came back from the airport the next day, I told him that this was it - I now know my future career! I am thankful for this guidance every day. My dad was my first passenger when I received my first license. Now that was adventurous and brave of him!

My father never, ever, raised his voice to get a point across. He always led by example. He always had time for us. He was the most unselfish, loving person I knew.

I will always miss him.

Thank you.

附图20 傅汉思养子傅以元在傅汉思追思仪式上的悼文

四 华盛顿大学荣休教授康达维藏傅汉思相关原始文献

Donald Holzman Frankel Tribute*

Before I give my tribute, I would like to read a short tribute to Hans that I received from Professor Donald Holzman, one of Hans' old friends. Professor Holzman has a Yale connection going back to his undergraduate days. He also received his Ph. D. from Yale in 1953. Holzman then went to France where he had a distinguished career in Sinology.

I first met Hans in the sixties in Paris. I made an appointment to meet him in a Chinese restaurant in the Latin Quarter that was famous for its *jiaozi* and arrived very early to be sure I got there before he did. As it turned out he was two hours late—I had eaten my fill of *jiaozi* by that time and the cook in the kitchen had turned off his stove so we had to look elsewhere to get Hans something to eat. We found a brasserie that was still serving and I apologized to Hans because it didn't look very promising, cuisine-wise. He told me he didn't care what he ate. At the time I didn't think that was a good sign. It was only quite a few years later, when I ate at his house that I understood what he probably meant: Ch'ung-ho was such a good cook that he must have given up long ago expecting to find anything to eat in a restaurant (albeit in Paris) that could compare with what he ate at home!

I early on knew that Hans was a careful, modest, and very accurate scholar, that I could count on him for telling the truth about the subject he discussed without embellishing it. But I came to know him only little by little throughout the long years that we saw each other from time to time, in Europe or in America. He was not only a first-rate Sinologue, but an extraordinary connoisseur of all the Romance languages. His French was impeccable, if a bit old-fashioned. Believe it or not, French seems to change even faster than English, not only in vocabulary, but also in pronunciation and even a bit in grammar, and Hans's French was the French of twenty or thirty years ago when I presume he learned it, which made it

* 侯思孟为傅汉思撰写的悼文，由康达维代为宣读。

sound even more elegant than if it had been "up to date." He came from an extraordinary family of intellectuals who had spread throughout the world after the Nazis came to power in Germany. Every time a far-flung place came into the conversation, Hans would mention that, for example, one of his uncles was the chief conductor of the Icelandic Symphony Orchestra, and another the founder of the Melbourne medical school. Those are the only two I can remember now, but it was his great uncle (I believe) who founded the Reuters news agency and another uncle was a leading Latinist in England, as his own father was a foremost Hellenist in the United States. But for all that, Hans was always modest, hard working and a faithful friend whom I remember with pleasure and affection.

参考文献

一　原始档案

1. 耶鲁大学馆藏傅汉思原始档案

Box：1，Folder：34，Biographical Information on Yale University Affiliated Individuals（RU 237）. Manuscripts and Archives，Yale University Library，https://archives. yale. edu/repositories/12/archival_ objects/895565.

Box：27，Folder：1154，Office of Public Affairs，Yale University，Photographs of Individuals（RU 686）. Manuscripts and Archives，Yale University Library，https://archives. yale. edu/repositories/12/archival_ objects/1052304.

Box：4，Art and Architecture of China Slide Collection，Arts Library，Yale University，https://archives. yale. edu/repositories/5/archival_ objects/2505060.

Box：5，Folder：75，Office of Public Affairs，Yale University，Photographs of Individuals（RU 686）. Manuscripts and Archives，Yale University Library，https://archives. yale. edu/repositories/12/archival_ objects/1055917.

2. 加州大学伯克利分校藏傅汉思原始文献

Hans H. Frankel，"Figurative Language in the Serious Poetry of Quevedo a Contribution to the Study of Conceptismo"，Thesis（Ph. D. in Romance Literature）—University of California，Berkeley，Oct. 1942.，1966. Print.

Yakov Malkiel Papers，1882 – 1998，bulk 1942 – 1992，BANC MSS 91/13 z Box：18，folder：10，correspondence Frankel，Hans H.（Hans Hermann），1916 – 1952 – 1989，n. d.，http：//www. oac. cdlib. org/findaid/ark：/13030/hb6n39p03t/dsc/? query = Hans% 20Frankel；dsc. position = 1#hitNum1.

Woodbridge Bingham Papers，1876 – 1986，BANC MSS 87/114 cz Box 26，folder 24 correspondence Frankel，Hans H.（Hans Hermann），1916 – 1949 –

1970， http：//www. oac. cdlib. org/findaid/ark：/13030/tf3k40034v/dsc/?query = %22Frankel,%20Hans%20H. %22；dsc. position = 1#hitNum1.

3. 纽约“海外昆曲社”前社长陈安娜收藏的傅汉思相关原始文献

昆曲译介：《思凡》《游园》《扫花》唱词，《中国古典舞》讲稿。

纪念悼文：康达维、史景迁、宇文所安、傅以元，《水》复刊第24期——张元和傅汉思 纪念特刊，2004年7月15日。

4. 华盛顿大学荣休教授康达维收藏的傅汉思相关原始文献

纪念悼文：

侯思孟为傅汉思撰写的悼文（Donald Holzman Frankel Tribute）

傅汉思父亲赫尔曼·费迪南德·弗兰克尔的讣告［Memorial Resolution：Hermann Ferdinand Fränkel（1888 –1977）］

康达维未公开发表作品：

《中国文学研究：工作和技法》讲座回顾（“The Study of Chinese Literature Tasks and Techniques” Redux）[①]

《欧洲和北美的中国中古文学研究》（Study of Medieval Chinese Literature in Europe and North America）

二 傅汉思著述

（一）译作类

1.《孟浩然传》

Hans Hermann Frankel, *Biographies of Meng Hao-jan*, Chinese Dynastic Histories Translations No. 1, Berkeley: University of California Press, 1952.（Reprinted by University of California Press in 1961）.

2.《葵晔集》中的《陌上桑》《战城南》《野田黄雀行》《怨歌行》

Hans Hermann Frankel, Contributions to *Sunflower Splendor*: *Three Thousand Years of Chinese Poetry*, ed. Wu-chi Liu and Irving Yucheng Lo, Garden City: Anchor Press / Doubleday, 1975: translations of two anonymous poems, “Mulberry by the Path” and “They Fought South of the Walls”, pp. 34 –36; translations of two poems by Ts'ao Chih, “Ballads of the Orioles in the Fields”, p. 46 and “A Song of Lament”, pp. 48 –49; background note on

① 此文是康达维对海陶玮1959年4月在法国高等科学研究所所做同名讲座的复盘。

Ts'ao Chih. (Reprinted by 台湾：成文出版有限公司 in 1975, 1976 and Bloomington: Indiana University Press in 1990).

3.《20 世纪 20 年代至 60 年代昆曲演唱实践》

Chu'ung-ho Chang Frankel, "The Practice of K'ūn-ch'ǚ Singing from the 1920's to the 1960's", *Journal of Chinese Oral and Performing Literature*, Vol. 6, 1976.

4.《梅花与宫闱佳丽：中国诗选译随谈》(兼有译作和著作性质)

Hans Hermann Frankel, *The Flowering Plum and the Palace Lady: Interpretations of Chinese Poetry*, New Haven and London: Yale University Press, 1976. (Reprinted by Yale University Press in 1978).

中译本：傅汉思：《梅花与宫闱佳丽：中国诗选译随谈》，王蓓译，生活·读书·新知三联书店 2010 年版。

5.《玉骨冰魂》梅花诗

Hans Hermann Frankel, "Poems about the Flowering Plum", in *Bones of Jade, Soul of Ice: The Flowering Plum in Chinese Art*, ed. Maggie Bickford, Woodstock: Arthur Schwartz Sales Co., 1984, (Reprinted by New Haven: Yale Art Gallery in 1985).

6.《诫兄子严敦书》

Hans Hermann Frankel, "Ma Yuan- Letters to His Nephews Ma Yan and Ma Dun", *Renditions*, No. 41&42, 1994.

7.《桃花鱼》

Chang Ch'ung-ho, *Peach Blossom Fish: Selected Poems Composed & Calligraphed by Chang Ch'ung-ho*, translated by Hans Hermann Frankel, Ian Boyden, and Edward Morris, Walla Walla: Crab Quill Press, 1999.

8.《书谱两种》

Ch'ung-ho Chang and Hans Hermann Frankel, *Two Chinese Treatises on Calligraphy*, New Haven and London: Yale University Press, 1999. (Reprinted by Yale University Press in 2009, 2017).

9.《汉魏六朝乐府传统的遗产及其在唐朝的进一步发展》

Kang-i Sun Chang and Hans Hermann Frankel, "The Legacy of the Han, Wei and Six Dynasties Yueh-fu Tradition and Its Further Development in T'ang Poetry", in *The Vitality of the Lyric Voice*, ed. Shuen-fu Lin and Stephen Owen,

Princeton: Princeton University Press, 1986. (Reprinted by Princeton University Press in 2014).

10.《思凡》《游园》《扫花》

"Suū fán—A Buddhist Nun Longing for the World", "Translation of Arias in 'A Stroll in the Garden' by T'ang Hsien-tsu", "Sweeping Flowers".

（二）著作类

1.《中古史译文目录（220—960）》

Hans Hermann Frankel, *Catalogue of Translations from the Chinese Dynastic Histories for the Period 220 – 960*, Chinese Dynastic Histories Translations, Supplement No. 1, Berkeley: University of California Press, 1957.

2.《古汉语：注释与案例》

Hans Hermann Frankel, *Classical Chinese Particles: notes and examples*, New Haven and London: Yale University Press, 19??.

（三）论文类

1. 博士学位论文《克维多严肃诗歌中的喻像语言：对概念主义研究的贡献》

Hans Hermann Frankel, "Figurative Language in the Serious Poetry of Quevedo: A Contribution to the Study of Conceptismo", University of California, Berkeley, 1942.

2.《中国诗歌中的梅树》

Hans Hermann Frankel, "The Plum Tree in Chinese Poetry", *Asiatische Studien*, 6 (1952).

3.《克维多的迭句短诗"你唱的花，你飞的花"……》

Hans Hermann Frankel, "Quevedo's Letrilla, 'Flor que cantas, flor que vuelas...'", *Romance Philology*, 6 (1953).

4.《〈龙城录〉的写作时间和作者身份》

Hans Hermann Frankel, "The Date and Authorship of the Lung-ch'eng lu", Silver Jubilee Volume of the Zinbun-Kagaku-Kenkyusyo, Kyoto University, 1954.

5.《中国诗歌中的"我"》

Hans Hermann Frankel, "The 'I' in Chinese Lyric Poetry", *Oriens*, 10 (1957).

6.《中国和西方有关诗画转换的观点》

Hans Hermann Frankel, "Poetry and Painting: Chinese and Western Views of

Their Convertibility", *Comparative Literature*, 9 (1957).

中译本：傅汉思撰：《中国和西方有关诗画转换的观点》，麦静虹、黄虹译，范景中、曹意强编《美术史与观念史》，南京师范大学出版社 2007 年版。

7. ［德］《中国官方历史中的客观性与偏向性》

Hans Hermann Frankel, "Objektivitat und Parteilichkeit in der offiziellen chinesischen Geschichtschreibung vom 3. bis 11. Jahrhundert", *Oriens Extremus*, 5 (1958).

8. 《山阴孔氏》

Hans Hermann Frankel, "The K'ung Family of Shan-yin", *Tsing Hua Journal of Chinese Studies*, New Series, 2 (1961).

9. 《唐代文人：一部综合传记》

Hans Hermann Frankel, "T'ang Literati: A Composite Biography", in *Confucian Personalities*. ed. Arthur F. Wright and Denis Twitchett, Redwood: Stanford University Press, 1962. (Reprinted in *Confucianism and Chinese Civilization*. ed. Arthur F. Wright, New York: Atheneum, 1964.)

10. 《普罗旺斯语和汉语诗人传记》

Hans Hermann Frankel, "Poets' Biographies in Provencal and Chinese", *Romance Philology*, 16 (1963).

11. 《直至 960 年的中国》（德语）

Hans Hermann Frankel, "China bis 960", in *Propylaen-Weltgeschichte*, Vol. 6, ed. Golo Mann and August Nitschke, Berlin: Ullstein, 1964.

12. 《曹植诗 15 首：一种新方法的尝试》

Hans Hermann Frankel, "Fifteen Poems by Ts'ao Chih: An Attempt at a New Approach", *Journal of the American Oriental Society*, 84 (1964).

13. 《中国小说——中国和西方小说批评方法的对峙》

Hans Hermann Frankel, "The Chinese Novel—A Confrontation of Critical Approaches to Chinese and Western Novel", *Literature East and West*, Ⅷ (1), 1964.

14. 《〈平陵东〉〈战城南〉〈东门行〉：三首早期中国民谣》

Hans Hermann Frankel, " 'The Abduction', 'The War', and 'The Desperate Husband': Three Early Chinese Ballads", *Ventures*, 5 (1965).

15. 《中国民谣〈孔雀东南飞〉中的程式化语言》

Hans Hermann Frankel, "The Formulaic Language of the Chinese Ballad 'Southeast Fly the Peacocks'", *Bulletin of the Institute of History and Philology*, Vol. 39, part 2 (1969).

16. 《中国古诗的诗律》

Hans Hermann Frankel, "Classic Chinese", in *Versification: Major Language Types*, ed. William K. Wimsatt, Modern Language Association, New York: New York University Press, 1972.

17. 《唐诗中对过去的思索》

Hans Hermann Frankel, "The Contemplation of the Past in T'ang Poetry", Conference on T'ang Studies, Cambridge University, 1973.

18. 《乐府诗》

Hans Hermann Frankel, "Yueh-fu Poetry", in *Studies in Chinese Literary Genres*, ed. Cyril Birch, Berkeley: University of California Press, 1974.

中译本：傅汉思：《汉代无名氏歌谣》，程健译，周发祥编《中外比较文学译文集》，中国文联出版公司1988年版。（节译）

19. 《中国民谣〈孔雀东南飞〉》

Hans Hermann Frankel, "The Chinese Ballad 'Southeast Fly the Peacocks'", *Harvard Journal of Asiatic Studies*, 34 (1974).

20. 《中国口头叙事诗的特征》

Hans Hermann Frankel, "Some Characteristics of Oral Narrative Poetry in China", in *Etudes d'Histoire et de Litterature chinoises offertes au Professeur Jaroslav Prusek*, ed. Yves Hervouet, Paris: Bibliotheque de l'Institut des Hautes Etudes chinoises, 1976.

21. 《六朝乐府与歌者》

Hans Hermann Frankel, "Six Dynasties yueh-fu and Their Singers", *Journal of the Chinese Language Teachers Association*, 13 (1978).

22. 《中国乐府诗的口头和表演成分》

Hans Hermann Frankel, "Oral and Performing Aspects of Chinese yueh-fu Poetry", in *Proceedings of the 30th International Congress of Human Sciences in Asia and North Africa*, Mexico City: Colegio de Mexico, 1981. (Spanish version: "Aspectos orales y de ejecucion de la poesia china de yueh-fu." in Actas del trigesimo congreso internacional de ciencias humanas en Asia y Africa del Norte, Mexico City: Colegio de Mexico, 1981.)

23.《曹植作品的真伪性问题》

Hans Hermann Frankel, "The Problem of Authenticity in the Works of Ts'ao Chih", in *Essays in Commemoration of the Golden Jubilee of the Fung Ping Shan Library* (1932 – 1982), Hong Kong: Fung Ping Shan Library, 1982.

24.《蔡琰和所谓由她创作的诗歌》

Hans Hermann Frankel, "Cai Yan and the Poems Attributed to Her", *Chinese Literature: Essays, Articles, Reviews* (*CLEAR*), Vol. 5, No. 1/2, 1983.

25.《乐府诗中叙述者和角色之间的关系》

Hans Hermann Frankel, "The Relation between Narrator and Characters in Yue-fu Ballads", *CHIOPERL Papers*, (13) 1984 – 85.

26.《自 20 世纪 50 年代以来中国古诗的英译：问题与成就》

Hans Hermann Frankel, "English Translations of Classical Chinese Poetry since the 1950's: Problems and Achievements", *Tamkang Review*, Vol. XV, No. 1 – 4, 1985.

27.《汉魏乐府作为一种首要文学体裁的发展》

Hans Hermann Frankel, "The Development of Han and Wei Yueh-fu as a High Literary Genre", in *The Vitality of the Lyric Voice*, ed. Shuen-fu Lin and Stephen Owen, Princeton: Princeton University Press, 1986. (Reprinted by Princeton University Press in 2014)

28.《李白 11 首词的真伪问题》

Hans Hermann Frankel, "The Problem of the Authenticity of the Eleven Tse Attributed to Li Po", in *Proceedings of the Second International Conference on Sinology*, Taipei: Academia Sinica, 1989.

29.《中国中世纪诗歌中的女性》

Hans Hermann Frankel, "La mujer en la poesía china antigua y medieval", *Estudios de Asia y Africa*, Vol. 27, No. 1 (87), 1992.

30.《马若瑟在中国语言和文学领域的开拓性工作》

Hans Hermann Frankel, "The Pioneering Work of Joseph de Premare on Chinese Language and Literature", in *Contacts Between Vultures—East Asia: History and Social Sciences* Volume 4, ed. Bernard Hung-Kay Luk, Lewiston, Oueenston, Lampeter: The Edwin Mellen Press, 1992.

（四）书评类

1. ［德］赞克《韩愈诗集》

James Robert Hightower ed. , *Han Yü's poetische Werke*, übersetzt von Erwin von Zach, Cambridge: Harvard University Press, 1952.

Review by Hans Hermann Frankel, *The Far Eastern Quarterly*, Vol. 12, No. 2 (Feb. , 1953).

2. ［德］赞克《杜甫的诗》

James Robert Hightower ed. , *Tu Fu's Gedichte*, übersetzt von Erwin von Zach, Cambridge: Harvard University Press, 1952.

Review by Hans Hermann Frankel, *The Far Eastern Quarterly*, Vol. 13, No. 1 (Nov. , 1953).

3. 奥斯卡·本尔、沃尔夫冈·弗兰克、沃尔特·富克斯主编《远东国家语言、艺术和文化杂志》

Oscar Benl, Wolfgang Franke, Walter Fuchs eds. , *Oriens Extremus*, Zeitschrift für Sprache, Kunst und Kultur der Länder des Fernen Ostens, Seminar für Sprache und Kultur Chinas, Bornplatz I – 3, Hamburg I3, Germany.

Review by Hans Hermann Frankel, *Oriens*, Vol. 9, No. 2 (Dec. 31, 1956).

4. 赖世和著作《圆仁唐代中国之旅》，译作《圆仁日记：入唐求法巡礼行记》

Edwin O. Reischauer, *Ennin's Travels in T'ang China*, New York: Ronald Press Company, 1955.

Edwin O. Reischauer trans. , *Ennin's Dairy: The Record of A Pilgrimage to China in Search of the Law*, New York: Ronald Press Company, 1955.

Review by Hans Hermann Frankel, *The American Historical Review*, Vol. 61, No. 2 (Jan. , 1956).

5. ［意］兰乔第、崔道录译《浮生六记》

Lionello Lanciotti e Tsui Tao-lu, *Sei racconti di vita irreale*, Rome: Gherardo Casini, 1955.

Review by Hans Hermann Frankel, *The Far Eastern Quarterly*, Vol. 15, No. 2 (Feb. , 1956).

6. 卡特《中国印刷术的发明和它的西传》

Thomas Francis Carter, revised by L. Carrington Goodrich, *The Invention of Printing in China and Its Spread Westward*, New York: Ronald Press, 2nd ed. , 1955.

Review by Hans Hermann Frankel, *The Far Eastern Quarterly*, Vol. 15, No. 2 (Feb. , 1956) .

7. 韦利《18 世纪中国诗人袁枚》

Arthur Waley, *Yuan Mei: Eighteenth Century Chinese Poet*, London: George Allen and Unwin Ltd. , 1956.

Review by Hans Hermann Frankel, *Journal of the American Oriental Society*, Vol. 77, No. 3 (Jul. -Sep. , 1957) .

8. 霍斯特·弗伦茨、安德森主编《印第安纳大学东西方文学关系会议》论文集

Horst Frenz and G. L. Anderson ed. , *Indiana University Conference on Oriental-Western Literary Relations*, Chapel Hill: University of North Carolina Press, 1955.

Review by Hans Hermann Frankel, *Comparative Literature*, Vol. 10, No. 2 (Spring, 1958) .

9. 穆尔《中国的统治者：公元前 221 年至公元 1949 年》

The Rulers of China 221 *B. C.* - *A. D.* 1949, Chronological Tables. Comp. by A. C. Moule. With an Introductory Section on the Earlier Rulers c. 2100 - 249 B. C. by W. Perceval Yetts. London: Routledge and Kegan Paul; New York: Frederick A. Praeger, 1957.

Review by Hans Hermann Frankel, *The Journal of Asian Studies*, Volume 18, Issue 1, November 1958.

10. ［德］赞克《中国文选：〈文选〉译本》

Ilse Martin Fang ed. , *Die chinesische Anthologie: Übersetzungen aus dem Wen hsüan von Erwin von Zach* (1872 - 1942), Cambridge: Harvard University Press, 1958.

Review by Hans Hermann Frankel, *Oriens Extremus*, Vol. 5, No. 2 (Dezember 1958) .

11. 张音南、黄思礼《王维的诗》

Chang Yin-nan and Lewis C. Walmsley trans. , *Poems by Wang Wei*, Rutland, Vermont and Tokyo: Charles E. Tuttle Company, 1958.

Review by Hans Hermann Frankel, *Journal of the American Oriental Society*,

Vol. 80, No. 2 (Apr. – Jun., 1960).

12. 刘若愚《中国诗艺》

James J. Y. Liu, *The Art of Chinese Poetry*, Chicago: University of Chicago Press, 1962.

Review by Hans Hermann Frankel, *Harvard Journal of Asiatic Studies*, Vol. 24 (1962 – 1963).

13. 饶宗颐《词籍考》

Jao Tsung-i, *Tz'u-tsi k'ao*, *Examinations of Documents Relating to tz'u*, Part One: Collected Works of Separate Authors from T'ang to Yüan, Hong Kong: Hong Kong University Press, 1963.

Review by Hans Hermann Frankel, *Oriens*, Vol. 20 (1967).

14. 艾伯华《中国民间故事研究和相关论文》

Wolfram Eberhard, *Studies in Chinese Folklore and Related Essays*, Bloomington: Indiana University Research Center for the Language Sciences, 1970.

Review by Hans Hermann Frankel, *The Journal of Asian Studies*, Volume 31, Issue 2, February 1972.

15. 周策纵主编《文林：中国人文研究》

Chow Tse-tsung ed., *Wen-lin*, *Studies in the Chinese Humanities*, Madison, Milwaukee, London: University of Wisconsin Press, 1968.

Review by Hans Hermann Frankel, *Journal of Asian History*, Vol. 4, No. 2 (1970).

16. 乔治·肯特《尘与玉：三世纪中国诗人曹植的47首诗和乐府》

George W. Kent trans., *Worlds of Dust and Jade*: *47 Poems and Ballads of the Third Century Chinese Poet Ts'ao Chih*, New York: Philosophical Library, 1969.

Review by Hans Hermann Frankel, *Journal of the American Oriental Society*, Vol. 90, No. 4 (Oct. – Dec., 1970).

17. 海陶玮《陶潜的诗》

James Robert Hightower, *The Poetry of T'ao Ch'ien*, Oxford: Clarendon Press, 1970.

Review by Hans Hermann Frankel, *Harvard Journal of Asiatic Studies*, Vol. 31 (1971).

18. 白芝《中国文学选集》(第二卷)

Cyril Birch ed., *Anthology of Chinese Literature*, Vol. 2, *From the 14th Century to the Present Day*, New York: Grove Press, Inc., 1972.

Review by Hans Hermann Frankel, *The Journal of Asian Studies*, Volume 32, Issue 3, May 1973.

19. 马丁·沃格尔《天琴座:有竖琴的驴》

Martin Vogel, *Onos lyras*, *Der Esel mit der Leier*, Orpheus-Schriftenreihe zu Grundfragen der Musik, XIII – XIV, Düsseldorf: Verlag der Gesellschaft zur Förderung der systematischen Musikwissenschaft, 1973. 2 vols.

Review by Hans Hermann Frankel, *Romance Philology*, Aug. 1, 1975 (1).

20. 大卫·巴克斯鲍姆、牟复礼主编《过渡与永恒:中国历史和文化,纪念萧公权博士文集》

David C. Buxbaum and Frederick W. Mote ed., *Transition and Permanence: Chinese History and Culture*, *A Festschrift in Honor of Dr. Hsiao Kung-chu'üan*, Hong Kong: Cathay Press, 1972.

Review by Hans Hermann Frankel, *Journal of the American Oriental Society*, Vol. 96, No. 2 (Apr. – Jun., 1976).

21. [德] 顾彬《论杜牧的抒情诗》

Wolfgang Kubin, *Das lyrische Werk des Tu Mu* (803 – 852): *Versuch einer Deutung*, Wiesbaden: Otto Harrassowitz, 1976.

Review by Hans Hermann Frankel, *Journal of the American Oriental Society*, Vol. 99, No. 3 (Jul. – Sep., 1979).

22. 华兹生《哥伦比亚中国诗选:自早期至13世纪》

Burton Waston trans. and ed., *The Columbia Book of Chinese Poetry*: *From Early Times to the Thirteenth Century*, New York: Columbia University Press, 1984.

Review by Hans Hermann Frankel, *Harvard Journal of Asiatic Studies*, Vol. 46, No. 1 (Jun., 1986).

(五) 散文杂文类

1. 傅汉思:《我和沈从文初次相识》,张充和译,《海内外》1980年第28期。

2. 傅汉思:《沈从文在美国的演讲与文化活动》,张充和译,巴金、黄永玉等编《长河不尽流：怀念沈从文先生》，湖南文艺出版社 1989 年版。

3. 傅汉思：《张充和在北美大学里演唱昆曲（1953—1979）》，张允和译，王道：《一生充和》，生活·新知·读书三联书店 2017 年版。

4. 《中国古典舞》

Hans Hermann Frankel, "Chinese Classical Dance" (Introductory remark by Mr. Hans Frankel with Demonstration by Mrs. Frankel), Lecture Series, Spring 1957, Chinese House Association, Berkeley 4, California, April 17, 1957.

5. 《昆曲》

Hans Hermann Frankel, "The Kunqu Theater", Kunqu Society, https://www.kunqusociety.org/blog-musings/historyofkunqu.

（六）序言类

1. 康达维《汉赋：杨雄赋研究》

Hans Hermann Frankel, Foreword to David R. Knechtges, *The Han Rhapsody: A Study of the Fu of Yang Hsiung*, Cambridge: Cambridge University Press, 1976.

2. 安妮·白丽儿《汉代中国的民歌和乐府》

Hans Hermann Frankel, Foreword to Anne Birrell, *Popular Songs and Ballads of Han China*, London: Routledge, 1988. (Reprinted by Honolulu: University of Hawii Press in 1993 and 2018)

（七）词条类

蔡琰，曹植

Hans Hermann Frankel, Contributions to the *Indiana Companion to Traditional Chinese Literature*, ed. William H. Nienhauser, Jr., Bloomington: Indiana University Press, 1986, articles on Ts'ai Yen, and Ts'ao Chih.

三 中文参考文献

1. 著作

巴金、黄永玉等：《长河不尽流：怀念沈从文先生》，湖南文艺出版社 1989 年版。

白谦慎编：《张充和诗文集》，生活·读书·新知三联书店 2016 年版。

北京大学中国文学史教研室选注：《魏晋南北朝文学史参考资料》（下册），中华书局 2012 年版。

毕嘉珍:《墨梅:一种文人画题材的形成》,陆敏珍译,江苏人民出版社 2012 年版。
毕嘉珍:《文人墨梅》,孙红译,中国美术学院出版社 2010 年版。
曹顺庆:《中西比较诗学(修订版)》,中国人民大学出版社 2010 年版。
陈琳:《欣顿与山水诗的生态话语性》,浙江大学出版社 2020 年版。
辜正坤:《中西诗比较鉴赏与翻译理论》,清华大学出版社 2003 年版。
顾钧:《20 世纪中国古代文化经典在美国的传播编年》,大象出版社 2017 年版。
顾钧:《美国第一批留学生在北京》,大象出版社 2015 年版。
顾钧:《美国汉学纵横谈》,华东师范大学出版社 2016 年版。
顾伟列:《20 世纪中国古代文学国外传播与研究》,华东师范大学出版社 2011 年版。
何晓木:《人间清音:张充和的百年人生》,浙江大学出版社 2020 年版。
何远秀:《英汉常用修辞格对比研究》,西南交通大学出版社 2011 年版。
黄福海:《木兰辞》,上海人民美术出版社 2010 年版。
黄怀军、赵炎秋:《比较文学教程》,湖南师范大学出版社 2018 年版。
季进编注:《夏志清夏济安书信集(卷三:1955—1959)》(简体字版),香港中文大学出版社 2016 年版。
贾晓英、李正栓:《乐府诗英译研究》,上海交通大学出版社 2019 年版。
江岚:《唐诗西传史论——以唐诗在英美的传播为中心》,学苑出版社 2009 年版。
金安平:《合肥四姐妹》,郑至慧译,台湾:时报文化出版社 2005 年版。
李国南:《英汉修辞格对比研究》,福建人民出版社 1999 年版。
乐黛云、陈钰选编:《北美中国古典文学研究名家十年文选(1985—1995)》,江苏人民出版社 1995 年版。
李正栓:《乐府诗选》,湖南人民出版社 2013 年版。
林嘉新:《华兹生英译汉诗的世界文学特性研究》,科学出版社 2022 年版。
柳光辽编:《教授·学者·诗人:柳无忌》,社会科学文献出版社 2004 年版。
吕叔湘:《中诗英译比录》,中华书局 2002 年版。
马祖毅、任荣珍:《汉籍外译史》,湖北教育出版社 1997 年版。
沈从文:《沈从文全集》,北岳文艺出版社 2002 年版。

苏炜:《天涯晚笛:听张充和讲故事》,广西师范大学出版社 2013 年版。
孙康宜:《耶鲁诗人贺兰德》,《细读的乐趣》,译林出版社 2019 年版。
汪榕培:《汉魏六朝诗三百首》,湖南人民出版社 1998 年版。
王道编:《似水华年:〈水〉与一个家族的精神传奇》,新星出版社 2016 年版。
王道:《流动的斯文——合肥张家记事》,浙江大学出版社 2014 年版。
王道:《一生充和》,生活·读书·新知三联书店 2017 年版。
王道:《笙歌扶梦:张充和散记》,浙江大学出版社 2020 年版。
王力:《汉语诗律学》,中华书局 2015 年版。
王佐良:《论诗的翻译》,江西教育出版社 1992 年版。
魏家海:《宇文所安唐诗翻译研究》,武汉大学出版社 2019 年版。
魏家海:《汉诗英译的比较诗学研究》,中国社会科学出版社 2017 年版。
翁显良:《古诗英译》,北京出版社 1985 年版。
吴友富主编:《外语与文化研究》(第二辑),上海外语教育出版社 2002 年版。
香港中文大学中国古典文学翻译委员会:《英美学人论中国古典文学》,香港中文大学出版社 1973 年版。
萧纲著,肖占鹏、董志广校注:《梁简文帝集校注(一)》,南开大学出版社 2015 年版。
熊文华:《美国汉学史》,学苑出版社 2015 年版。
徐志啸:《北美学者中国古代诗学研究》,上海古籍出版社 2011 年版。
许渊冲英译,杨昕中文注释:《汉英对照元曲三百首》,中国对外翻译出版公司 2009 年版。
许渊冲:《翻译的艺术》,五洲传播出版社 2006 年版。
许渊冲:《宋词三百首》,中国对外翻译出版公司 2006 年版。
许渊冲:《中诗英韵探胜——从〈诗经〉到〈西厢记〉》,北京大学出版社 1992 年版。
杨牧:《柏克莱精神》,台湾:洪范书店 1977 年版。
叶嘉莹:《迦陵论诗丛稿》,北京大学出版社 2008 年版。
叶维廉著,温儒敏、李细尧编:《寻求跨中西文化的共同文学规律:叶维廉比较文学论文选》,北京大学出版社 1987 年版。
余冠英:《汉魏六朝诗选》,中华书局 2012 年版。

余苏凌：《目标文化视角：英美译者英译汉诗之形式及意象研究》，上海外语教育出版社 2015 年版。

俞绍初、许逸民：《中外学者文选学论集》，中华书局 1998 年版。

张保红：《汉英诗歌翻译与比较研究》，中国地质大学出版社 2003 年版。

张保红：《诗歌翻译探索》，清华大学出版社 2016 年版。

张保红：《古诗英译中西翻译流派比较研究》，人民出版社 2018 年版。

张保红、徐真华：《中外诗人共灵犀：英汉诗歌比读与翻译研究》，上海外语教育出版社 2012 年版。

张充和：《张充和手抄梅花诗》，上海辞书出版社 2017 年版。

张充和口述，孙康宜撰写：《曲人鸿爪：张充和曲人本事》，广西师范大学出版社 2010 年版。

张充和书，孙康宜编注：《古色今香：张充和题字选集》，广西师范大学出版社 2010 年版。

张充和作，白谦慎编：《张充和诗书画选》，生活·读书·新知三联书店 2010 年版。

张西平、李雪涛：《西方汉学十六讲》，外语教学与研究出版社 2011 年版。

张炎：《词源》，商务印书馆 1937 年版。

张允和、张兆和等著，张昌华、汪修荣编：《水：张家十姐弟的故事》，安徽文艺出版社 2009 年版。

张智中：《汉诗英译美学研究》，商务出版社 2015 年版。

赵长江：《十九世纪中国文化典籍英译史》，上海外语教育出版社 2017 年版。

赵毅衡：《诗神远游：中国如何改变了美国现代诗》，四川文艺出版社 2013 年版。

赵逵夫、汤斌编：《历代赋评注》（南北朝卷），四川出版集团巴蜀书社 2010 年版。

赵彦春：《翻译学归结论》，上海外语教育出版社 2005 年版。

《中国翻译》编辑部编：《诗词翻译的艺术》，中国对外翻译出版公司 1986 年版。

周发祥、魏崇新编：《碰撞与融会——比较文学与中国古典文学》，外语教学与研究出版社 2005 年版。

周发祥：《西方文论与中国文学》，江苏教育出版社 1997 年版。

周发祥编：《中外比较文学译文集》，中国文联出版公司 1988 年版。
周领顺：《译者行为批评：理论框架》，商务印书馆 2014 年版。
周阅：《近代外国人与北京文化》，学苑出版社 2021 年版。
朱徽：《中英诗艺比较研究》，四川大学出版社 2010 年版。
朱徽：《中国诗歌在英语世界——英美译家汉诗翻译研究》，上海外语教育出版社 2009 年版。
朱振武：《汉学家的中国文学英译历程》，华东理工大学出版社 2017 年版。
[美] 约翰·克劳·兰色姆：《新批评》，王腊宝、张哲译，文化艺术出版社 2010 年版。

2. 期刊论文

白谦慎：《中国书法在美国》，《中国书法》2014 年第 4 期。
鲍晓英、李正栓：《中国文化“走出去”之译介模式探索——中国外文局副局长兼总编辑黄友义访谈录》，《中国翻译》2013 年第 5 期。
蔡华：《陶渊明诗歌叠词的翻译策略》，《外语与外语教学》2006 年第 10 期。
陈斌：《也谈〈木兰诗〉中的“唧唧复唧唧”》，《古汉语研究》1993 年第 2 期。
陈远馨：《身份的置换：论 20 世纪英语世界乐府研究中的他国化》，《中外文化与文论》2013 年第 3 期。
高超：《宇文所安文本细读方法初探》，《山西师大学报》（社会科学版）2010 年第 2 期。
葛文峰：《美国汉学傅恩的〈花间集〉英译与传播》，《中州学刊》2017 年第 3 期。
龚克昌：《论汉赋》，《文史哲》1981 年第 1 期。
顾钧：《20 世纪，中国古代文化经典在美国》，《中华读书报》2020 年 6 月 17 日。
顾钧：《野外的死鹿、蔓草和爱情》，《读书》2012 年第 2 期。
顾钧：《美国汉学的历史分期与研究现状》，《国外社会科学》2011 年第 2 期。
顾毅、张昊宇：《书论典籍中人体隐喻的翻译——以〈续书谱〉英译本为例》，《中国科技翻译》2019 年第 4 期。
管宇：《美国汉学家傅汉思》，《中国社会科学报》2020 年 10 月 14 日。
郭京春：《〈国风〉复沓初探》，《广西师范学院学报》（哲学社会科学版）

2009 年第 2 期。
郝田虎：《论丁韪良的英译中文诗歌》，《国外文学》2007 年第 1 期。
黄国文：《从〈天净沙·秋思〉的英译文看“形式对等”的重要性》，《中国翻译》2003 年第 2 期。
季羡林：《从〈大中华文库〉谈起》，《群言》1995 年第 8 期。
贾晓英、李正栓：《乐府诗海外翻译与传播研究》，《河北师范大学学报》（哲学社会科学版）2014 年第 4 期。
江岚：《葵晔待麟：清诗的英译与传播》，《文化与传播》2014 年第 3 期。
蒋洪新：《叶维廉翻译理论述评》，《中国翻译》2002 年第 4 期。
李洁：《刘若愚的中国古典诗歌英译观》，《燕山大学学报》（哲学社会科学版）2019 年第 6 期。
李娟：《怀念张充和先生》，《中国艺术报》2015 年 6 月 26 日第 8 版。
李梦琪：《张充和与傅汉思〈书谱〉英译本中深度翻译的应用》，《现代语文》2016 年第 11 期。
李小均：《纳博科夫翻译观的嬗变》，《解放军外国语学院学报》2003 年第 2 期。
李雪涛：《对国家社科基金“中华学术外译项目”的几点思考》，《云南师范大学学报》（对外汉语教学与研究版）2014 年第 1 期。
李贻荫：《三评〈玉台新咏〉英译本——比较〈孔雀东南飞〉的两种译法》，《外语教学》1989 年第 3 期。
李贻荫：《再谈〈玉台新咏〉英译本》，《外语研究》1989 年第 2 期。
李贻荫：《“珠帘”与“蛾眉”的英译》，《中国翻译》1984 年第 12 期。
李正栓、贾晓英：《乐府诗英译综述》，《保定学院学报》2010 年第 4 期。
梁艳君：《英汉对偶修辞的比较与翻译》，《大连民族学院学报》2009 年第 6 期。
梁艺维：《乐府诗〈木兰辞〉修辞英译的译者行为批评》，《名作欣赏》2021 年第 5 期。
廖忠扬：《傅汉思：一个时代的符号》，《华文文学评论》2016 年第 4 期。
刘碧林：《〈木兰诗〉在英语世界的百年译介》，《中国社会科学报》2021 年 7 月 5 日第 7 版。
刘皓明：《从夕土到旦邦——纪念傅汉思教授》，《读书》2004 年第 9 期。
刘皓明：《从好言到好智》，《读书》2004 年第 4 期。

刘倩:《英美赋学的历史分期与特点研究》,《济南大学学报》(社会科学版)2021 年第 5 期。

罗益民:《新批评的诗歌翻译方法论》,《外国语》(上海外国语大学学报)2012 年第 2 期。

倪修璟、张顺生、庄亚晨:《西方唐诗英译及其研究状况综述》,《语言教育》2013 年第 3 期。

屈光:《中国古典诗歌意象论》,《中国社会科学》2002 年第 3 期。

申丹:《论翻译中的形式对等》,《外语教学与研究》1997 年第 2 期。

史芸、杨枫:《典籍英译的副文本研究》,《上海翻译》2021 年第 2 期。

宋华英:《回环复沓——古诗之生命——〈古诗十九首〉的复沓修辞探析》,《时代文学》(下半月)2009 年第 7 期。

宋燕鹏、王立:《美国汉学家傅汉思先生的古诗研究》,《中国韵文学刊》2013 年第 3 期。

孙红卫:《〈木兰辞〉拟声词的“译”闻趣谈》,《光明日报》2020 年 11 月 26 日第 13 版。

陶友兰:《经典的通俗化——论〈论语〉当代英译走向民间之良策》,《翻译季刊》2015 年第 77 期。

陶友兰:《从接受理论角度看古诗英译中文化差异的处理》,《外语学刊》2006 年第 1 期。

滕雄、文军:《〈诗经〉英译研究的副文本视角》,《外语与翻译》2015 年第 4 期。

汪榕培:《英译〈孔雀东南飞〉》,《外语与外语教学》1996 年第 5 期。

王向远:《翻译学 · 译介学 · 译文学——三种研究模式与“译文学”研究的立场方法》,《安徽大学学报》(哲学社会科学版)2014 年第 4 期。

翁显良:《意象与声律——谈诗歌翻译》,《中国翻译》1982 年第 6 期。

习华林:《意象在英汉诗歌翻译中的地位》,《外语教学》2001 年第 6 期。

肖丽:《副文本之于翻译研究的意义》,《上海翻译》2011 年第 4 期。

熊伟华、王汀生:《不同古籍中的梁简文帝〈梅花赋〉》,《广州师院学报》(社会科学版)2000 年第 10 期。

许多、许钧:《中华文化典籍的对外译介与传播——关于〈大中华文库〉的评价与思考》,《外语教学理论与实践》2015 年第 3 期。

徐志啸:《关于汉学研究的思考》,《国际汉学》2020 年第 2 期。

许结：《赋体句法论》，《社会科学战线》2018 年第 1 期。

许渊冲：《中国学派的古典诗词翻译理论》，《外语与外语教学》2005 年第 11 期。

杨牧之：《国家“软实力”与世界文化的交流——〈大中华文库〉编辑出版启示》，《中国编辑》2007 年第 2 期。

杨晓波：《论书法笔法术语的英译——以张充和、傅汉斯〈续书谱〉英译本为例》，《中国科技翻译》2018 年第 2 期。

杨秀梅、包通法：《中国古典诗歌英译研究历史与现状》，《外语与外语教学》2009 年第 12 期。

杨艺：《“唧唧复唧唧”辨义》，《四川民族学院学报》2019 年第 2 期。

姚斌、Ursula Deser Friedman：《中文社科文献外译的挑战、对策与建议——以〈20 世纪中国古代文化经典在域外的传播与影响研究〉英译为例》，《中国翻译》2019 年第 2 期。

余冠英：《论建安曹氏父子题诗》，《文学遗产增刊》1955 年第 1 期。

于建华：《艺苑争看第一流——“最后的才女”张充和的〈墨梅图〉》，《大河收藏》2016 年 12 月 13 日。

袁锦翔：《一首透明的译诗——析欧阳桢英译〈大堰河——我的保姆〉》，《中国翻译》1988 年第 3 期。

湛晓白、赵昕昕：《清末来华西人歌谣收集活动的文化史考察——以韦大列和何德兰为中心》，《民俗研究》2021 年第 4 期。

张保红：《意象与汉诗英译——以陶渊明诗〈归园田居〉（其一）英译为例》，《解放军外国语学院学报》2005 年第 4 期。

张充和：《三姐夫沈二哥》，《新文学史料》1988 年第 4 期。

张丽：《接受美学视角下译者主体性阐释——以傅汉思和许渊冲的〈虞美人〉译本为例》，《洛阳师范学院学报》2017 年第 6 期。

张智中：《汉语诗歌在英国的译介》，《翻译界》2017 年第 1 期。

张智中：《毛泽东诗词中的互文、设问、指代的英译》，《长江师范学院学报》2009 年第 5 期。

赵毅衡：《美国新诗运动中的中国热》，《读书》1983 年第 9 期。

钟婉萍：《谈汉乐府的叙事艺术》，《语文学刊》2015 年第 9 期。

周芳羽：《缱绻羡爱，鹣鲽情深：西方汉学家的中国姻缘》，《华文文学评论》2016 年。

周兰：《图形—背景理论与〈木兰辞〉经典意象翻译——〈木兰辞〉两英译本对比赏析》，《重庆教育学院学报》2012 年第 1 期。

周求知：《英语诗歌的语言特点》，《外语与外语教学》1994 年第 3 期。

周忠浩：《汉学家傅汉思的汉诗英译方法探究》，《华文文学》2021 年第 2 期。

周宗清：《词序・风格・翻译》，《外国语》（上海外国语学院学报）1986 年第 6 期。

朱徽：《英译汉诗经典化》，《中国比较文学》2007 年第 4 期。

朱徽：《汉诗英译的语法问题》，《外国语》（上海外国语学院学报）1995 年第 6 期。

朱徽：《中英诗歌的语法问题比较研究》，《外国语》（上海外国语学院学报）1990 年第 1 期。

朱怡雯：《论汉学家傅汉思乐府诗研究的特色及贡献》，《乐府学》2020 年第 21 辑。

［美］方志彤：《翻译困境之反思》，王晓丹译，《国际汉学》2016 年第 2 期。

［美］康达维：《欧美赋学研究概观》，《文史哲》2014 年第 6 期。

3. 学位论文

程玉梅：《中诗英译：理论与实践》，博士学位论文，中国社会科学院研究生院，2002 年。

王慧 ：《美国汉学家康达维的辞赋翻译与研究》，博士学位论文，湖北大学，2016 年。

魏家海：《宇文所安唐诗英译研究》，博士学位论文，华东师范大学，2017 年。

四 外文参考文献

1. 著作

Allen, Joseph R., *In the Voice of Others: Chinese Music Bureau Poetry*, Ann Arbor: Center for Chinese Studies, University of Michigan, 1992.

Ayling, Alan and Mackintosh, Duncan, *A Collection of Chinese Lyrics*, London: Routledge and Kegan Paul, 1965.

Bickford, Maggie, *Bones of Jade, Soul of Ice: The Flowering Plum in Chinese*

Art, New Haven: Yale Art Gallery, 1985.

Bickford, Maggie, *Ink Plum: The Making of a Chinese Scholar-Painting Genre*, Cambridge: Cambridge University Press, 1996.

Bickford, Maggie, *Momei (Ink Plum): The Emergence, Formation, and Development of a Chinese Scholar-Painting Genre*, Princeton: Princeton University Press, 1987.

Birrell, Anne, *New Songs from a Jade Terrace: An Anthology of Early Chinese Love Poetry, Translated with Annotations and an Introudction*, London: Gerge Allen & Unwin, 1982.

Birrell, Anne, *Popular Songs and Ballads of Han China*, Honolulu: University of Hawaii Press, 1993.

Budd, Charles, *Chinese Poems*, London: Oxford University Press, 1912.

Bynner, Witter and Kang-hu, Kiang, *The Jade Mountain: A Chinese Anthology, Being Three Hundred Poems of the T'ang dynasty*, Garden City: Anchor Books / Doubleday, 1964.

Chang, Ch'ung-ho & Frankel, Hans H., *Two Chinese Treatises on Calligraphy*, New Haven and London: Yale University Press, 1995.

Chang, Ch'ung-ho, Trans. by Frankel, Hans H., Boyden, Ian, and Morris, Edward, *Peach Blossom Fish: Selected Poems Composed & Calligraphed by Chang Ch'ung-ho*, Walla Walla: Crab Quill Press, 1999.

Chang, Song Nan, *The Ballad of MULAN*, Union City: Pan Asian Publications, 1998.

Chang, Yin-nan and Walmsley, Lewis C., *Poems by Wang Wei*, Rutland and Tokyo: Charles E. Tuttle Company, 1958.

Chan, Sin-wai and Pollard, David, ed., *An Encyclopaedia of Translation: Chinese-English, English-Chinese*, Hong Kong: The Chinese University of Hong Kong Press, 2001.

Chaves, Jonathan, *Heaven My Blanket, Earth My Pillow*, Buffalo: White Pine Press, 2004.

Chin, Frank, *The Big Aiiieeeee! An Anthology of Chinese American and Japanese American Literature*, New York: Plume, 1991.

Eoyang, Eugene and Lin Yaofu eds., *Translating Chinese Literature*, Bloomington and London: Indiana University Press, 1995.

Eoyang, Eugene, *The Transparent Eye: Reflections on Translation, Chinese Literature, and Comparative Poetics*, Honolulu: University of Hawaii Press, 1993.

Frodsham, John D. and Hsi, Ch'eng, *An Anthology of Chinese Verse: Han, Wei, Chin and the Northern and Southern Dynasties*, Oxford: Clarendon Press, 1967.

Frodsham, John D., *The Collected Poems of Li He*, Hong Kong: The Chinese University of Hong Kong Press, 2016.

Fusek, Lois, *Among the Flowers: The Hua-chien Chi*, New York: Columbia University Press, 1982.

Gates, Mimi Gardner, Fragrance of the Past: *Chinese Calligraphy and Painting by Ch'ung-ho Chang Frankel and Friends*, Seattle: Seattle Art Museum, 2006.

Graham, Angus C., trans. *Poems of the Late T'ang*, Harmondsworth and Middlesex: Penguin Books, 1965.

Hart, Henry H., *A Garden of Peonies: Translations of Chinese Poems Into English Verse*, Stanford: Stanford University Press, 1938.

Hart, Henry H., *Poems of the Hundred Names: A Short Introduction to the Study of Chinese Poetry with Illustrative Translations*, Stanford: Stanford University Press, 1954.

Hightower, James R., *Topics in Chinese Literature: Outlines and Bibliographies*, Cambridge: Harvard University Press, 1966.

Hirsch, Edward, *A Poet's Glossary*, Boston and New York: Houghton Mifflin Harcourt, 2014.

Karlgren, Bernhard, *The Book of Odes*, Stockholm: Museum of Far Eastern Antiquities, 1950.

Kent, George W., *Worlds of Dust and Jade: 47 Poems and Ballads of the Third Century Chinese Poet Ts'ao Chih*, New York: Philosophical Library, 1969.

Knechtges, David R. and Chang, Taiping, *Ancient and Early Medieval Chinese Literature: A Refrence Guide* (Part Three), Leiden & Boston: Brill, 2014.

Knechtges, David R., *The Han Rhapsody: A Study of the Fu of Yang Hsiung* (53 *B. C.—A. D.* 18), Cambridge: Cambridge University Press, 1976.

Knechtges, David R., trans. *Wen xuan* or *Selection of Refined Literature, Volume One: Rhapsodies on Metropolises and Capitals*, Princeton: Princeton University Press, 1982.

Knechtges, David R., *Wen xuan or Selections of Refined Literature Volume Three: Rhapsodies on Natural Phenomena, Birds and Animals, Aspirations and Feelings, Sorrowful Laments, Literature, Music, and Passions*, Princeton: Princeton University Press, 1996.

Lattimore, David R., trans. *The Harmony of the World: Chinese Poems*, Providence: Copper Beach Press, 1976.

Liu, James J. Y., *The Art of Chinese Poetry*, Chicago and London: The University of Chicago Press, 1966.

Liu, Wu-chi and Irving Yucheng, Lo, *Sunflower Splendor: Three Thousand Years of Chinese Poetry*, Bloomington and New York: Indiana Univ. Press and Anchor Press / Doubleay, 1975.

Martin, W. A. P., *The Chinese: Their Education, Philosophy and Letters*, New York: Harpers & Brothers, 1881.

Nienhauser, William H., Jr., *Indiana Companion to Traditional Chinese Literature*, Bloomington: Indiana University Press, 1986.

Owen, Stephen, *The Great Age of Chinese Poetry: The High T'ang*, New Haven and London: Yale University Press, 1981.

Payne, Robert, *The White Pony: an anthology of Chinese poetry from the earliest times to the present day newly translated*, London: Gerge Allen & Unwin, 1949.

Raffle, Burton, *The Art of Translating Poetry*, University Park and London: The Pennsylvania State University Press, 1988.

Sackheim, Eric, *The Silent Zero, in Search of Sound: An Anthology of Chinese Poems from the Beginning through the Sixth Century*, New York: Grossman Publishers, 1968.

Scott, John, *Love and Protest, Chinese poems from the sixth century B. C. to thye seventeeth century A. D.*, New York, Evanston, San Francisco, London: Harper Colophon Books, 1972.

Shen, Tseng-wen, trans. by Ti, Ching and Payne, Robert, *The Chinese Earth*, New York: Columbia University Press, Morningside edition, 1982.

Shen, Tseng-wen, trans. by Ti, Ching and Payne, Robert, *The Chinese Earth: Stories by Shen Tseng-wen*, London: George Allen & Unwin Ltd. , 1947.

Stoddard, Richard Henry, *The Book of the East and Other Poems*, Boston: James R. Osgood and Comapny, 1867.

Waley, Arthur, *A Hundred and Seventy Chinese Poems*, London: George Allen & Unwin, 1946.

Waley, Arthur, *Chinese Poems*, London: George Aleen and Unwin Ltd. , 1946.

Waley, Arthur, *The Book of Songs: The Ancient Chinese Classic of Poetry*, New York: Grove Press, 1987.

Waley, Arthur, *The Temple and Other Poems*, London: G. Allen & Unwin, 1923.

Waston, Burton and Klein, Lucas, *Chinese Rhyme-Prose*, Hong Kong: The Chinese University of Hong Kong Press, 2015.

Waston, Burton, *Chinese Lycirism: Shih Poetry from the Second to the Twelfth Century, with translations*, New York: Columbia University Press, 1971.

Waston, Burton, *The Columbia Book of Chinese Poetry: From Early Times to the Thirteenth Century*, New York: Columbia University Press, 1984.

Weissbort, Daniel, *Astradur Eysteinsson*, *Translation—Theory and Practice: A Historical Reader*, New York: Oxford University Press, USA, 2006.

WHO Regional Office for the Western Pacific, *WHO International Standard Terminologies on Traditional Medicine in the Western Pacific Region*, 2007.

Yip, Wai-lim, *Chinese Poetry: Major Modes and Genres*, Berkeley and Los Angeles: University of California Press, 1976.

2. 期刊论文

Bai, Qianshen, "Review of *Two Chinese Treatises on Calligraphy* by Chang Ch'ung-ho, Hans H. Frankel", *China Review International*, Vol. 4, No. 2, 1997.

Cammann, Schuyler, "In Memoriam Helen Burwell Chapin", *Journal of the American Oriental Society*, 70 (3), 1950.

Chang, Kang-i Sun, "Chinese Literature Scholar and Translator Hans Frankel Dies", *Yale Bulletin & Calendar*, Vol. 32 (2), 2003. 9. 12.

Chan, Sin-wai, "Form and Spirit in Poetry Translation", *The Humanities Bulletin*, Vol. 3 (Jun. , 1994).

Chaves, Jonathan, "Review of *The Flowering Plum and the Palace Lady: Inter-*

pretations of Chinese Poetry by Hans H. Frankel", *Modern Asian Studies*, Vol. 12, No. 1 (1978).

Chung, Karen Steffen, "Review of *Two Chinese Treatises on Calligraphy* by Chang Ch'ung-ho, Hans H. Frankel", *Language*, Vol. 73, No. 2, 1997.

Davis, A. R., "Review of *The Flowering Plum and The Palace Lady: Interpretations of Chinese Poetry* by Hans H. Frankel", *Harvard Journal of Asiatic Studies*, Vol. 37, No. 1 (Jun., 1977).

Debon, Günther, "Review of *the Flowering Plum and the Palace Lady. Interpretations of Chinese Poetry* by Hans H. Frankel", *Monumenta Serica*, Vol. 34 (1979 - 1980).

Ecsedy, Hilda, "Review of *Catalogue of Translations from the Chinese Dynastic Histories for the Period 220 - 960* by Hans H. Frankel", *Acta Orientalia Academiae Scientiarum Hungaricae*, Vol. 13, No. 3, 1961.

Erkes, Eduard, "Review of *Biographies of Meng Hao-jan* by Hans H. Frankel", *Artibus Asiae*, Vol. 16, No. 3, 1953.

Escande, Yolaine, "Review of *Two Chinese Treatises on Calligraphy* by Chang Ch'ung-ho, Hans H. Frankel", *Revue Bibliographique de Sinologie*, NOUVELLE SÉRIE, Vol. 14, 1996.

Franke, Herbert, "Review of *Catalogue of Translations from the Chinese Dynastic Histories for the Period 220 - 960* by Hans H. Frankel", *The Journal of Asian Studies*, Vol. 18, No. 1, 1958.

Freedman, William, "The Literary Motif: A Definition and Evaluation", *NOVEL: A Forum on Fiction*, Vol. 4, No. 2 (Winter, 1971).

Graham, Angus C., "A New Translation of a Chinese Poet: Li Ho 李賀", *Bulletin of the School of Oriental and African Studies*, University of London, 34 (1971).

Harrist, Robert E. Jr., "Ch'ien Hsüan's 'Pear Blossoms': The Tradition of Flower Painting and Poetry from Sung to Yüan", *Metropolitan Museum Journal*, Vol. 22 (1987).

Holzman, Donald, "Review of *Catalogue of Translations from the Chinese Dynastic Histories for the Period 220 - 960* by Hans H. Frankel", *Revue Biliographique de Sinologie*, Vol. 3, 1957.

Hummel, Arthur W. , "Review of *Catalogue of Translations from the Chinese Dynastic Histories for the Period 220 – 960* by Hans H. Frankel", *Artibus Asiae*, Vol. 21, No. 1, 1958.

Idema, Wilt L. , "Review of *The Flowering Plum and the Palace Lady: Interpretations of Chinese Poetry* by Hans H. Frankel", *T'oung Pao*, Second Series, Vol. 66, Livr. 4/5 (1980).

Kennedy, George A. , "Review of *Biographies of Meng Hao-jan* by Hans H. Frankel", *The Far Eastern Quarterly*, Vol. 12, No. 3, 1953.

Knechtges, David R. and Swanson, Jerry, "Seven Stimuli for the Prince: The Ch'i-Fa of Mei Ch'eng", *Monumenta Serica*, Vol. 29 (1970 – 1971).

Knechtges, David R. , "A New Study of Han Yüeh-fu", *Journal of the American Oriental Society*, Vol. 110, No. 2 (Apr. – Jun. , 1990).

Knechtges, David R. , "Hans H. Frankel, Teacher and Scholar", *T'ang Studies*, 13 (1995).

Knechtges, David R. , "The Multilingual Dimensions of International Sinology", *Tsing Hua Journal of Chinese Literature*, 20 (2018).

Knechtges, David R. , "The Perils and Pleasures of Translation: The Case of the Chinese Classics", *Tsing Hua Journal of Chinese Studies*, 34. 1 (2004).

Lanciotti, Lionello, "Review of *Biographies of Meng Hao-jan* by Hans H. Frankel", *East and West*, Vol. 4, No. 3, 1953.

Lanciotti, Lionello, "Review of *Catalogue of Translations from the Chinese Dynastic Histories for the Period 220 – 960* by Hans H. Frankel", *East and West*, Vol. 9, No. 1/2, 1958.

Lattimore, David, "Sunflower Splendor", *The New York Times Book Review*, Dec. 21, 1975.

Liu, James J. Y. , "Review of *New Songs from a Jade Terrace: An Anthology of Early Chinese Love Poetry* by Ann Birrell", *The Journal of Asian Studies*, Vol. 42, No. 4 (Aug. , 1983).

Loewe, Michael, "Review of *Catalogue of Translations from the Chinese Dynastic Histories for the Period 220 – 960* by Hans H. Frankel", *Bulletin of the School of Oriental and African Studies*, Vol. 22, No. 1/3, 1959.

Loewe, Michael, "Review of *Catalogue of Translations from the Chinese Dynastic*

Histories for the Period 220 – 960 by Hans H. Frankel", *The English Historical Review*, vol. 74, No. 292, 1959.

Maris Rosa Lida de Malkiel, "Perduración de Is litcratura antigua en Occidente", *Romance Philology*, V (1951/52).

McNair, Amy, "Review of *Two Chinese Treatises on Calligraphy* by Chang Ch'ung-ho, Hans H. Frankel", *The Journal of Asian Studies*, Vol. 58, No. 3, 1999.

Miao, Ronald C., "Review of *The Flowering Plum and the Palace Lady: Interpretations of Chinese Poetry* by Hans H. Frankel", *The Journal of Asian Studies*, Vol. 37, No. 4, 1978.

Owen, Stephen, "Hans Frankel, the Gentle Revolutionary", *Tang Studies*, 13 (1995): 7.

Owen, Stephen, "Stepping Forward and Back: Issues and Possibility for 'World Poetry'", *Modern Philology*, Vol. 100, No. 4 (May, 2003).

Roethke, Theodore, "Some Remarks on Rhythm", *Poetry*, Vol. 97, No. 1 (Oct., 1960).

Roy, David T., "The Theme of the Neglected Wife in the Poetry of Ts'ao Chih", *The Journal of Asian Studies*, Vol. 19, No. 1 (Nov., 1959).

Sanders, Tao Tao Liu, "Review of *The Flowering Plum and the Palace Lady: Interpretations of Chinese Poetry* by Hans H. Frankel", *Bulletin of the School of Oriental and African Studies*, Vol. 40, No. 3 (1977).

Schafer, Edward H., "Review of *The Flowering Plum and the Palace Lady: Interpretations of Chinese Poetry* by Hans H. Frankel", *Journal of the Amercian Oriental Society*, Vol. 98, No. 2 (Apr. – Jun., 1978).

Schiffer, Wilhelm, "Review of *Biographies of Meng Hao-jan* by Hans H. Frankel", *Monumenta Nipponica*, Vol. 9, No. 1/2, 1953.

Sturman, Peter C., "Review of *Two Chinese Treatises on Calligraphy* by Chang Ch'ung-ho, Hans H. Frankel", *Ars Orientalis*, Vol. 26, 1996.

Teele, Roy E., "Trends in Translation of Chinese Poetry, 1950 – 1970", *Tamkang Review*, 2 – 3 (1971 – 72).

Turner, John, "Translating Chinese Poetry—My Aim and Scope", *RENDITIONS*, Autumn 1975.

Van der Sprenkel, Otto B. , "Review of *Biographies of Meng Hao-jan* by Hans H. Frankel", *Bulletin of the School of Oriental and African Studies*, Vol. 17, No. 1, 1955.

Wagner, Marsha L. , "Review of *the Flowering Plum and the Palace Lady*: *Interpretations of Chinese Poetry* by Hans H. Frankel", *Chinese Literature*: *Essays*, *Articles*, *Reviews* (*CLEAR*), Vol. 1 (Jan. , 1979) .

Walker, Richard L. , "Review of *Catalogue of Translations from the Chinese Dynastic Histories for the Period 220 – 960* by Hans H. Frankel", *The Historian*, Vol. 20, No. 3, 1958.

Walls, Jan W. , "The Craft of Translating Poetic Structure and Patterns: Fidelity to Form", *Yearbook of General and Comparative Literature* , 24 (Spring 1975) .

Yu, Pauline, "Poems in Their Place: Collections and Canons in Early Chinese Literature", *Harvard Journal of Asiatic Studies*, Vol. 50, No. 1, 1990.

3. 学位论文

Teele, Roy E. , *Through A Glass Darkly*: *A Study of English Translations of Chinese Poetry*, Ann Arbor, 1949.

后　　记

本书脱胎于我的同名博士论文。首先，我要向导师顾钧教授致以最深切的敬意。作为翻译实践出身，我的人文积累和学术功底都相对薄弱。感谢顾老师看到我的潜力，将我收入“顾门”。从选题的启发到论文的修改，顾老师都给予我耐心的指导。顾老师中西学养深厚，待人淳朴宽容。他从容不迫地耕耘着挚爱的学术事业，在学界的喧哗之中有着自己笃定的坚守，是我毕生努力追求的方向。

本书的完成离不开各位专家学者的指导。莅临本人博士论文开题、预答辩、答辩的老师包括刘和平教授、杨平编审、任文教授、陶友兰教授、周阅教授、黄丽娟教授、吴原元教授、姚斌教授、韩振华教授。老师们对我呵护有加，提出的宝贵意见促进了拙论的完善，拓宽了我的学术视野。

我要感谢一路扶持并见证我成长的姚斌教授。当我自高翻学院毕业、渴望继续深造之时，是姚老师带领我进入了海外汉学和典籍英译的世界。姚老师善解人意，在我受挫时曾给予我莫大的鼓励。姚老师坚持翻译实践、翻译教学和翻译研究齐头并进，并在三个方面都取得了高深的造诣，为我树立了事业发展的最佳榜样。

我要感谢大力提携我的陶友兰教授和黄丽娟教授。我有幸在上外的一场会议上与陶老师相识，此后她在本人论文的写作、我校翻译硕士的申报上提供了很大的帮助，陶老师爱才惜才，令人敬仰。在我访学耶鲁之前，黄老师曾为我奔波安顿好临时住处，向我推荐孙康宜教授的课程，并将我引荐给王芳老师，对于我后期促成国际合作至关重要。刘和平老师虽与我素未谋面，但对于我的提问总是有问必答，她在百忙之中解答了我在翻译教育、事业发展、学术成长上的诸多疑问，并用心评阅了我的博士论文，令我万分感动。周阅老师在预答辩时不吝对我的论文选题、文笔、文献掌握和理论视野的赞美之词，增强了我在学术道路上继续前行的信心。任文老师鼓励我排除外界干扰，专注于学术，并传授了课题申报的宝贵经验。

我还要深深地感谢黄友义局长，与黄局的接触和长谈让我感受到了中国翻译界元老的气魄和胸襟。黄局在事业上孜孜不倦，引领了新中国对外翻译事业的发展和繁荣；他在生活中谦逊温厚，培养了无数优秀的翻译专家和翻译教育家。此外，我还要感谢在论文送审前后指导和肯定过我的胡兴文教授、季进教授、王道老师、魏家海教授、张智中教授、文军教授等。

北外是我学习和生活过六年的热土，我要深深地感谢给予我认可和提携的多位北外老师，包括胡晓莉书记、梁燕教授、和静副教授、吴浩副研究员、李真副教授等。感谢同门张秀峰、刘丽丽、程熙旭、葛文峰、胡婷婷、蒋雯燕、雷强、陶欣尤、季淑凤、桂婷、冯燕琴、杨懿等的帮助。

2019 年 7 月至 2020 年 7 月，我有幸得到单位的大力支持，获得国家留学基金委青年骨干教师访学项目资助，在耶鲁大学做访问学者。我要感谢接收我的外方导师司马懿（Chloë Starr）教授、耶鲁大学国际处首席顾问王芳老师、耶鲁大学东亚语言与文学系孙康宜教授以及我的耶鲁好友 Angela Grant。我更要感谢敬爱的康达维（David Knechtges）教授。迄今为止，我们先后来往邮件数百封。作为我的研究对象——傅汉思生前的学友，康老师为我提供了大量有关傅汉思研究的一手信息；作为世界顶尖的汉学家和翻译家，康老师和我分享了海量美国中国文学研究的资料。康老师是令人高山仰止的“中国师父”，他的耐心答疑、趣闻分享和温暖鼓励让我在时常孤独沮丧的学术道路上如沐春风。此外，我还要感谢纽约“海外昆曲社”前社长陈安娜女士。安娜老师是跟随张充和学曲时间最长的弟子，她不吝提供了傅汉思追思仪式上的全部悼词以及三出昆曲唱词的傅汉思译文，她所描绘的傅张二人纯净自然、洋溢诗乐文化的生活令人无限向往。

时光荏苒，岁月如梭。在人生的第 33 个年头，我最要郑重感谢的是我伟大的父母。父亲和母亲给予了我们远远超出知识之外无价的人生财富，那便是为人的忠厚、勤恳和善良。在外打拼多年，每逢假期，回到老家、有父母在身边的时候总是最踏实、最安心的。我来自一个团结友爱的大家族，但凡一家有困难，其他亲戚便齐心协力，鼎力相助。这源于爷爷奶奶树立的良好家风，滋养着家族中每一分子，并值得世代传承。

我要感谢这些年一直脚踏实地、内心永远保有阳光的自己。犹记得

2015 年，我在北外高翻毕业纪念册上写下“天高任鸟飞，海阔凭鱼跃”的感言，彼时的我即将步入社会，对未来充满无限的憧憬。而如今，我希望以“回首向来萧瑟处，归去，也无风雨也无晴”一句结束 4 年的博士旅程。只有耐下性子修持本心，荣辱不惧，处变不惊，才能写出更多更好的文章，收获更为美好的际遇，看到更加辽阔的风景。

最后，我想衷心地感谢中国社会科学院创新出版工程对本书出版的资助、中国社会科学院大学科研处的帮助以及中国社会科学出版社喻苗副主任和郭曼曼编辑的鼎力支持。

管　宇

2023 年 1 月 11 于安徽旌德